装备科技译著出版基金

潜艇水动力学
（第2版）

Submarine Hydrodynamics (Second Edition)

［澳］马丁·雷尼尔森（Martin Renilson） 著

王翔 许国冬 译

国防工业出版社

·北京·

著作权合同登记　图字:军-2021-033号

图书在版编目(CIP)数据

潜艇水动力学：第2版/(澳)马丁·雷尼尔森
(Martin Renilson)著；王翔，许国冬译. -- 北京：
国防工业出版社，2024.9
书名原文：Submarine Hydrodynamics
(Second Edition)
ISBN 978-7-118-12797-3

Ⅰ.①潜… Ⅱ.①马… ②王… ③许… Ⅲ.①潜艇-水动力学 Ⅳ.①U674.76

中国国家版本馆 CIP 数据核字(2023)第175404号

First published in English under the title
Submarine Hydrodynamics
by Martin Renilson, edition:2
Copyright © Springer International Publishing AG, part of Springer Nature, 2018.
This edition has been translated and published under licence from Springer Nature Switzerland AG.
Springer Nature Switzerland AG takes no responsibility and shall not be made liable for the accuracy of the translation.
All Rights Reserved.

本书简体中文版由 Springer 出版社授权国防工业出版社独家出版发行。
版权所有，侵权必究。

※

国防工业出版社 出版发行
(北京市海淀区紫竹院南路23号　邮政编码100048)
北京虎彩文化传播有限公司印刷
新华书店经售

*

开本710×1000　1/16　印张12¾　字数214千字
2024年9月第1版第1次印刷　印数1—1400册　定价128.00元

(本书如有印装错误，我社负责调换)

国防书店：(010)88540777　　书店传真：(010)88540776
发行业务：(010)88540717　　发行传真：(010)88540762

译者序

水动力学或更宽泛的"流体动力学"存在于自然界中,如鱼在水中遨游、鸟在天空飞翔、天外陨石进入大气层;同时,也存在于人类生产、生活的各个方面,如舰船航行、飞机飞行、火车与汽车的行驶等。可以看到,民用和军事国防领域都离不开流体动力学。特别是人类已经告别了粗放的设计,在海(船舶流体动力学)、陆(车辆空气动力学)、空(飞行器空气动力学)各个领域都展开了精细化的参数化设计,相关载具的设计和实现都依赖于对其最根本的科学原理进行深入理解,以便系统化地完成先进载具的设计和开发。

关于潜艇的学术专著在国内并不多见,相对于其他行业或者专业,能够找到的书籍实在太少。尽管国内开展相关研究的院所、高校并不少,但是这一题材的敏感性限制了很多业内人士的写作。本书针对潜艇在水中航行涉及的水动力学知识进行了梳理,从潜艇建模到潜艇各种行驶状态的水静力学和水动力学现象进行了系统分析,由浅入深地建立了潜艇水动力学的完整体系。

出于个人兴趣,译者决定翻译 Submarine Hydrodynamics(Second Edition)一书。在翻译之前,译者专门进行了调研,确定国内并没有相关内容的图书出版,这样也算是为丰富和充实国内相关领域的知识贡献一点自己的力量。与此同时,译者在本书涉及范围内的专业知识水平有限,因此也参考了马运义、许建等专家的经典著作并进行认真学习,唯恐在翻译中出现错误。哈尔滨工程大学船舶工程学院的许国冬教授作为共同译者,投入了大量时间润色书稿内容,使得本书最终能够以较为满意的质量面世。

本书从开始翻译到交稿,前后历时三年多。一方面,译者翻译时力求忠于原文,为了保证翻译质量,对每一章都经过多方求证、多处咨询、多次检查;另一方面,教学、科研事务的繁杂也占用了不少时间。哈尔滨工程大学船舶工程学院的段文洋教授对本书进行了审校,从专业性上对本书翻译的准确性提出了很多宝贵的意见，极大地提升了本书的质量。徐新星和王洋洋对书稿的文字进行了精心的打磨和修饰，并完善了图表、公式等内容，为本书的面世做出了贡献。国防工业出版社的编辑们又进一步对书稿进行了全面、细致的编辑、校对，提出了许多宝贵意见，在此表示诚挚的感谢。同时，感谢装备科技译著出版基金对本书引进、出版的资助。

由于译者水平有限，书中难免存在一些翻译不当或疏漏之处，恳请读者批评指正。

译　者

2022 年 12 月

原著者介绍

马丁·雷尼尔森教授从事船舶水动力学研究工作已有35年。1983年,他在澳大利亚海事学院(AMC)成立船舶水动力学中心,并于1992年成为澳大利亚海事工程合作研究中心主任。1996年,他在AMC创办船舶与海洋工程系并任系主任一职,直至2001年被任命为英国DERA/QinetiQ海事平台和设备部门的技术主管。

2007年,他回到澳大利亚开办了自己的海事咨询公司,同时担任AMC水动力学兼职首席。AMC现为塔斯马尼亚大学的一个学院。

2012年,他被任命为阿拉伯联合酋长国高等技术学院海事项目学院的首席院长,为该国开设海事教育课程。2015年11月他从此职位退休并返回塔斯马尼亚。

目前他是澳大利亚塔斯马尼亚大学水动力学兼职教授,并担任皇家造船师学会澳大利亚分部的主席。

邮箱:martin@renilson-marine.com。

目 录

- 符号与缩略语 ··· 1

第1章 引言 ··· 13

    1.1 概述 ·· 13

    1.2 几何形状 ··· 13

    1.3 标准潜艇几何形状 ··· 15

        1.3.1 58 系列潜艇形状模型 ·· 15

        1.3.2 Myring 潜艇形状模型 ·· 15

        1.3.3 DRDC 标准潜艇形状模型 ···································· 16

        1.3.4 DARPA Suboff 潜艇形状模型 ································ 17

        1.3.5 伊朗流体动力系列潜艇 ······································ 18

        1.3.6 Joubert 的 BB1 模型和 BB2 模型 ···························· 19

    参考文献 ··· 20

第2章 流体静力学及其控制 ··· 22

    2.1 流体静力学与排水量 ·· 22

    2.2 稳性控制 ··· 24

        2.2.1 垂直平面控制 ·· 24

        2.2.2 横稳性 ·· 24

        2.2.3 纵稳性 ·· 26

    2.3 压载水舱 ··· 26

        2.3.1 压载水舱的分类 ·· 26

        2.3.2 主压载水舱 ··· 27

        2.3.3 纵倾配平与补偿压载水舱 ···································· 27

    2.4 纵倾多边形配平图 ··· 28

2.5	上浮、下潜的稳定性	31
2.6	坐底稳定性	32
2.7	上浮破冰稳定性	33
2.8	稳性衡准	34
	2.8.1 概述	34
	2.8.2 法国BV船级社标准	35
	2.8.3 DNV-GL标准	36
参考文献		37

第3章 操纵与控制 … 38

3.1	概述	38
3.2	运动方程	39
3.3	流体动力——平稳状态假设	41
	3.3.1 基于系数的模型	41
	3.3.2 速查表	44
	3.3.3 单个系数的敏感性	44
3.4	系数的确定	46
	3.4.1 模型试验	46
	3.4.2 计算流体动力学	53
	3.4.3 近似预测方法	56
3.5	操纵模拟的替代方法	67
3.6	水平平面上的操纵	68
	3.6.1 回转	68
	3.6.2 水平平面的稳定性	71
	3.6.3 回转中心	71
	3.6.4 有效舵角	72
	3.6.5 回转中的横倾	73
	3.6.6 回转中围壳的影响	74
	3.6.7 侧向阻力中心	76
3.7	垂直平面上的操纵	77
	3.7.1 垂直平面上的稳定性	77
	3.7.2 有效水平舵角	77
	3.7.3 中性点	78
	3.7.4 临界点	79

3.7.5　中性点与临界点对垂直平面上潜艇操纵的影响 … 80
3.8　近水面潜艇操纵 80
　　3.8.1　表面吸力 83
　　3.8.2　垂直平面上的操纵 89
　　3.8.3　水平平面上的操纵 91
3.9　操纵标准 92
3.10　操纵限制 93
　　3.10.1　基本介绍 93
　　3.10.2　安全操作范围 93
　　3.10.3　安全操作范围的确定 94
　　3.10.4　艉水平舵卡舵 95
　　3.10.5　艇身进水 95
　　3.10.6　操作限制 96
3.11　自航模型试验 96
3.12　潜艇操纵实艇试验 101
　　3.12.1　基本介绍 101
　　3.12.2　指定操纵 101
　　3.12.3　试验准备 104
　　3.12.4　试验的开展 105
　　3.12.5　试验结果分析 106
参考文献 107

第4章 阻力与流动 111

4.1　概述 111
4.2　阻力分量 112
4.3　艇体形状效应 113
4.4　艇首形状 115
4.5　平行中体 117
4.6　艇尾形状 117
4.7　附体 119
　　4.7.1　概述 119
　　4.7.2　与水流对齐的附体 120
　　4.7.3　与水流方向成一定角度的附体 122
4.8　近水面作业 123

	4.8.1 艇体 ·········· 123
	4.8.2 桅杆 ·········· 125

  4.9 潜艇阻力预报 ·········· 127
    4.9.1 模型试验 ·········· 127
    4.9.2 计算流体动力学 ·········· 132
    4.9.3 近似技术 ·········· 133
  参考文献 ·········· 138

第5章 潜艇推进 ·········· 141

  5.1 推进器/艇体相互作用 ·········· 141
    5.1.1 概述 ·········· 141
    5.1.2 推进器进流 ·········· 142
    5.1.3 伴流 ·········· 146
    5.1.4 推力减额 ·········· 146
    5.1.5 船身效率 ·········· 147
    5.1.6 相对旋转效率 ·········· 148
    5.1.7 准推进系数 ·········· 148
  5.2 单桨推进的轴对称艇体 ·········· 148
  5.3 单泵喷推进的轴对称艇体 ·········· 151
  5.4 其他类型推进器的配置 ·········· 154
    5.4.1 对旋螺旋桨 ·········· 154
    5.4.2 双桨推进 ·········· 155
    5.4.3 吊舱式推进器 ·········· 156
    5.4.4 轮缘驱动推进器 ·········· 156
  5.5 推进器性能预测 ·········· 157
    5.5.1 物理模型试验 ·········· 157
    5.5.2 计算流体动力学 ·········· 161
  参考文献 ·········· 162

第6章 附体设计 ·········· 163

  6.1 概述 ·········· 163
  6.2 围壳 ·········· 165
  6.3 艉操纵面 ·········· 167
    6.3.1 概述 ·········· 167

  6.3.2　中轴水平舵 ·· 167
  6.3.3　眉板水平舵 ·· 168
  6.3.4　围壳舵 ·· 169
 6.4　艉操纵面 ·· 170
  6.4.1　概述 ·· 170
  6.4.2　十字形艉操纵面构型 ································· 171
  6.4.3　X形艉操纵面构型 ······································ 174
  6.4.4　其他操纵面构型 ·· 178
 参考文献 ·· 180

第7章　水声学性能 ·· 181

 7.1　概述 ·· 181
 参考文献 ·· 183

附录 ·· 184

符号与缩略语

特别说明

(1) 本书用到的关于操纵的符号与 Gertler 和 Hagen(1967)给出的符号相同,出于完整性考虑,这里将会完整引用有关说明。

(2) 下图标注了连体坐标系,原点 O 位于潜艇重心纵向坐标的中心线上。位移、速度、加速度和作用力的正向与相关轴的正方向相同,并且转动量的正值为从原点向各轴正向看的顺时针旋转方向。

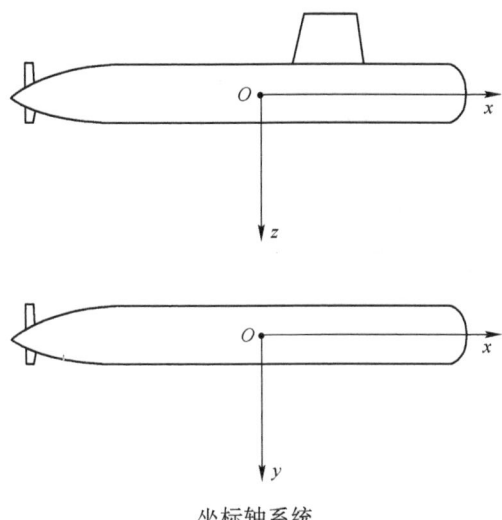

坐标轴系统

(3) 撇号用于无量纲化,无量纲量用上标撇号($'$)标注,如 X' 表示纵向轴上作用力 X 的无量纲形式。除非特殊说明,一般无量纲量通过以下方式获得:相应物理量除以 1/2 水密度、长度和所需速度幂次的乘积。

(4) 潜艇进行操纵时的作用力和力矩的系数由相关的速度和加速度下标表示;这些作用力或力矩是对应速度和加速度的函数。例如,Y_v 代表横荡力 Y 的一阶力系数,Y 是横荡速度 v 的函数。这是横荡力 Y 对横荡速度 v 的偏导数。

（5）关于时间的差分由变量上方的点表示,如 $\dot{v}$ 是横荡速度关于时间的导数,即横荡加速度。

（6）作用力和力矩及其相互耦合产生的非线性系数由相关下标表示。例如,横荡力 Y 是关于横移速度 v 的非线性系数函数,用 $Y_{v|v|}$ 表示。注意:此函数为奇函数,因此在这种情况下应使用横荡速度的模（绝对值）。

（7）本书尽可能使用通用符号展开讨论。因此,在一些情况下,同一个变量在不同章节中用不同的符号表示。

（8）为保持简洁,如果符号在本书中只出现一次,并且在书中已经进行了明确定义,那么它将不会在符号表中出现。

1. 符号

符号	含义
A_{frontal}	围壳前部面积
A_F	艇首正投影面积
A_m	艇体中部横截面积
A_{plan}	附体平面面积
A_{wind}	水线上的风阻截面
a	平板弦长
$a_i \smallsetminus b_i \smallsetminus c_i$	x 轴上潜艇阻力的系数
B	上浮力 $B = \nabla \rho g$
B	浮心
B_F	形状排水量的浮心
BG	浮心与重心之间的距离
BG_F	浮心与自由面修正重心之间的距离
B_H	流体静力学排水量浮心
BM	浮心与稳心之间的距离
B_p	推进器载荷系数
b	平板展长
bg	通过浮心的垂直向上的力
C_A	换算修正量
C'_D	零攻角无量纲阻力系数
$C'_{D\alpha}$	以攻角为函数的无量纲阻力的斜率

C'_F	无量纲摩擦阻力系数,$C'_F = R_F \big/ \left(\frac{1}{2}\rho S V^2\right)$
$C'_{F_{\text{flat}}}$	无量纲平板摩擦阻力,$C'_{F_{\text{flat}}} = R_{F_{\text{flat}}} \big/ \left(\frac{1}{2}\rho S V^2\right)$
$C'_{F_{\text{form}}}$	包含摩擦-形状阻力的无量纲摩擦阻力,$C'_{F_{\text{form}}} = R_{F_{\text{form}}} \big/ \left(\frac{1}{2}\rho S V^2\right)$
C'_{L_α}	以攻角为函数的无量纲升力的斜率
$C'_{L_{\delta_B}}, C'_{L_{\delta_R}}, C'_{L_{\delta_S}}$	以艏水平舵、方向舵、艉水平舵偏转角为函数的无量纲升力斜率
C_p	棱形系数,$C_p = \nabla / A_m L$
C'_p	无量纲黏压阻力,$C'_p = R_P \big/ \left(\frac{1}{2}\rho S V^2\right)$
C_p	压力系数
$C'_{P_{\text{fb}}}$	艇首无量纲压阻力
C'_R	无量纲剩余阻力系数
C_T	总阻力系数
c_{sail}	围壳弦长
D	艇体直径
D	推进器直径
D	艇体的代表直径
D_{local}	推进器叶片局部直径
D_C	畸变系数
$\bar{d}$	等效旋转椭球直径
d_T	激流丝直径
F_D	表面摩擦修正力
Fr	弗劳德数,$Fr = V/\sqrt{gL}$
G	重心
G_F	自由液面修正重心
G_F	形状排水量重心
G_H	流体静力学排水量重心
GM	稳心高(重心与稳心之间的距离)

符号	含义
$G_F M$	自由液面修正稳心高
GZ_{max}	稳性臂最大值
G_H	水平平面稳性指数
G_V	垂直平面稳性指数
g	重力加速度
h	风压中心与水动力作用面中心之间的垂直距离
H	水面到潜艇中线之间的距离
H'	水面到潜艇中线之间的无量纲距离,$H'=H/D$
H^*	使用 Sen 敏感指数的系数
$H_{1/3}$	有义波高
I	水线面绕纵轴的二阶矩
$I_{xx}、I_{yy}、I_{zz}$	$x、y、z$ 轴的质量惯性矩
$I_{xy}、I_{yx}、I_{zx}$	$xy、yx、zx$ 的惯性矩
$I'_{yy}、I'_{zz}$	纵摇和艏摇的无量纲惯性矩
J	推进器推进系数
J_T	等推力法计算的推进器推进系数
J_Q	等转矩法计算的推进器推进系数
K	龙骨位置;总横摇力矩
$K_0、K_1$	定义 Suboff 艇尾形状的系数
$K、M、N$	$x、y、z$ 轴上的力矩
$K'、M'、N'$	$x、y、z$ 轴上的无量纲力矩,大小为"力矩$\left/\left(\frac{1}{2}\rho V^2 L^3\right)\right.$"
K_a	附加质量系数
KB	龙骨与浮心的距离
KB_F	龙骨与形状排水量浮心的距离
K_c	外艇壳因子
KG_F	龙骨与形状排水量重心的距离
KG_F	龙骨与自由液面修正排水量重心的距离
KM	龙骨与稳心的距离
K_P	压阻力与摩擦阻力之比
K_Q	推进器转矩系数,$K_Q=Q/\rho D^5 n^2$
K_{Q_M}	自航模式下推进器转矩系数

符号	含义
K_{Q_T}	等推力法计算的推进器转矩系数
K_T	推进器推力系数，$K_T=T/(\rho D^4 n^2)$
K'_{T_y}	推进器无量纲侧向力
K'_{T_Q}	等转矩法计算的推进器推力系数
$K_{Q(J=0)}$	$J=0$ 时的转矩系数值
K_{T_M}	自航模式下推进器推力系数
$K'_{\delta X_i}$、$M'_{\delta X_i}$、$N'_{\delta X_i}$	附体 X_i 的偏转角在 x、y、x 轴的无量纲力矩系数
K'_*、M'_*、N'_*、Y'_*、Z'_*	潜艇稳态航行时 ($p=q=r=v=w=0$) 附体无偏转角时的无量纲横摇力矩、艏摇力矩、横荡力矩、横摇力矩和升沉力矩
k_s	围壳效率系数
k_{sp}	围壳舵效率系数
k_{WB}	艉水平舵效率系数
k_x、k_y、k_z	在 x、y、z 方向上运动的附加质量系数
L	艇体长度
L_A	艇尾长度
L_{bp}	垂线间长
L_F	艇首长度
L_{oa}	总长
L_{PMB}	平行中体长度
l_{app}	附体压力中心或附加质量中心水平坐标
l_w	风倾力臂
M	稳心位置；总纵摇力矩
M_{in}、M_{out}	在 PMM 试验中测得的纵摇力矩的同相和反相分量
M_{MEAN}	波浪的平均纵摇力矩
M'_{MEAN}	波浪的无量纲平均纵摇力矩，$M'_{MEAN}=M_{MEAN}/(\rho gLD\zeta_w^2)$
$M_m(t)$、$Z_m(t)$	实测瞬时纵摇力矩和升沉力
M_{RAO}	一阶纵摇力矩幅值响应算子
M'_{RAO}	无量纲一阶纵摇力矩幅值响应算子，$M'_{RAO}=M_{RAO}/(\rho gL^2 D\zeta_w)$
$M_{w_{app}}$，$M_{q_{app}}$	附体力矩随升沉速度和纵摇速度在 y 轴上的变化率

m	潜艇质量
m_{added}	附加质量
m'	无量纲质量，$m' = m \Big/ \left(\dfrac{1}{2}\rho L^3\right)$
mg	重力，通过重心垂直向下的作用力
N	推进器转速(r/min)；总艏摇力矩
N_{in}、N_{out}	在PMM试验中测得的艏摇力矩的同相和反相分量
$N_{v_{app}}$、$N_{r_{app}}$	附体力矩随横荡速度和艏摇速度关于z轴的变化率
n	推进器转速(r/s)
n	瘦长系数的幂次(式(4.19))
n_{PMB}	平行中体系数的幂次(式(4.19))
n_f	艇首饱满度系数
O	原点位置
P	由于搁浅或触冰所产生的外部垂直力
P_B	制动功率(发动机)
P_E	有效功率
P_S	轴功率
P_T	推力功率
p、q、r	x、y、z轴上的角速度
$\dot{p}$、$\dot{q}$、$\dot{r}$	x、y、z轴上的角加速度
p'、q'、r'	x、y、z轴上的无量纲角速度，大小为"角速度×L/V"
Q	推进器转矩
Q_M	自航试验中的推进器转矩
R	回转半径
R	潜艇阻力
R^*	使用Sen敏感指数的操纵响应参数
$R_{control\ surface}$	操纵面阻力
Re	雷诺数，$Re = VL/\nu$
$R_{F_{flat}}$	平板摩擦阻力
$R_{F_{form}}$	包含摩擦形状阻力的摩擦阻力
R_P	形状阻力
$R_{sail_{form}}$	围壳形状阻力

符号	含义
R_T	总阻力
r	半径
r_h	用于定义 Suboff 艇尾的系数
r_{x_f}	距离艇首后缘 x_f 处的截面半径
S	湿表面积
S	Sen 敏感指数
S_a	升力面的平面面积
S_{hull}	艇体湿表面积
S_{sail}	围壳湿表面积
T	推进器推力
T_0	波浪模态周期
T_M	自航试验中推进器推力
t	推力减额分数
t	时间
t_{sail}	围壳厚度
U_1	边界层边缘处的流向速度
U_∞	标称流向速度
$u、v、w$	$x、y、z$ 方向上的速度
$\dot{u}、\dot{v}、\dot{w}$	$x、y、z$ 方向上的加速度
$u'、v'、w'$	$x、y、z$ 方向上的无量纲速度,大小为"速度/V"
$u_{aB}、v_{aR}、w_{aS}$	艏水平舵、方向舵和艉水平舵的轴向速度
u_c	潜艇 x 轴上的稳态速度,在设定的推进器转速下操纵面无偏转、仅在 x 轴上有速度
V	速度
V_a	推进器推进速度
$V_B、V_R、V_S$	艏水平舵、方向舵、艉水平舵处的速度
$V_{B_{eff}}、V_{R_{eff}}、V_{S_{eff}}$	艏水平舵、方向舵、艉水平舵处的有效速度
V_{eff}	有效速度(总体)
V_{wind}	风速(kn)
V_θ	(进入推进器叶片的)伴流中的切向速度
V^*	(进入推进器叶片的)局部轴向速度
v_R	方向舵的横荡速度(不对艇体的存在进行修正)

符号	含义
W	因质量产生的向下的力,$W=\Delta g$
WOF	伴流目标函数
w	泰勒伴流分数
$\overline{w}$	给定半径的平均伴流分数
w_Q	等转矩法计算的泰勒伴流分数
w_T	等推力法计算的泰勒伴流分数
w_B、w_S	艏、艉水平舵处的升沉速度(不对艇体的存在进行修正)
X、Y、Z	x(纵荡)、y(横荡)、z(升沉)轴上的作用力
X'、Y'、Z'	x、y、z轴上的无量纲作用力,大小为"作用力$\left/\left(\frac{1}{2}\rho V^2 L^2\right)\right.$"
$X'_{\delta X\delta X_i}$、$Y'_{\delta X_i}$、$Z'_{\delta X_i}$	x、y、z轴上附体X_i偏转角角度引起的无量纲作用力系数
x、y、z	x、y、z轴上的坐标
x_A	x轴上距离艇尾前缘的距离
x_B、y_B、z_B	x、y、z轴上浮心的坐标
x_{bow}、y_{rudder}、z_{stern}	艏水平舵、方向舵和艉水平舵的x轴坐标
x_{CLR}	侧向阻力中心x轴坐标
x_{CP}	临界点x轴坐标
x_f	x轴上距离艇首后缘的距离
x_{SUBOFF}	艏垂线后x方向的距离(用于定义DARPA Suboff潜艇的形状)
x_G、y_G、z_G	x、y、z坐标系下的重心坐标
x'_G	重心位置的无量纲x轴坐标,$x'_G = x_G/L$
x_{NP}	中性点x轴坐标
Y_{in}、Y_{out}	在PMM试验中测得的横荡力的同相和反相分量
Y_r、Y_v、Z_q、Z_w	作为速度(r,v,q,w)函数的一阶作用力系数
$Y_{v_{app}}$、$Y_{r_{app}}$	作为横荡速度和艏摇速度函数的作用于附体的在y轴向作用力的变化率
$Y'_{\dot{v}_{app}}$	附体关于横荡的无量纲化附加质量系数
y_0、z_0	PMM试验中y轴和z轴上的振幅
Z_{in}、Z_{out}	PMM试验中测得的升沉力的同相和反相分量

Z_{MEAN}	波浪的平均升沉力
Z'_{MEAN}	波浪的无量纲平均升沉力，$Z'_{\text{MEAN}} = Z_{\text{MEAN}}/(\rho g L \zeta_w^2)$
Z_{RAO}	一阶升沉力幅值响应算子
Z'_{RAO}	无量纲一阶升沉力幅值响应算子，$Z'_{\text{RAO}} = M_{\text{RAO}}/(\rho g L^2 D \zeta_w)$
$Z_{w_{\text{app}}}$、$Z_{q_{\text{app}}}$	随升沉速度和纵摇速度变化的关于 z 轴的附体力矩
$Z'_{\dot{w}_{\text{app}}}$	无量纲化附体升沉附加质量系数
α	攻角
α_t	半尾锥角
β	推进器叶片进流角度
γ_B、γ_R、γ_S	艇体对艏水平舵、方向舵和艉水平舵的整流效应系数
δ	附体偏转角
δ_B、δ_R、δ_S	艏水平舵、方向舵、艉水平舵的舵角（偏转角）
$\delta_{B\text{eff}}$、$\delta_{R\text{eff}}$、$\delta_{S\text{eff}}$	艏水平舵、方向舵、艉水平舵的有效攻角（有效偏转角）
δ_0	Z 形操纵中舵角振荡幅度
Δ	排水量
ΔC_F	表面粗糙度修正量
Δ_F	形状排水量
Δ_H	流体静力学排水量
ζ_w	波高
η	转速一定时自航速度与实际速度之比
η	推进器效率
η_B	艇后推进器效率
η_H	船身效率，即有效功率与推力功率之比
η_O	敞水推进器效率
η_R	相对旋转效率
η_{RQ}	等转矩法计算的相对旋转效率
η_{RT}	等推力法计算的相对旋转效率
η_Q	等转矩法计算的推进器效率
η_T	等推力法计算的推进器效率
θ	纵摇角

θ_0、ψ_0	在 PMM 试验中 y 轴和 z 轴上的振幅
θ_0	稳定风作用下的横倾角
θ_1	波浪作用下的迎风横摇角
θ_2	浸水角 θ_F 或 50°,以较小者为准
θ_c	风倾力臂 l_{w2} 与扶正力臂的二次截距角
θ_F	浸水角
υ	运动黏度
ξ_{PMB}	平行中体系数
ξ_{hull}	艇体形状系数
ρ	水密度
τ	纵倾角
ϕ	横摇/横倾角
ψ	艏摇角和艏向角
ψ_0	Z 形机动艏向角振幅
ω	振动频率
∇	浸水体积

2. 缩略语

缩写及其全拼	含 义
ACS(aft control surface(s))	艉操纵面
AMC(Australian Maritime College, an institute of the University of Tasmania)	塔斯马尼亚大学澳大利亚海事学院
ATT(aft trim tank)	艉纵倾平衡水舱
CFD(computational fluid dynamics)	计算流体动力学
CIS(cavitation inception speed)	空化初生速度
CLR(centre of lateral resistance)	侧向阻力中心
COTS(commercial off-the-shelf)	商用现成品或技术
DARPA(Defence Advanced Research Projects Agency(US))	美国国防高级研究计划局
DDD(deep dive depth)	深潜深度

DERA(Defence,Evaluation and Research Agency (UK)) 英国国防评估与研究局
DES(detached eddy simulation) 分离涡模拟
DGA(Générale de l'Armement, the French government defence procurement agency) 法国政府国防采购机构
DRDC(Defence Research and Development Canada) 加拿大国防研究与发展部
DREA(Defence Research Establishment Atlantic) 大西洋防务研究机构
DST Group(Defence Science and Technology Group, Australia(formerly DSTO)) DST集团(或澳大利亚国防科技集团)
DSTO(Defence Science and Technology Organisation, Australia(now DST Group)) 澳大利亚国防科学技术组织(现为DST集团)
FCS(forward control surface(s)) 艏操纵面
FSC(free surface correction) 自由液面修正
FTT(forward trim tank) 艏纵倾平衡水舱
GRP(glass reinforced plastic) 玻璃钢
HPMM(horizontal planar motion mechanism) 水平平面运动机构
IHSS(Iranian hydrodynamic series of submarines) 伊朗流体动力系列潜艇
IMO(International Maritime Organisation) 国际海事组织
ITTC(International Towing Tank Conference) 国际拖曳水池会议
LCB(position of the longitudinal centre of buoyancy) 纵向浮心位置
LCG(position of the longitudinal centre of gravity) 纵向重心位置
LES(large eddy simulation) 大涡模拟
MBT(main ballast tank) 主压载水舱
MDTF(marine dynamics test facility) 海洋动力学试验装置
MED(maximum excursion depth) 最大巡航深度
MLD(manoeuvring limitation diagram) 操纵限制图
NACA(National Advisory Committee for Aeronautics) 国家航空咨询委员会
PMB(parallel middle body) 平行中体
PMM(planar motion mechanism) 平面运动机构
QPC(quasi-propulsive coefficient) 准推进系数

RANS(Reynolds averaged Navier-Stokes)	雷诺平均纳维-斯托克斯方程
RNLN(Royal Netherlands Navy)	荷兰皇家海军
rpm(revolutions per minute)	每分钟转数
SME(safe manoeuvring envelope)	安全操纵范围
SOE(safe operating envelope)	安全操作范围
SOP(standard operating procedure)	标准操作规程
SSBN(nuclear-powered ballistic submarine)	弹道导弹核潜艇
SSK(conventionally powered submarine)	常规动力潜艇
SSN(nuclear-powered attack submarine)	攻击型核潜艇
SSPA(Swedish Maritime Consulting Organisation)	瑞典海事咨询机构
SSGN(nuclear-powered guided missile submarines)	巡航导弹核潜艇
VPMM(vertical planar motion mechanism)	垂直平面运动机构
WOF(wake objective function)	伴流目标函数

第1章
引　　言

摘要　潜艇是非常特殊的载具,其设计极为复杂。本书只介绍潜艇水动力学方面的内容,读者需要具备船舶水动力学的相关知识。本章将介绍潜艇几何的基本概念,涵盖了一些在普通船舶工程领域并不常见的术语,如轴对称艇体、围壳、艇尾、艇首、操纵面、外艇壳和推进器。多年来,很多非涉密的潜艇几何结构被陆续开发出来,相关组织和机构可以在公开发表的文献中找到这些资料,并以此为基准对标自己水动力学的研究成果。这些几何结构也被用作新潜艇的设计基础。本书总结了一些较为广泛使用的几何结构,章后的参考文献可以帮助读者了解更多相关信息。

1.1　概　　述

潜艇是设计极其复杂的特殊载具。本书只介绍潜艇水动力学方面的内容,其中涉及一些船舶水动力学相关知识。读者可以参考相关文献(Rawson 和 Tupper(2001))来获得关于水面舰艇概念的信息。本书附录中列出了一系列有关现代潜艇的详细介绍。

1.2　几何形状

潜艇的几何形状相当简单,但是使用了一些通常船舶工程领域不常见的术语。首先,潜艇艇体一般为轴对称设计,即潜艇表面关于其纵向中心轴完美对称(图1.1)。图1.1也给出了轴对称艇体的直径和长度。

为了较为方便地操作,需要在艇体上方增设一个围壳(又称为"桥鳍",为前后一致,本书称其为"围壳"),用来放置如潜望镜、通气管和桅杆等其他设备(图1.2)。此处也可用作潜艇在水面行驶时的指挥台。围壳的存在通常对潜艇的流体动力

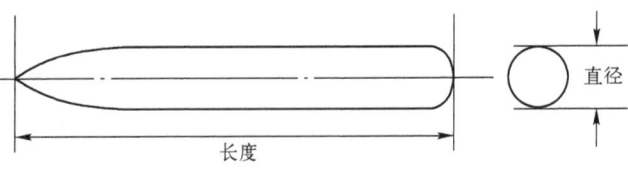

图 1.1 轴对称艇体

性能有不利的影响。

此外,潜艇控制还需要有艉舵操纵面,这一部分内容将在第 3 章进行讨论。这些操纵面的水动力学设计细节将在第 6 章中给出。对于采用传统十字形艉的潜艇,其艉舵会包括一个上方向舵和一个下方向舵(垂直艉舵)(图 1.2)。很多现代潜艇都由安装在纵向中轴上的单推进器推进。推进器通常位于艉操纵面之后(图 1.3)。需要说明的是,此处所使用的"推进器"概念既可以指传统的螺旋桨,也可以指泵喷推进器。这些内容会在第 5 章进行讨论。

尽管完全轴对称的形状非常适合水下操纵,但是当潜艇在水面航行时,艇员很难在这样的曲面上开展日常工作。因此,许多潜艇会在耐压艇体外再加装外艇壳(图 1.4)。外艇壳不仅为艇员提供了潜艇在水面行驶时便于操作的平台,还提供了耐压艇体外的存储空间,方便潜艇作业。

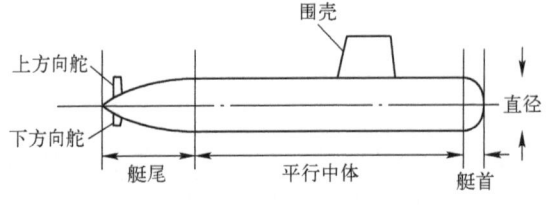

图 1.2 潜艇几何结构

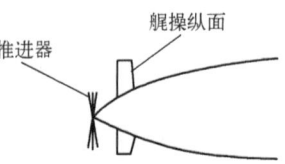

图 1.3 常见艇尾布局

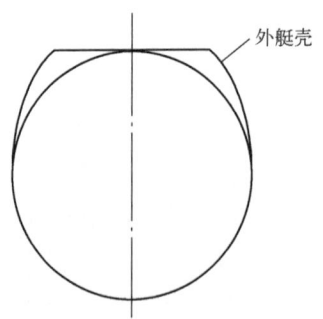

浮于水面的奥伯龙级潜艇
(由 Bruce Cartwright 提供)

图 1.4 外艇壳

1.3 标准潜艇几何形状

1.3.1 58系列潜艇形状模型

早期针对现代艇体阻力的系统化研究可以追溯到David Taylor所建立的模型库(Gertler(1950))。这一系列(58系列)包含24个数学上互相关联的流线型旋转体模型,模型之间的长径比、棱形系数、鼻首半径、尾部半径及最大截面位置等几何参数存在差异。基于相同的参考体积得到了一些研究结果,包括在方向稳定性控制中对必要操纵面进行附体阻力的评估。所有的艇体形状都可通过式(1.1)的6次多项式进行描述,即

$$r_x = a_1 x + a_2 x^2 + a_3 x^3 + a_4 x^4 + a_5 x^5 + a_6 x^6 \tag{1.1}$$

式中,常数a_1、a_2、a_3、a_4、a_5、a_6根据各几何参数值确定(图1.5)。

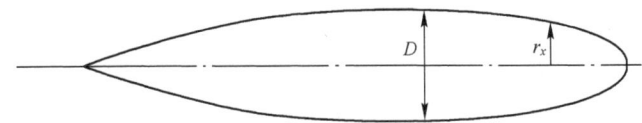

图1.5 58系列潜艇纵剖图

1.3.2 Myring潜艇形状模型

Myring(1981)开发出一种标准的轴对称艇体,这种艇体拥有椭圆形艇首、平行中体和抛物线形艇尾(图1.6),且艇体各部分分别由式(1.2)~式(1.4)定义。

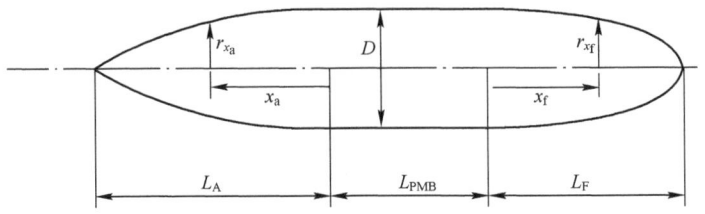

图1.6 Myring形状纵剖图

1) 艇首

艇首形状由式(1.2)定义,即

$$r_{x_f} = \frac{D}{2}\left[1 - \left(\frac{x_f}{L_F}\right)^2\right]^{\frac{1}{n_f}} \tag{1.2}$$

式中:r_{x_f}为沿 x 轴距离艇首后缘 x_f 处的截面半径(图1.6);L_F 为艇首长度;D 为艇体直径;n_f 为艇首饱满度系数,当 $n_f=2$ 时,艇首轮廓为椭圆形。

2) 平行中体

平行中体形状由式(1.3)定义,即

$$r_{x_{PMB}} = \frac{D}{2} \tag{1.3}$$

式中:$r_{x_{PMB}}$ 为平行中体半径。

3) 艇尾

艇尾形状由式(1.4)定义,即

$$r_{x_a} = \frac{D}{2} - \left(\frac{3D}{2L_A^2} - \frac{\tan\alpha_t}{L_A}\right)x_A^2 + \left(\frac{D}{L_A^3} - \frac{\tan\alpha_t}{L_A^2}\right)x_A^3 \tag{1.4}$$

式中:α_t 为半尾锥角;L_A 为艇尾长度;x_A 为 x 轴上距离艇尾前缘的距离。

1.3.3　DRDC 标准潜艇形状模型

Mackay(2003)描述了一种标准潜艇形状模型。开发这一模型是为了开展一系列由加拿大国防研究与发展部(DRDC)和荷兰皇家海军(RNLN)共同资助的水动力学试验。该模型为典型常规动力潜艇(SSK)布局,在后续各种试验装置中进行过试验,也曾多次被用于计算流体动力学(CFD)分析。

图 1.7 所示为 Mackay(2003)的 DRDC 标准潜艇形状模型的纵剖图。该标准艇体模型具体包括 3 部分,即艇首、平行中体和艇尾。艇体长径比 $L/D=8.75$。

1) 艇首

艇首长度为 $1.75D$,形状由式(1.5)定义,即

$$\frac{r_{x_f}}{D} = 0.8685\sqrt{\frac{x_F}{D}} - 0.3978\frac{x_F}{D} + 0.006511\left(\frac{x_F}{D}\right)^2 + 0.005086\left(\frac{x_F}{D}\right)^3 \tag{1.5}$$

式中:r_{x_f} 为沿 x 轴距离艇首后缘 x_f 处的截面半径(图1.7);D 为艇体直径。

2) 平行中体

平行中体长度为 $4D$,形状由式(1.6)定义,即

$$r_{x_{PMB}} = \frac{D}{2} \tag{1.6}$$

式中:$r_{x_{PMB}}$ 为平行中体半径;D 为艇体直径。

3) 艇尾

艇尾长度为 $3D$,形状由式(1.7)定义,即

$$\frac{r_{x_A}}{D} = \frac{1}{3}\left(\frac{x_A}{D}\right) - \frac{1}{18}\left(\frac{x_A}{D}\right)^2 \tag{1.7}$$

式中:r_{x_A}为沿x轴距离艇尾前缘x_A处截面半径(图1.7);D为艇体直径。

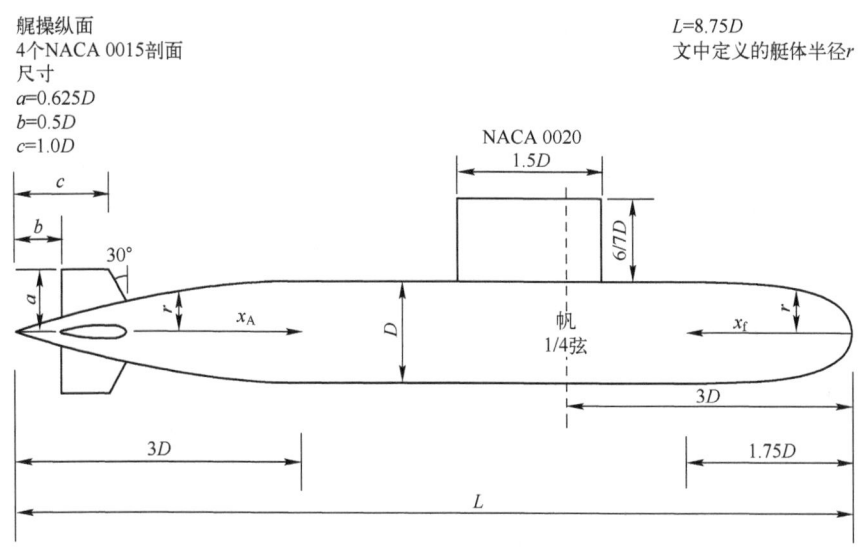

图1.7 DRDC标准潜艇形状模型纵剖图(摘自Mackay(2003)的非比例图)

1.3.4 DARPA Suboff 潜艇形状模型

美国国防高级研究计划局(DARPA)的潜艇技术部资助的一个潜艇开发项目开发了一种名为"Suboff"的标准潜艇形状模型(Groves 等(1989))。Suboff 模型是典型的核动力攻击型潜艇(SSN)布局,名义比例尺为 1/24,艇体全长 105m。

自 Suboff 模型出现以来,一直用于各种拘束模型试验(带尾操纵面或不带尾操纵面),Huang(1989)和 Roddy(1990)在著作中对此均有讨论。

此外,该模型广泛应用于多种模拟分析(图 1.8),包括操纵性系数的 CFD 验证。

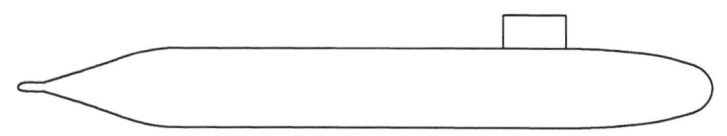

图1.8 DARPA Suboff 模型纵剖图(非比例图)

Suboff 模型为轴对称艇体,总长 4.356m,最大直径 D 为 0.508m。
1)艇首
艇首长度为 $2D(1.106m)$,形状由式(1.8)定义,即

$$r_{x_f} = \frac{D}{2}[\,1.126395101x_{\text{SUBOFF}}(0.3x_{\text{SUBOFF}}-1)^4 + \qquad (1.8)$$
$$0.442874707x_{\text{SUBOFF}}^2(0.3x-1)^4(1.2x+1)\,]^{1/2.1}$$

式中：r_{x_f} 为距离艇首后缘 x_{SUBOFF} 处的截面半径（英尺）；D 为艇体直径（m）。

2）平行中体

平行中体长度为 $4.39D(2.229\text{m})$，形状由式（1.9）定义，即

$$r_{x_{\text{PMB}}} = \frac{D}{2} \qquad (1.9)$$

式中：$r_{x_{\text{PMB}}}$ 为平行中体半径；D 为直径。

3）艇尾

艇尾长度为 $2.19D(1.111\text{m})$，其中艇尾主体长 1.016m，艉部端盖长 0.095m。艉垂线位于艉部端盖的前缘。形状（从平行中体后缘到艉部端盖间的区域）由式（1.10）定义，即

$$r_{x_a} = \frac{D}{2}\Big[r_h^2 + r_h K_0 \xi^2 + \Big(20 - 20r_h^2 - 4r_h K_0 - \frac{1}{3}K_1\Big)\xi^3 +$$
$$(-45 + 45r_h^2 + 6r_h K_0 + K_1)\xi^4 + (36 - 36r_h^2 - 4r_h K_0 - K_1)\xi^5 + \qquad (1.10)$$
$$\Big(-10 + 10r_h^2 + r_h K_0 + \frac{1}{3}K_1\Big)\xi^6\Big]^{1/2}$$

式中：$r_h = 0.1175$，$K_0 = 10$，$K_1 = 44.6244$，且有

$$\xi = \frac{13.979167 - x_{\text{SUBOFF}}}{3.333333}$$

4）围壳

Suboff 模型的围壳位于艇体的上死点，前缘距艏垂线 $0.924\text{m}(1.820D)$，后缘距艏垂线 1.293m，围壳总长 $0.368\text{m}(0.724D)$，围壳上方安装有围壳盖（图1.8）。更多有关围壳形状的细节，可以参考 Groves 等（1989）的著作。

5）尾部附体

Suboff 模型可在艇体轴向 4 个不同的地方安装 4 个相同的尾部附体，安装角度分别为 0°、90°、180°和 270°。

此外，Suboff 模型潜艇还可安装两个不同的环翼。有关更多艉部附体的细节，可以参考 Groves 等（1989）的著作。

1.3.5 伊朗流体动力系列潜艇

伊朗流体动力系列潜艇（IHSS）是为了系统研究现代潜艇的水动力学特征而开发的（Moonesun 和 Korol（2017））。该系列潜艇艇体包括椭圆形艇首、平行

中体和锥形艇尾,无推进器。围壳剖面为 NACA 对称剖面。标准 IHSS 艇体形状参见图 1.9。

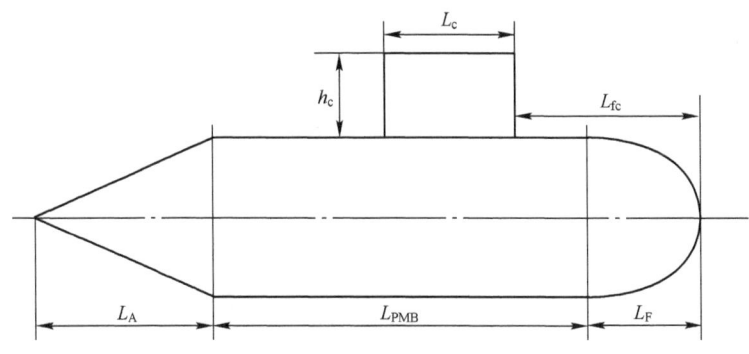

图 1.9　IHSS 艇体参数定义(Moonesun 和 Korol(2017))

IHSS 艇体几何参数用 15 位编码表示,前 7 位为主艇体参数,后 8 位为围壳参数。例如,代码 IHSS 105257-35178025 的具体含义参见表 1.1。

表 1.1　IHSS 15 位编码解析

位　数	含　义	示例数字	示例值
前 3 位	长径比	105	10.5
第 4、5 位	艇首长度与艇体总长度比	25	0.25
第 6、7 位	平行中体长度与艇体总长度比	70	0.70
第 8、9 位	围壳前缘到艇首距离与艇体总长度比	35	0.35
第 10、11 位	围壳长度与艇体总长度比	17	0.17
第 12、13 位	围壳高度与艇体直径比	80	0.80
第 14、15 位	围壳剖面形状	25	NACA 0025

1.3.6　Joubert 的 BB1 模型和 BB2 模型

Joubert(2004,2006)曾为澳大利亚国防部完成了一款大型 SSK 的概念设计,后被称为 BB1 模型,且一直被多个机构当作标准潜艇形状使用。此后,BB1 模型的艉操纵面和围壳被加以改造(Overpelt 等(2015)),改造后的模型被称为 BB2,后续包括 Bettle(2014)、Carrica 等(2016)及 Pook 等(2017)的大量研究著作都以 BB2 模型为研究对象。表 1.2 列出了全尺寸 BB1 模型和 BB2 模型的详细参数,图 1.10 展示了其剖面。

表 1.2 BB1 模型与 BB2 模型的主要参数

参　　数	全尺寸数值/m
总长	70.2
横梁	9.6
甲板型深	10.6
围壳上缘型深	16.2
推进器直径	5.0

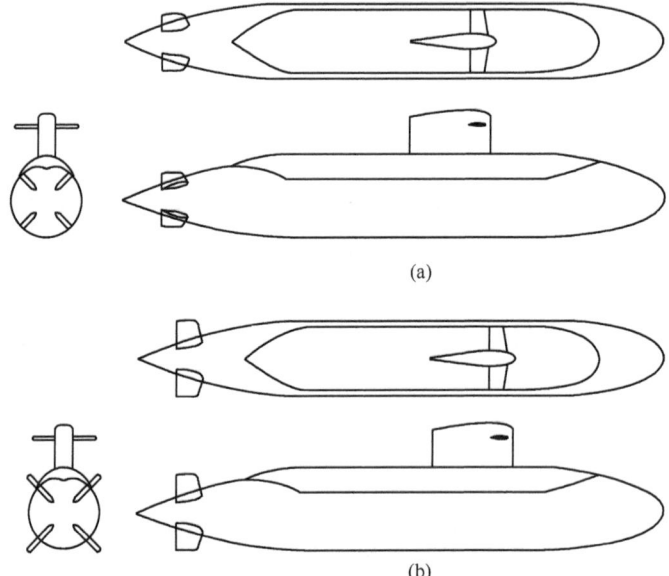

图 1.10　BB1 模型和 BB2 模型图示(图片由 DST 集团提供)
(a) BB1 模型;(b) BB2 模型。

参考文献

Bettle MC(2014)Validating design methods for sizing submarine tailfins. In:Proceedings of warship 2014, Bath,UK,18-19 June 2014.

Carrica PM,Kerkvliet M,Quadvlieg F,Pontarelli M,Martin E(2016)CFD simulations and experiments of a manoeuvring generic submarine and prognosis for simulation of near surface operation. In:Proceedings of the 31st symposium on naval hydrodynamics,Monterey,CA,USA,11-16 Sept 2016.

Gertler M(1950)Resistance experiments on a systematic series of streamlined bodies of revolution—for application to the design of high-speed submarines. David W Taylor Model Basin Report C-297,Apr 1950.

Groves NC,Huang TT,Chang MS(1989)Geometric characteristics of the DARPA SUBOFF model. David Taylor Research Centre,1989.

Huang TT, Liu HL, Groves NC(1989) Experiments of the DARPA SUBOFF program, DTRC/ SHD-1298-02, Dec 1989.

Joubert PJ(2004) Some aspects of submarine design, part 1. Hydrodynamics, defence science and technology organisation. Australian Government, Department of Defence, DSTO-TR-1622, Oct 2004.

Joubert PJ(2006) Some aspects of submarine design, part 2. Shape of a submarine 2026. Defence Science and Technology Organisation, Australian Government, Department of Defence, DSTO-TR-1920, Dec 2006.

Mackay M(2003) The standard submarine model: a survey of static hydrodynamic experiments and semiempirical predictions. Defence R&D Canada, June 2003.

Moonesun M, Korol Y (2017) Naval Submarine body form design and hydrodynamics. LAP LAMBERT Academic Publishing. ISBN:978-620-2-00425-1.

Myring DF(1981) A theoretical study of the effects of body shape and mach number on the drag of bodies of revolution in subcritical axisymmetric flow. Royal Aircraft Establishment Technical Report 81005, Jan 1981.

Overpelt B Nienhuis B, Anderson B(2015) Free running manoeuvring model tests on a modern generic SSK class submarine(BB2). In: Proceedings of Pacific 2015, Sydney, Australia, 6-8 Oct 2015.

Pook DA Seil G, Nguyen M, Ranmuthugala D, Renilson M R (2017) The effect of aft control surface deflection at angles of drift and angles of attack. In Proceedings of warship 2017: naval submarines and UUVs. Royal Institution of Naval Architects, Bath, UK.

Rawson KJ, Tupper EC(2001) Basic ship theory, 5th edn. Butterworth-Heinemann.

Roddy RF (1990) Investigation of the stability and control characteristics of several configurations of the DARPA SUBOFF model (DTRC Model 5470) From captive model experiments, DTRC/SHD - 1298 - 08 Sept 1990.

第 2 章
流体静力学及其控制

摘要 潜艇静力学遵循阿基米德原理,即浸在流体中的物体受到竖直向上的力(浮力)的大小等于被排开流体的重量(排水量)。这里的排水量有两种定义:一种不包括非水密空间内自由流体的质量(流体静力学排水量),此定义常用于潜艇设计;另一种则包括非水密空间内自由流体的质量(总排水量),此定义常用于潜艇流体动力性能分析。要实现垂直平面的平衡,潜艇质量必须与浮力精确匹配。但由于压缩性会对浮力产生影响,因此潜艇不可能获得垂直平面的稳定平衡。潜艇配有两种能够调节重量的压载水舱,即用于重大质量调整的主压载水舱和用于质量微调的配平压载水舱。各水舱的影响通过绘图呈现,并使用多边形配平图与操作过程中潜艇可能发生的重量变化和纵倾力矩变化进行比较,进而确定压载水舱是否有效。本章将探讨潜艇在通过水面、坐底、穿越冰面等多种情况下的横向稳定性。潜艇浮于水面时,横稳心高(GM)至关重要,但在水下,浮心与重心之间的距离(BG)决定着潜艇的横向稳定性。本章还给出了潜艇在水面以及水下时的横向稳性衡准。

2.1 流体静力学与排水量

与流体中的任何物体一样,潜艇也遵循阿基米德原理。这个规则适用于潜艇上浮于水面以及下潜入水。读者可以参考相关文献(Rawson 和 Tupper(2001),Renilson(2016))来获取关于船舶平衡以及流体静力学的信息。

当潜艇浮于水面时,只有一部分艇体没入水中,此时潜艇所受浮力和排水量小于完全下潜入水中时的浮力和排水量。潜艇的一个重要特征就是其重量可调节,这也使潜艇既能上浮于水面,也可下潜至水中。潜艇在水下作业时,会产生水下排水量,在水面作业时,则产生水面排水量。由于特定任务所需要的储备浮力不同,潜艇可能会有多种不同的水面排水量。传统船舶也是如此,它们也可拥有不同的吃水深度。水下排水量两种不同的定义如表2.1所列。

表2.1 水下排水量定义

排水量类型	符号	描述
流体静力学排水量	Δ_H	不包括自由流体的总重量
形状排水量	Δ_F	包括自由流体的总重量

考虑到潜艇重量与浮力的平衡,潜艇设计师通常使用流体静力学排水量这一定义,尤其是在设计阶段。主压载水舱以及外艇壳内等非水密空间内的自由流体,因其对潜艇整体重量以及所受浮力无影响,因此不予考虑。另外,水动力学专家通常要考虑形状排水量,因为他们关心的是需要推进和操纵的潜艇的重量。在这种情况下,因为储存在主压载水舱和外艇壳部分的水会随潜艇一起移动,因此需要将此部分重量考虑在内。这两种排水量定义下的浮心以及重心各不相同,如表2.2以及图2.1所示。很显然,确定具体适用的排水量定义十分重要。

表2.2 重心与浮心在不同排水量中的定义

排水量类型	重心	浮心
流体静力学排水量	G_H	B_H
形状排水量	G_F	B_F

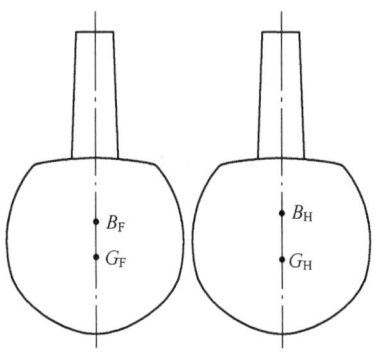

图2.1 重心与浮心

在两种排水量定义下,同样横倾角下的复原力矩必须相同。所以,重心和浮心的关系可从式(2.1)中得出,即

$$B_F G_F \cdot \Delta_F = B_H G_H \cdot \Delta_H \tag{2.1}$$

因此有

$$\frac{B_H G_H}{B_F G_F} = \frac{\Delta_F}{\Delta_H} \tag{2.2}$$

2.2 稳性控制

2.2.1 垂直平面控制

要实现潜艇垂直平面的平衡,质量乘以重力加速度所产生的重向力必须等于浸水体积乘以水密度、重力加速度所产生的向上浮力。

与水面船舶不同,深潜潜艇不能依靠调整吃水来调整浸水体积,进而实现浮沉。因此,要实现垂直平面的平衡,潜艇重量必须与浮力精确匹配。实现并非不可能,但的确相当困难。

此外,潜艇作业深度越深,水压对艇体的挤压就会越明显。这将导致深潜潜艇浸水体积减小,浮力随之下降。这会让问题变得更加复杂。相反,在浅水区作业的潜艇受到水压挤压的程度较小,浸水体积大,浮力随之增大(图2.2)。这种可压缩性效应的大小取决于潜艇构造。值得一提的是,很多现代潜艇本身装配有可塑材质的消声瓦,这也会增加可压缩性效应的影响。

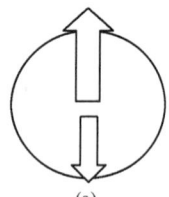 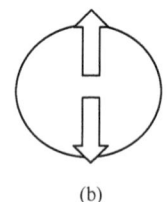 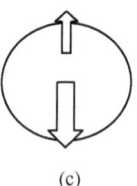

(a) (b) (c)

图 2.2　可压缩性对浮力的影响
(a) 向上的力大于向下的力;(b) 平衡状态;(c) 向上的力小于向下的力。

因此对潜艇而言,在给定的深度,能达到的最好状态就是动态平衡状态。向上或向下的轻微移动都将导致艇体远离初始位置。另外,海水在垂直平面和水平平面的密度会有细微差异,在靠近海岸区域这种变化更为明显。而这会对潜艇的垂直平面操纵产生显著影响。此外,在航行途中,潜艇重量会随着物资的消耗和/或武器的使用而变化。

综上所述,迅速调整重量的能力对潜艇而言十分重要,而这需要一系列压载水舱的配合,这一内容会在2.3节中进行讨论。即便如此,在零前进速度下对潜艇进行垂直平面的操纵依旧困难,因此有必要借助水动力学加以控制,这一内容会在第3章中加以讨论。

2.2.2 横稳性

对于完全潜入水中的潜艇,想要达到横摇稳定,即横向稳定状态,浮心必须高于重心(图 2.3)。在这种情况下,即使潜艇有轻微角度的横倾,静水力矩也会迫使艇体恢复正浮状态(图 2.4);反之,如果重心高于浮心,那么一旦外部力矩导致艇体产生轻微角度的横倾,静水力矩将会进一步加剧倾斜程度(图 2.5)。

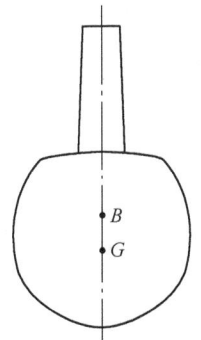

图 2.3 水下潜艇处于横向稳定平衡状态

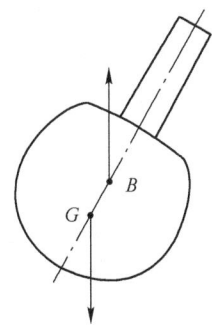

图 2.4 水下的潜艇有轻微角度的倾斜(浮心高于重心)

横向稳定状态以浮心与重心之间的距离(BG)来衡量。正如 2.1 节中所提及,同一潜艇使用的排水量定义不同(流体静力排水量与总排水量的不同),浮心与重心之间的距离也不相同。对水下潜艇来说,BG 值为正(浮心高于重心)十分必要,通常情况下也很容易实现。潜艇在浮出水面或潜入水中的瞬间,其他对横稳状态更为关键的因素会显现出来,这一内容会在 2.5 节中讨论。

当潜艇浮于水面时,情况则有所不同。此时,一旦艇体发生横向倾斜,浮心会横向移动。对于小角度倾斜,通过浮心的向上浮力总会通过稳心发挥作用(图 2.6),稳心以 M 标记。因此,要使浮于水面的艇体保持竖直稳定平衡状态,稳心必须高于重心。此时的稳定性以横稳心高 GM 来衡量。

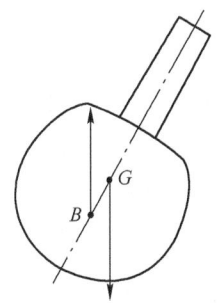

图 2.5 水下潜艇有轻微角度的倾斜(重心高于浮心)

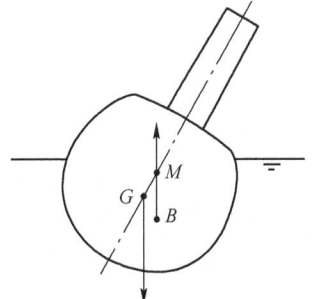

图 2.6 浮于水面的潜艇有轻微角度的倾斜

浮心与稳心之间的垂直距离由下式给出：

$$BM = \frac{I}{\nabla} \quad (2.3)$$

式中：I 为水线面围绕纵轴的二阶矩；∇ 为浸水体积。

当潜艇潜入水中时，$I=0$，此时的稳心与浮心重合。

如果潜艇内部有舱室存在自由液面，那么当潜艇横向倾斜时，这些流体的重心会横向移动。这种情况可以被理解为重心从 G 提高到 G_F 位置。注意这里的下标 F 是指由于自由液面修正引起的重心位置，与 2.1 节中提到的"总排水量"中的 F 含义不同。

重心与自由液面修正重心之间的垂直距离被称为自由液面修正（FSC）。FSC 与不同水舱流体面积的二阶矩和水舱中流体的密度有关，与液舱中流体的重量无直接关联。

2.2.3 纵稳性

与横稳性相同，纵稳性原理既适用于水下潜艇，也适用于水面船舶。但是当潜艇发生纵倾时，由于没有水平面，潜艇的纵向恢复力矩十分微小（图 2.7）。因此，重心与浮心的纵向对齐至关重要。而在航行途中，物资的消耗及武器的使用等因素会改变重心的纵向位置，此时就需要借助压载水舱进行调整，这一内容会在 2.3 节中进行讨论。

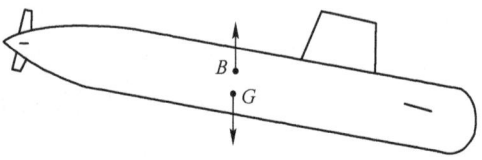

图 2.7 在水下有纵倾角的潜艇

2.3 压载水舱

2.3.1 压载水舱的分类

压载水舱可以被分为以下两类：

（1）用于大幅重量调整，负责潜艇上浮或下潜的主压载水舱；

（2）用于重量微调，通过配平与补偿系统使潜艇水下平衡配平并补偿压载水舱。

2.3.2 主压载水舱

主压载水舱(MBT)通常在耐压艇体的外部,当潜艇位于水下时可以与外部流体连通(图2.8)。

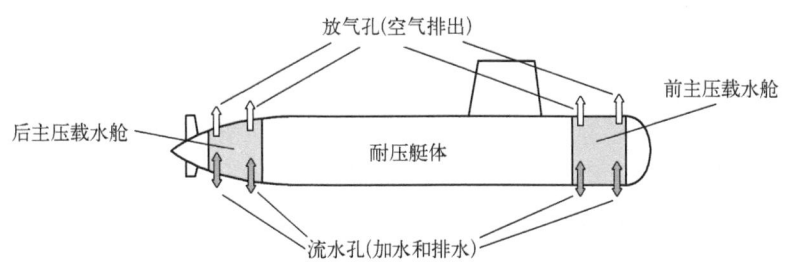

图2.8 主压载水舱系统图示

主压载水舱能够通过大幅调整潜艇重量实现潜艇的下潜或上浮。水与空气可通过位于主压载水舱下方的流水孔和上方的排气孔进入或离开主压载水舱。

当潜艇浮于水面时,主压载水舱会打开排气孔,让水通过流水孔进入主压载水舱。排气孔与流水孔的尺寸直接决定水流注满主压载水舱的时长,即潜艇下潜时长。理想情况是孔的尺寸能够满足所有压载水舱在同一时间注满。当潜艇水下作业时,流水孔的尺寸也会影响潜艇的水声特征,因为它们会对周围水流产生干扰。小尺寸流水孔还可能会产生过压和表面稳定性问题。

2.3.3 纵倾配平与补偿压载水舱

在航行过程中,燃油等物资的消耗和武器的使用会导致潜艇的重量以及纵向重心发生变化。此外,当潜艇靠近水面作业时,海水密度、艇体压缩性以及接近水面航行时的自由面吸力均会产生变化,这也需要潜艇对自身总重量以及纵向重心做出细微调整。

纵倾配平与补偿压载水舱就是实现这些调整的工具。图2.9是一个配平与补偿压载水舱的典型结构示意图。

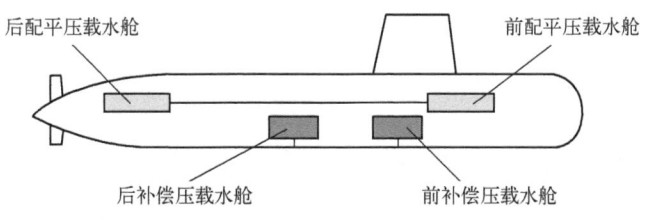

图2.9 配平与补偿压载水舱图示

理想情况下,补偿压载水舱应靠近纵向重心,而纵倾配平压载水舱应位于潜艇两端。此外,用于补偿因武器使用导致的重量减少的专用压载水舱应尽可能靠近合适位置。一些常规潜艇还在前端配有快速下潜水舱,可以快速注水实现潜艇的迅速下潜。一旦潜艇潜入水中后,这些水舱便立即排空。

配平与补偿压载水舱既可以是暴露在外部水压环境中的硬舱,也可以是置于艇体内部的软舱。用于改变重量的补偿压载水舱需要经过仔细设计,其需要有坚硬外壳以便适应深水环境。不可控的泄漏必然造成事故。因此,有必要针对泄漏情况制定标准操作规程(SOP),这也会影响安全操作范围,此内容会在3.10节进行探讨。用于调节纵向重心的压载水舱可以是软舱,因其不用对抗深水压力,所以重量也比较轻。

2.4 纵倾多边形配平图

在潜艇设计阶段,测试纵倾配平与补偿压载水舱是否能够有效应对所有潜艇重量和轴向重心变化是非常必要的。要做到这一点,就需给每个压载水舱绘制重量和纵倾力矩的函数图(图2.10)。图2.11展示了图2.10所示多边形上各个点所代表的压载水舱状态。

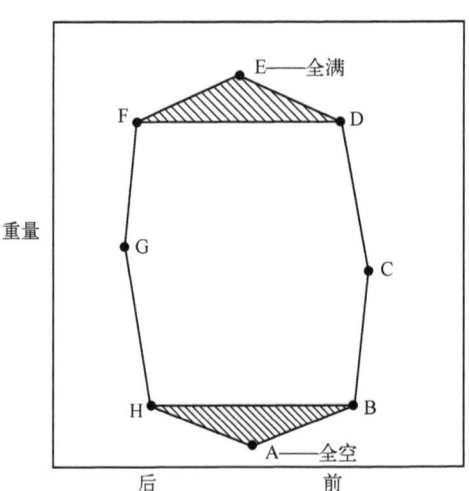

图2.10　多边形配平图展示了配平与补偿压载水舱的作用

在图2.10和图2.11中,状态A表示此时所有的压载水舱都处于排空状态。状态B表示此时只有前配平压载水舱注水。可以看到,此时潜艇重量增加(假设前配平水舱可以从潜艇外部注水),有向前的纵倾力矩。状态C表示此时前

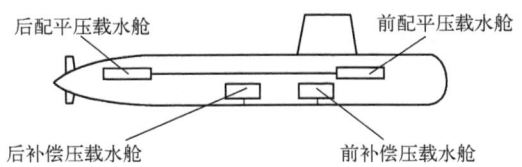

状态A——全空

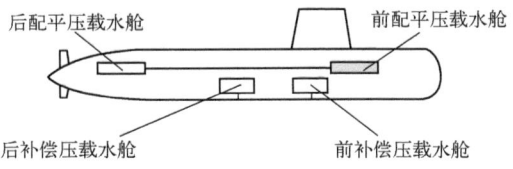

状态B——前配平压载水舱注水

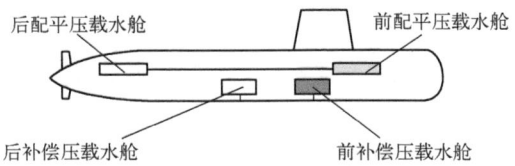

状态C——前配平压载水舱、前补偿压载水舱注水

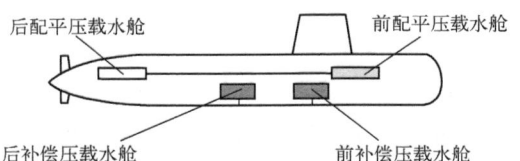

状态D——前配平压载水舱、两个补偿压载水舱注水

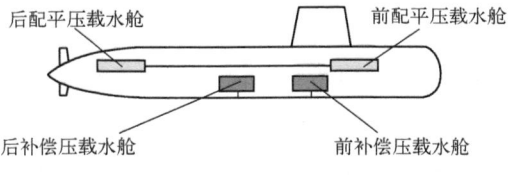

状态E——全满

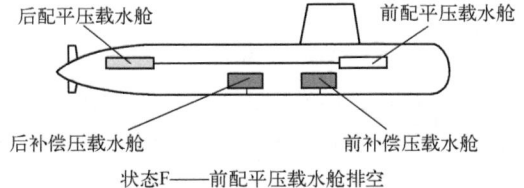

状态F——前配平压载水舱排空

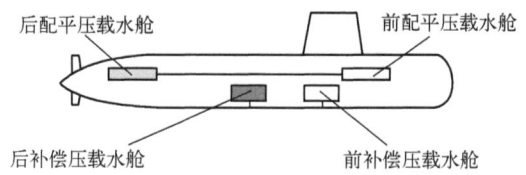

状态G——前补偿压载水舱、前配平压载水舱排空

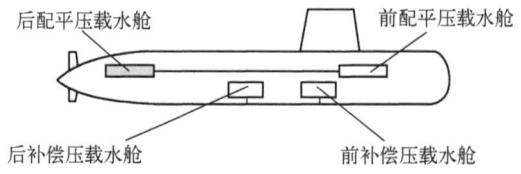

状态H——两个补偿压载水舱、前配平压载水舱排空

图 2.11　图 2.10 中各点所代表的各压载水舱的状态

配平压载水舱和前补偿压载水舱注水。此时潜艇重量增加,轴向重心轻微前移,向前的纵倾力矩小。状态 D 表示此时前配平压载水舱和两个补偿压载水箱注水。状态 E 表示配平压载水舱和补偿压载水舱均注水。状态 F 表示此时除前配平压载水舱外,其余压载水舱注水。状态 G 和状态 H 表示将前后补偿压载水舱依次分别排空。

注意,如果配平压载水舱是软舱,那么它将不能实现从潜艇外部进行注水或排空,因此图 2.10 和图 2.11 中的状态 A 与状态 E 不会出现。当配平压载水舱是软舱时,不存在浅色阴影部分。包括可压缩性在内的其他影响因素理论上也可以包含在此图中,但是因为超出了本书的研究范围,故不予讨论。

多边形配平图展示了配平压载水舱和补偿压载水舱能够发挥的最大作用。类似的多边形配平图还可以展示燃油等物资消耗和武器使用所引起的质量和纵倾力矩变化。可压缩性效应和表面吸力作用也可以融入这种多边形配平图中。同理,随着时间增加,预计服役人员增多所带来的重量增加也可融入图中。图 2.12 展示了简化版的多边形配平图。

为了确保配平和补偿压载水舱能够有效补偿所有由物资消耗所引起的质量和纵倾力矩的变化,将这两种多边形配平图合并,如图 2.13 所示。

如果虚线内的任何部分落在实线之外,那么很可能是潜艇装配的配平与补偿压载水舱不足以有效应对潜艇的重量变化。该配平与补偿压载水舱便不符合要求,需要进一步改进。在图 2.13 中,配平与补偿压载水舱所能提供的补偿远远超过潜艇自身可能出现的重量和纵倾力矩的变化,因此加装此配平与补偿压载水舱是满足要求的。

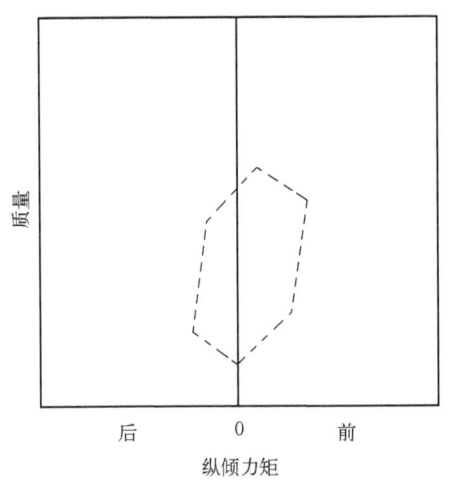
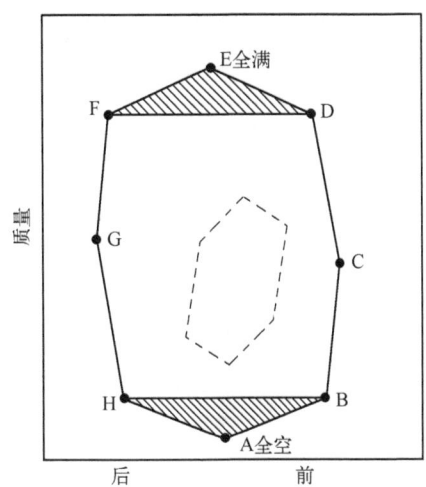

图 2.12 重量变化影响的多边形配平图　　图 2.13 多边形配平图

2.5　上浮、下潜的稳定性

在 2.2.2 小节中提到,当潜艇完全潜入水中时,横向稳定性靠浮心在上、重心在下实现。此时的稳定性以浮心与重心之间的距离 BG 来衡量。当潜艇浮于水面时,浮心作为横倾角的函数而横向移动。对于小角度倾斜,浮力会通过稳心 M 发挥作用。因而,此时的稳定性以横稳心高 GM 来衡量。

当潜艇从水面下潜至完全入水时,因为艇体浸水体积和压载水舱重量的改变,潜艇的浮心与重心都会发生轴向改变。此外,水平平面的二阶矩 I 也会在此过程中变化。这些都将显著影响稳心 M 的位置,如式(2.3)所示。

为了保证潜艇在下潜过程中保持稳定,需要绘制吃水深度与各种中心位置的函数关系图(图 2.14),其中 KB、BM、KM、KG、KG_F(自由液面修正 KG)为吃水深度的函数。在这个例子中,最浅的吃水深度为 4.5m。当吃水深度为 5.5m 时,外艇壳被完全淹没,当吃水深度达到 7m 时,潜艇完全潜入水下。可以看到,这个例子中水面 G_FM 值为正,最小 BG_F 值为正,潜艇完全下潜时的 BG_F 值为正。图 2.14 中没有直接展示出在潜艇出水时,潜艇外艇壳内和其他非水密空间内的水流出所需要的时间。这将导致在一段时间内,潜艇重心高于图 2.14 中稳定状态下的重心。这段时间的长短取决于流水孔的尺寸,但在 2.3.2 节中也提到,大流水孔可能会在下潜过程中引起水动力噪声。

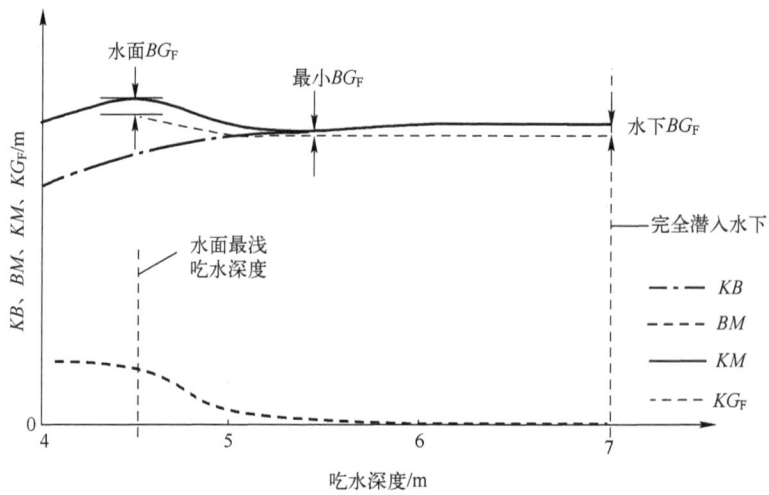

图 2.14　潜艇出水时的稳定性曲线

2.6　坐底稳定性

潜艇有时会因为作业需求而坐在海底。此时,潜艇的横稳性受到作用于龙骨向上的力的影响(图 2.15)。在图 2.15 中,潜艇向下的重力 mg 因为补偿压载水舱内有水的缘故而增大。P 是作用于龙骨 K 的向上的力,作用于潜艇浮心的向上的浮力 bg 没有改变。注意,此时 G_F 的位置会因为补偿压载水舱内有水的缘故而发生改变。必须了解 G_F 位置的垂向移动与压载水舱内水量存在的函数关系。

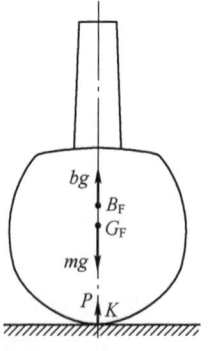

图 2.15　坐底潜艇

还应注意,这里使用的为总排水量(详见 2.1 节)的概念。如果使用流体静力学排水量的概念,结果也是如此。此处使用总排水量概念的原因是:这里额外

水重量来自潜艇内置水舱。作用于龙骨的向上的力可以从下式计算出,这里保留了传统的向下为正的符号惯例,则有

$$mg - bg - P = 0 \tag{2.4}$$

下式给出了作用于龙骨 K 的向右(正)横倾角 ϕ 的复原力矩,这里遵循顺时针方向为复原力矩正值的惯例,则有

$$\text{复原力矩} = KG_F \cdot mg \cdot \sin\phi - KB_F \cdot bg \cdot \sin\phi \tag{2.5}$$

若要潜艇恢复直立状态,就需要一个逆时针方向的力矩,这也意味着复原力矩必须为负。因此,要重获稳定状态,$KB_F \cdot bg$ 的值必须要大于 $KG_F \cdot mg$ 的值。这一点十分重要,因为其限定了在保持稳定的前提下,补偿压潜水舱加水的上限。如果这些位置在艇体较低的位置,那么补偿压潜水舱加水无限制,但如果这些位置较高,为了保证潜艇的稳定性,就需要设置补偿压潜水舱的加水上限。

2.7 上浮破冰稳定性

在冰面下作业的潜艇必须要有破冰能力。通常的办法是让潜艇悬停在冰面较薄的位置,然后在零前进速度的条件下慢慢浮起。当围壳接触到冰面时,会有一个向下的力 P,且其会随着压潜水舱排空、浮力增加而增加,直至冰面破裂。这一过程中潜艇的稳定性将受到影响(图 2.16)。

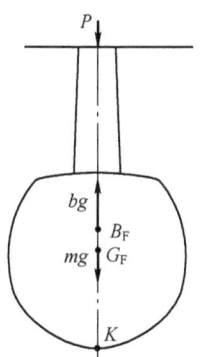

图 2.16 潜艇破冰而出

潜艇破冰时的情况与 2.6 节中分析潜艇坐底的情况类似,所能施加的作用力的最大值也可以通过类似方法计算。BG 的初始值必须足够高,以保证在围壳破冰过程中潜艇的稳定性不会受到太大影响。

2.8 稳性衡准

2.8.1 概述

包括国际海事组织(IMO)在内的一系列机构都为水面船舶开发了稳性衡准。这些标准通常是以静稳性衡准为基础,通过稳性臂曲线来确保船舶有足够的稳定性。例如,表 2.3 列出了一个被国际广泛接受的标准,它摘自 IMO 的 MSC. 267 号决议,该决议适用于 IMO 涵盖的所有商船(2008)。

表 2.3　IMO 稳性衡准(摘自 IMO 2008)

序号	描　　述	最　小　值
1	稳性臂曲线到 30°横倾角之间的面积	0.055m · rad
2	稳性臂曲线到 40°横倾角之间的面积,或稳性臂曲线到小于 40°的浸水角之间的面积	0.09m · rad
3	稳性臂曲线与 30°和 40°横倾角之间的面积,或稳性臂曲线与 30°横倾角和小于 40°的浸水角之间的面积	0.03m · rad
4	横倾角不小于 30°时的稳性臂值	0.2m
5	最大稳性臂的横倾角	最好为 30°,不小于 25°
6	初始稳心高度	0.15m

此外,IMO 还推荐使用"气象衡准",该标准旨在测试船舶承受横风和横摇综合影响的能力(图 2.17)。图中符号含义如下。

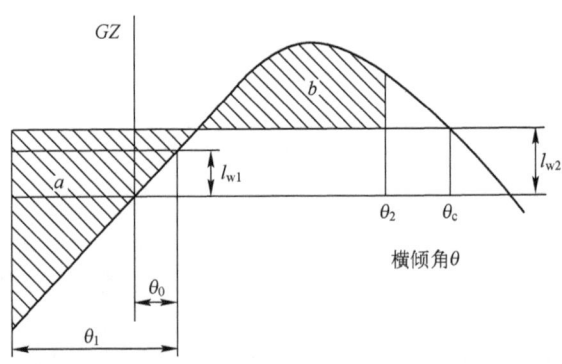

图 2.17　IMO"气象衡准"的阐释(改编自 IMO 2008)

(1) 恒定风压垂直于船舶中纵剖面,产生稳定的风倾力臂 l_{w1}。

(2) 恒定风压导致横倾角 θ_0,此时假定船舶受到迎风来波作用产生迎风横摇(横摇角 θ_1)。应注意恒定风倾角的减除。

(3) 船舶在阵风风压下产生阵风风倾力臂 l_{w2}。

(4) 在上述条件下,b 的面积应该等于或大于 a 的面积。

横倾角的定义如下:

(1) θ_0 是恒定风作用下的横倾角;

(2) θ_1 是迎风传播波浪作用下的横摇角;

(3) θ_2 是浸水角 θ_F 或 50°,取较小值;

(4) θ_c 是风倾力臂 l_{w2} 和稳性臂(GZ)之间的二次截距角。

IMO 决议 A.749 给出了计算这些数值的方法,如果要在实践中应用,应参考最新版本。应当注意,多个法规部门为特殊船舶或进行限制性服务的船舶引入了不同的衡准。此外,军规有专用的稳性衡准。这些衡准通常与上述衡准的原理相同或类似。

上述衡准均基于经验数据,不能直接应用于水面状态的潜艇。因此,一些机构正在使用风浪中的动力学仿真来研究潜艇浮于水面时的行为,用以开发专门的水面状态潜艇稳性衡准。Crossland 等(2017)探讨了水面状态潜艇的稳性问题。或许是出于保密的缘故,他们在著作中并没有给出衡准值。

各船级社都制定了海军潜艇分类规则,其中包含了相关船级社认为合适的稳性衡准。下面列举了一些衡准,但应注意,这些衡准目前仍处于开发阶段,建议读者参考最新版本的船级社规则。

2.8.2 法国 BV 船级社标准

BV(Bureau Veritas)船级社基于 20 世纪 70 年代美国海军的稳性衡准开发了针对潜艇的横稳性衡准(参见 BV 船级社(2016))。当潜艇潜入水中时,BG 值应大于 0.2m。当潜艇浮于水面时,必须满足表 2.4 所列条件。表 2.5 总结了考虑到其他动态影响因素的稳性附加衡准。

表 2.4 稳性衡准(BV 船级社(2016))

序号	描述	最小值
1	稳性臂曲线到 30°横倾角之间的面积	0.027m·rad
2	稳性臂曲线与 30°和 45°横倾角之间的面积	0.034m·rad
3	最大稳性臂值	$G_F M$
4	最大稳性臂横倾角	60°
5	自由液面修正初始稳心高度 $G_F M$	0.2m

表 2.5 考虑风影响的稳性附加衡准（BV 船级社（2016））

序号	描述	值
1	静态平衡角度的横倾力臂	≤GZ_{max} 的 60%
2	A_1 面积	≥A_2 面积的 1.4 倍
3	静态平衡角	≤15°

表 2.5 中 A_1 区域是风倾力臂曲线和稳性臂曲线在静态平衡角以上到 90°横倾角或浸水角之间的区域。A_2 区域是风倾力臂曲线和稳性臂曲线从静态平衡角到 30°及以下横倾角的区域（图 2.18）。

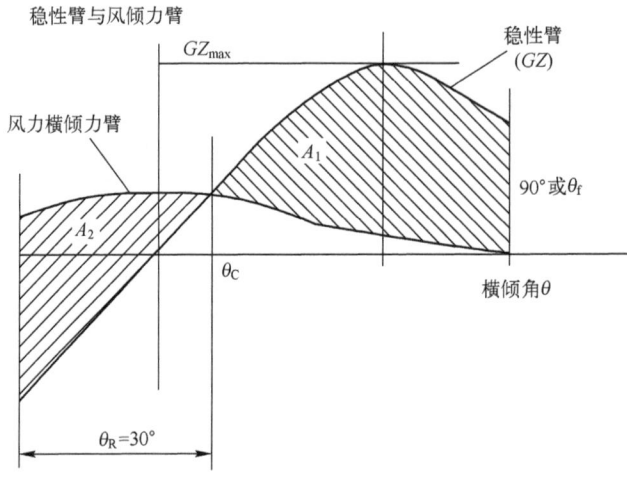

图 2.18 稳性臂曲线与风倾力臂曲线（BV 船级社（2016））

计算风倾力臂时，在极端天气条件下风速按照 100kn 计算，在非风暴条件下风速按照 80kn 计算，但此时仍然需要能够应对其他恶劣天气条件。

风倾力臂的计算方法如下：

$$\text{风倾力臂} = \frac{0.0195 V_{wind}^2 A_{wind} h \cos^2\theta}{1000\Delta} \qquad (2.6)$$

式中：V_{wind} 为风速（kn）；A_{wind} 为潜艇水线上的风阻截面（m²）；h 为风压中心与水动力作用面中心（即潜艇浸没中心或吃水的中点）之间的垂直距离（m）。

此外，BV 船级社（2016）还给出了潜艇结冰以及损坏时的稳性衡准，但是这些内容不在本书的讨论范围内。

2.8.3 DNV-GL 标准

DNV-GL（2015）给出了开发的潜艇稳性衡准。表 2.6 列出了与潜艇大小有关的最小 GM 和 BG 的值。此外,DNV-GL 还要求对潜艇动稳性加以研究。

表 2.6 稳性衡准(DNV-GL(2015))

排水量/t	浮于水面 $G_F M$/m	潜入水中 BG_F/m
200~500	0.15	0.22
500~1000	0.18	0.27
1000~2000	0.20	0.32
>2000	0.22	0.35

参考文献

Veritas B(2016) Rules for the classification of naval submarines, Part B, Main design principles and stability. Bureau Veritas, September 2016.

Crossland P, Pope CK, Machin S(2017) The dynamic stability of submarines on the surface. In: Proceedings of warship 2017 naval submarines and UUVs, Royal Institution of Naval Architects, Bath, UK.

DNV-GL(2015) Chapter 1: Rules for classification: naval vessels—DNVGL-RU-NAVAL-Part 4, December 2015.

IMO(2008) Resolution MSC. 267(85) international code on intact stability(adopted on 4 December 2008).

Renilson M(2016) Hydrostatics. In: Compendium of ship hydrodynamics, practical tools and applications, Les Presses de l'ENSTA, January, 2016. ISBN-10:2722509490, ISBN-13:978-2722509498.

Rawson KJ, Tupper EC(2001) Basic ship theory, 5th edn. Butterworth-Heinemann.

第 3 章
操纵与控制

摘要 本章将阐释潜艇操纵的运动方程,确定潜艇所受作用力及力矩的非线性方程,并将详细介绍使用模型试验确定操纵系数的方法,包括旋臂和平面运动机构的使用。本章还将讨论 CFD 的应用及其在确定操纵系数时所用的经验方法和经验方程,并将对比已公开的试验结果。此外,本章还将对潜艇在水平平面和垂直平面操纵的相关问题给出解释,包括水平平面运动的稳定性、回转中心、转向横倾(包括突发横摇)、围壳效应(包括艇尾下沉效应)、阻力侧向中心、垂直平面运动稳定性、中性点和临界点(包括速度效应和低速运动情景)、近水面操纵(表面吸力效应)。书中还将给出水平平面和垂直平面稳定性的参考标准,以及方向舵与水平舵的有效性。本章将介绍安全操作范围,包括操纵限制图、安全操纵范围及出现故障时的相关标准操作规程。此外,本章还将对包括指定操纵和试验流程在内的自航模型试验和操纵试验进行探讨。

3.1 概　　述

潜艇操纵与船舶操纵的基本原理相似,主要区别在于潜艇可实现六自由度操纵,但一般不需要进行倒车操纵。

与水面船舶一样,潜艇也有 4 种不同的运动稳定状态:
(1) 不稳定;
(2) 直线稳定(潜艇受外界扰动后仍保持直线运动,但航向发生变化);
(3) 航向稳定(潜艇受外界扰动后航向不变,航线发生变化);
(4) 位置稳定(潜艇受外界扰动后,仍按原航线轨迹行驶)。

图 3.1 所示为以上 4 种运动稳定状态的图示。需要注意的是,在航向稳定状态,潜艇受到扰动后可能出现振荡(图 3.1(c)),之后才恢复与原航线平行的直

线运动。也可以不产生振荡,此时称为"临界阻尼状态",在图 3.1(c)中用实线表示。

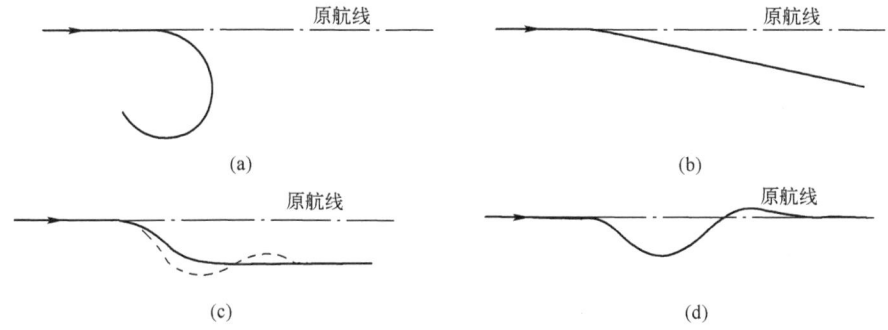

图 3.1 运动稳定模式
(a) 不稳定;(b) 直线稳定性;(c) 航向稳定性;(d) 位置稳定性。

潜艇操纵很重要的一点是,垂直平面与水平平面对操纵性和运动稳定性的要求有所不同。一般军事潜艇在垂直平面的运动区域都是非常有限的,基本只有几倍艇长的范围,超过运动范围上限潜艇将冲出水面(出水),超过运动范围下限潜艇将超出深潜深度限值或触及海底。因此,垂直平面运动稳定性对高速核潜艇至关重要。但对于速度较低的常规潜艇而言,当在高低起伏的海底作业时,较高的垂直平面操纵性能赋予其一定战略优势。

因此,这就要求潜艇设计人员在设计初期就明确每个平面所需的操纵等级和运动稳定性。参考值见 3.9 节。

此外,还有一点对潜艇操纵也很重要:在装配有控制装置的情况下,潜艇垂直平面的运动稳定性与水平平面的运动稳定性有所不同。在水平平面上约束操纵面,潜艇最高水平的稳定性为直线稳定性,也就是说,在受到轻微扰动作用后,潜艇可以恢复直线运动,但航向会改变(图 3.1(b))。如果要保持原来的航向,则必须使用操纵装置。

另外,潜艇在垂直平面上具备航向稳定性。也就是说,在受到轻微扰动后,潜艇可以恢复原来的航向(图 3.1(c))。这是因为流体静力(已在第 2 章中讨论过)为潜艇提供了一个纵摇恢复力矩。

3.2 运动方程

潜艇的运动方程与水面船舶的运动方程相似,但是潜艇包括六自由度运动。为简化方程,潜艇的运动坐标系原点往往是取其纵向重心,而非潜艇中部,因为与水面船舶不同,潜艇的纵向重心是固定的。本节使用的运动坐标系参数符号见表3.1。

表 3.1 参数符号

参　数	位　置	速　度	力/力矩
纵荡	x	u	X
横荡	y	v	Y
升沉	z	w	Z
横摇	ϕ	p	K
纵摇	θ	q	M
艏摇	φ	r	N
附体	δ	—	—
推进器	—	n	—

需要注意的是,坐标系原点位于潜艇中线上,潜艇的横向重心也应位于这条线上。沿坐标系正轴方向为正向,以沿正轴方向、围绕正轴本身的顺时针旋转为正向旋转。

潜艇的运动方程以牛顿第二定律为基础,即 $F=ma$(F为外力,m为质量,a为加速度)。

在潜艇的运动方程中,方程左侧为作用于潜艇的流体动力,方程右侧为刚体动力。转换到坐标系后,方程右侧为

$$X = m[\dot{u} - vr + wq - x_G(q^2 + r^2) + y_G(pq - \dot{r}) + z_G(pq + \dot{q})] \quad (3.1)$$

$$Y = m[\dot{v} - wp + ur + x_G(qp + \dot{r}) - y_G(r^2 + p^2) + z_G(qr - \dot{p})] \quad (3.2)$$

$$Z = m[\dot{w} - uq + vp + x_G(rp - \dot{q}) + y_G(rq + \dot{p}) - z_G(p^2 + q^2)] \quad (3.3)$$

$$K = I_{xx}\dot{p} + (I_{zz} - I_{yy})qr - (\dot{r} + pq)I_{zx} + (r^2 - q^2)I_{yz} + (pr - \dot{q})I_{xy} + m[y_G(\dot{w} - uq + vp) - z_G(\dot{v} - wp + ur)] \quad (3.4)$$

$$M = I_{yy}\dot{q} + (I_{xx} - I_{zz})rp - (\dot{p} + qr)I_{xy} + (p^2 - r^2)I_{zx} + (qp - \dot{r})I_{yz} - m[x_G(\dot{w} - uq + vp) - z_G(\dot{u} - vr + wq)] \quad (3.5)$$

$$N = I_{zz}\dot{r} + (I_{yy} - I_{xx})pq - (\dot{q} + rp)I_{yz} + (q^2 - p^2)I_{xy} + (rq - \dot{p})I_{zx} + m[x_G(\dot{v} - wp + ur) - y_G(\dot{u} - vr + wq)] \quad (3.6)$$

如果潜艇运动坐标系的原点一般取在潜艇重心的纵向与横向位置,那么 x_G 和 y_G 都将为 0,方程由此得到简化。X、Y、Z、K、M 和 N 分别为总的流体动力纵荡、横荡和升沉力,以及总的横摇、纵摇和艏摇力矩。如果可以确定潜艇操纵的流体动力和力矩关于时间的函数关系,就可以对潜艇操纵进行模拟。此外,理解几何参数对这些作用力的影响也对潜艇的设计大有裨益。

3.3 流体动力——平稳状态假设

3.3.1 基于系数的模型

确定作用于潜艇操纵的流体动力和力矩的方法之一是假设在任意时间点,这些作用力和力矩都是运动(速度和加速度)、推进器转速(每分钟转数)和附体角度的函数。该方法与确定水面船舶流体动力和力矩的方法类似。

与水面船舶一样,每个运动变量和作用力或力矩间的关系都可以通过一个包含一系列系数的数学模型来表达。由此产生的作用力和力矩加起来就成为某一时间点潜艇所受的总作用力或力矩。而选择使用哪些系数和数学模型则取决于经验。一个机构使用同一个数学模型来呈现不同潜艇的运动是很常见的做法。代表各种作用力和力矩的数学模型一旦选定,就可以通过修改系数来体现不同的潜艇或特定潜艇的外形改动。

由于不同机构会使用不同的数学模型,因而不同机构间的模型系数无须也无法进行比较。此外,尽管现在对潜艇的理解不断加深,数学模型也持续更新,但必须小心,一定要保留之前潜艇遗留的系数集。

式(3.7)~式(3.12)所表示的典型的数学模型体现了潜艇当前运动与 3 个作用力和 3 个力矩的函数关系(Gertler 和 Hagen(1967)),即 Feldman(1979)修改了这些方程,但原始的 Gertler 和 Hagen 方程现在依然在行业中广泛使用。

$$\begin{aligned}X=&\frac{1}{2}\rho L^4(X'_{qq}q^2+X'_{rr}r^2+X'_{rp}rp)+\frac{1}{2}\rho L^3(X'_{\dot{u}}\dot{u}+X'_{vr}vr+X'_{wq}wq)+\\&\frac{1}{2}\rho L^2(X'_{uu}u^2+X'_{vv}v^2+X'_{ww}w^2+X'_{\delta_R\delta_R}u^2\delta_R^2+X'_{\delta_S\delta_S}u^2\delta_S^2+X'_{\delta_B\delta_B}u^2\delta_B^2)+\\&\frac{1}{2}\rho L^2(a_i u^2+b_i uu_c+c_i u_c^2)-(W-B)\sin\theta+\\&\frac{1}{2}\rho L^2(X'_{vv\eta}v^2+X'_{ww\eta}w^2+X'_{\delta_R\delta_R\eta}\delta_R^2 u^2+X'_{\delta_S\delta_S\eta}\delta_S^2 u^2)(\eta-1)\end{aligned} \quad (3.7)$$

$$Y = \frac{1}{2}\rho L^4 (Y'_r \dot{r} + Y'_{\dot{p}} \dot{p} + Y'_{p|p|} p|p| + Y'_{pq} pq + Y'_{qr} qr) +$$

$$\frac{1}{2}\rho L^3 (Y'_{\dot{v}} \dot{v} + Y'_{vq} vq + Y'_{wq} wp + Y'_{wr} wr) +$$

$$\frac{1}{2}\rho L^3 \left[Y'_r ur + Y'_p up + Y'_{r|\delta_R} u|r|\delta_R + Y'_{v|r|} \frac{v}{|v|} (v^2 + w^2)^{\frac{1}{2}} |r| \right] +$$

$$\frac{1}{2}\rho L^2 \left[Y'_* u^2 + Y'_v uv + Y'_{v|v|} v|(v^2 + w^2)^{\frac{1}{2}} + Y'_{vw} vw + Y'_{\delta_R} u^2 \delta_R \right] +$$

$$(W - B)\cos\theta\sin\phi + \frac{1}{2}\rho L^3 Y'_{r\eta} ur(\eta - 1) +$$

$$\frac{1}{2}\rho L^2 \left[Y'_{v\eta} uv + Y'_{v|v|\eta} v|(v^2 + w^2)^{\frac{1}{2}} + Y'_{\delta_R \eta} u^2 \delta_R \right](\eta - 1)$$

(3.8)

$$Z = \frac{1}{2}\rho L^4 (Z'_{\dot{q}} \dot{q} + Z'_{pp} p^2 + Z'_{rr} r^2 + Z'_{rp} rp) +$$

$$\frac{1}{2}\rho L^3 (Z'_{\dot{w}} \dot{w} + Z'_{vr} vr + Z'_{vp} vp + Z'_q uq + Z'_{|q|\delta_S} u|q|\delta_S) +$$

$$\frac{1}{2}\rho L^3 \left[Z'_{w|q|} \frac{w}{|w|} |(v^2 + w^2)^{\frac{1}{2}} |q| \right] +$$

$$\frac{1}{2}\rho L^2 \left[Z'_* u^2 + Z'_v uv + Z'_w uw + Z'_{w|w|} w|(v^2 + w^2)^{\frac{1}{2}}| \right] +$$

$$\frac{1}{2}\rho L^2 \left[Z'_{|w|} u|w| + Z'_{ww} |w(v^2 + w^2)^{\frac{1}{2}}| \right] +$$

$$\frac{1}{2}\rho L^2 (Z'_{vv} v^2 + Z'_{\delta_S} u^2 \delta_S + Z'_{\delta_B} u^2 \delta_B) +$$

$$(W - B)\cos\theta\cos\phi + \frac{1}{2}\rho L^3 Z'_{q\eta} uq(\eta - 1) +$$

$$\frac{1}{2}\rho L^2 \left[Z'_{w\eta} uw + Z'_{w|w|\eta} w|(v^2 + w^2)^{\frac{1}{2}} + Z'_{\delta_S \eta} \delta_S u^2 \right](\eta - 1)$$

(3.9)

$$K = \frac{1}{2}\rho L^5 (K'_{\dot{p}} \dot{p} + K'_{\dot{r}} \dot{r} + K'_{qr} qr + K'_{pq} pq + K'_{p|p|} p|p|) +$$

$$\frac{1}{2}\rho L^4 (K'_p up + K'_r ur + K'_{\dot{v}} \dot{v} + K'_{vq} vq + K'_{wp} wp + K'_{wr} wr) +$$

$$\frac{1}{2}\rho L^3 \left[K'_* u^2 + K'_v uv + K'_{v|v|} v|(v^2 + w^2)^{\frac{1}{2}} + K'_{vw} vw + K'_{\delta_R} u^2 \delta_R \right] +$$

$$(y_G W - y_B B)\cos\theta\cos\phi - (z_G W - z_B B)\cos\theta\sin\Phi +$$

$$\frac{1}{2}\rho L^3 K'_{*\eta} u^2 (\eta - 1)$$

(3.10)

$$M = \frac{1}{2}\rho L^5 (M'_{\dot{q}}\dot{q} + M'_{pp}p^2 + M'_{rr}r^2 + M'_{rq}rq + M'_{q|q|}q|q|) +$$

$$\frac{1}{2}\rho L^4 [M'_{\dot{w}}\dot{w} + M'_{vr}vr + M'_{vp}vp] +$$

$$\frac{1}{2}\rho L^4 [M'_q uq + M'_{|q|\delta_S}u|q|\delta_S + M'_{|w|q}|(v^2+w^2)^{\frac{1}{2}}|q] +$$

$$\frac{1}{2}\rho L^3 [M'_* u^2 + M'_w uw + M'_{w|w|}w|(v^2+w^2)^{\frac{1}{2}}|] +$$

$$\frac{1}{2}\rho L^3 [M'_{|w|}u|w| + M'_{ww}w(v^2+w^2)^{\frac{1}{2}}|] + \quad (3.11)$$

$$\frac{1}{2}\rho L^3 [M'_{vv}v^2 + M'_{\delta_S}u^2\delta_S + M'_{\delta_B}u^2\delta_B] -$$

$$(x_G W - x_B B)\cos\theta\cos\phi - (z_G W - z_B B)\sin\theta + \frac{1}{2}\rho L^4 M'_{q\eta}uq(\eta-1) +$$

$$\frac{1}{2}\rho L^3 [M'_{w\eta}uw + M'_{w|w|\eta}w|(v^2+w^2)^{\frac{1}{2}}| + M'_{\delta_S\eta}u^2\delta_S](\eta-1)$$

$$N = \frac{1}{2}\rho L^5 [N'_{\dot{r}}\dot{r} + N'_{\dot{p}}\dot{p} + N'_{pq}pq + N'_{qr}qr + N'_{r|r|}r|r|] +$$

$$\frac{1}{2}\rho L^4 [N'_{\dot{v}}\dot{v} + N'_{wr}wr + N'_{wp}wp + N'_{vq}vq] +$$

$$\frac{1}{2}\rho L^4 [N'_p up + N'_r ur + N'_{|r|\delta_R}u|r|\delta_R + N'_{|v|r}|(v^2+w^2)^{\frac{1}{2}}|r] +$$

$$\frac{1}{2}\rho L^3 [N'_* u^2 + N'_v uv + N'_{v|v|}v|(v^2+w^2)^{\frac{1}{2}}| + N'_{vw}vw + N'_{\delta_R}u^2\delta_R] - \quad (3.12)$$

$$(x_G W - x_B B)\cos\theta\cos\phi + (y_G W - y_B B)\sin\theta + \frac{1}{2}\rho L^4 N'_{r\eta}ur(\eta-1) +$$

$$\frac{1}{2}\rho L^3 [N'_{v\eta}uv + N'_{v|v|\eta}v|(v^2+w^2)^{\frac{1}{2}}| + N'_{\delta_R\eta}u^2\delta_R](\eta-1)$$

当潜艇以自航速度航行时,$\eta=1$,以上方程的末项均为 0。对于接近稳态的潜艇操纵而言,该近似可以被接受。

需要注意的是,这些方程适用于十字形艉。对于 X 形艉,这些方程需要相应的调整,具体参见 6.4.3 节。

如果潜艇的运动坐标系原点位于其重心纵向位置(此时 $x_G = 0$),那么这些方程将大大简化。然而原点的位置会影响一些系数的值,这些系数的值可以通过式(3.13)~式(3.18)进行转化,即

$$Y_{r_G} = Y_{r_O} - Y_v x_G \tag{3.13}$$

$$N_{r_G} = N_{r_O} + Y_v x_G^2 - N_{v_O} x_G - Y_{v_O} x_G \tag{3.14}$$

$$N_{v_G} = N_{v_O} - Y_v x_G \tag{3.15}$$

$$Z_{q_G} = Z_{q_O} + Z_w x_G \tag{3.16}$$

$$M_{q_G} = M_{q_O} + Z_w x_G^2 + M_{w_O} x_G + Z_{q_O} x_G \tag{3.17}$$

$$M_{w_G} = M_{w_O} + Z_w x_G \tag{3.18}$$

式中：下标"G"指原点位于潜艇纵向重心处；下标"O"指位于距潜艇重心纵向距离 x_G 处的原点；Y_v 值与原点纵向位置无关。

3.3.2 速查表

另一种量化每个运动变量与流体动力或力矩之间关系的方法就是使用一系列速查表（Jensen 等(1993)）。

理论上这种方法可以更简单地"匹配"测得的数据，因为这种方法不但可以自由选择函数形式，而且无需将数据套入预先确定的表达方程中。这种方法在一些情况下尤其适用，比如当运动参数和作用力或力矩关系的函数图像不是光滑的曲线时。附体角度和升力的关系就是个典型的例子。比起系数法，使用速查表可以更快地体现附体的"失速"（图 3.2）。在图 3.2 中，数据点由符号×表示，并使用直线插值来确定模型在任意角度的无量纲艏摇力矩。

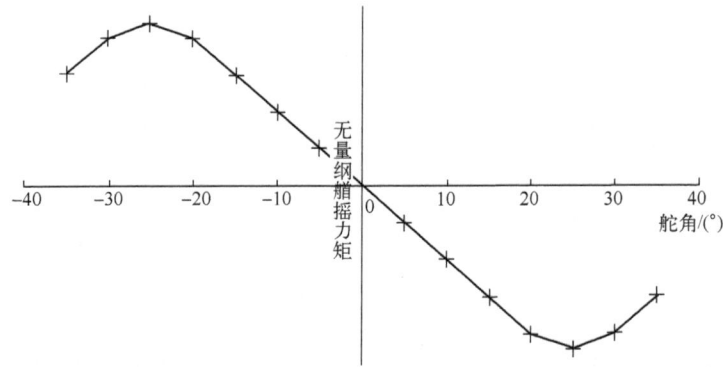

图 3.2　艏摇力矩与舵角的函数关系

此外，还可以使用混合法，即利用几个系数表示大部分作用力或力矩与相对运动参数间的函数关系，并辅助以少量速查表表示其他运动参数。

3.3.3 单个系数的敏感性

式(3.7)~式(3.12)中的各个系数的重要性并不相同。各系数的重要程度取决于具体操纵。因此,了解各系数的敏感性十分重要,以保证预测的系数达到所需要级别精度。同样地,如果知道某个特定系数对相关操纵的影响可以忽略不计,那么此系数的预测就不需要太多投入。

Sen(2000)对潜体各个系数的敏感性进行了实用性研究,并运用下式定义了特定系数的敏感性,即

$$S = \frac{\frac{\Delta R}{R^*}}{\frac{\Delta H}{H^*}} \tag{3.19}$$

式中:S 为某一特定系数的敏感指数(即 Sen 敏感指数);ΔR 为与航迹 R^* 的偏差;ΔH 为系数相对于基值 H^* 的变化。

S 值越大,操纵就对该特定系数越敏感。

Sen(2000)对以下3种操纵进行了一系列模拟试验:

(1) 垂直平面的超越操纵;
(2) 水平平面的超越操纵;
(3) 水平平面的回转操纵。

这些操纵试验在 3.12.2 小节中均有描述。注意,Z 形操纵和超越操纵具有相似性,Z 形操纵的第一循环为超越操纵。Sen(2000)通过采用不同的速度和艉操纵面角度,对两种潜体进行了一系列模拟试验。这两种潜体为典型潜艇和轴对称细长体。表 3.2 列出了潜艇 3 种操纵中最重要的 10 个系数的 Sen 敏感指数。注意,表 3.2 中的值仅为指示值,不同系数的相对重要程度可能会根据潜艇几何参数的不同而发生变化。例如,Sen 发现,惯性力和力矩系数对轴对称体的重要性要超过对一般潜艇的重要性。

表 3.2 潜艇敏感指数(摘自 Sen(2000))

垂直平面超越操纵		水平平面超越操纵		回转操纵	
系数	Sen 敏感指数	系数	Sen 敏感指数	系数	Sen 敏感指数
M_q	4.914	N_r	3.958	N_{δ_R}	1.527
M_{δ_S}	3.154	Y_{δ_R}	1.607	N_v	1.125
Z_{δ_S}	2.305	$Y_{\dot{v}}$	1.479	$N_{\dot{r}}$	1.018
Z_q	2.025	Y_r	1.430	Y_v	0.468
$Z_{\dot{w}}$	1.597	Y_v	1.406	Y_r	0.462
Z_w	1.290	N_v	1.292	$N_{\dot{r}}$	0.349

续表

垂直平面超越操纵		水平平面超越操纵		回转操纵	
系数	Sen 敏感指数	系数	Sen 敏感指数	系数	Sen 敏感指数
Z_*	1.203	N_{δ_R}	1.225	X_{vr}	0.311
$Z_{|w|}$	1.046	K_{vr}	1.223	Y_{δ_R}	0.292
Z_q	0.988	Y_p	1.216	K_{vr}	0.279
M_w	0.979	$Y_{\dot{p}}$	1.214	M_{δ_S}	0.260

虽然如此,对以上 3 种操纵进行预测时,表 3.2 确实可以帮助我们了解其中最重要的系数。注意,非线性系数对这些操纵的主要测量指标的影响十分微小,但它们可能会明显影响具体的轨迹,尤其是在极端操纵情况下(如评估安全操作范围等)的轨迹(详见 3.10 节)。而且,回转时由于不对称性引发的小幅垂直作用力也需要正确的建模。尽管这些小幅作用力可能不会对回转试验直接产生重大影响,但它们会影响艇体的升沉/纵摇,因此也会影响回转时需要的艉水平舵的舵角。

3.4 系数的确定

3.4.1 模型试验

3.4.1.1 概述

拘束模型试验是确定 3.3 节中讨论方法所需要的系数的最常用方法,此方法与水面船舶模型试验非常相似。

通常情况下,拘束模型试验会使用较大的模型(长 5~6m),但即使如此,附体实际尺寸仍会很小,局部雷诺数也低。此外,由于目前对涡旋脱落的尺度效应的理解尚不充分,所以一般在试验中都尽可能使用大型模型,并忽略尺度效应的影响。在拘束模型试验中,一般会在艇体和附体上加装湍流激励装置。

由于深潜潜艇不受水面影响,因此拘束模拟试验无须考虑弗劳德数的准确与否,因此只有雷诺数是重要的。

原则上,拘束模型试验可以在船模拖曳水池或水洞/风洞中进行。其中,在船模拖曳水池进行试验是较为常用的方法,试验时模型倒挂在托车支架上(图 3.3)。

在船模拖曳水池进行试验时,必须清楚地认识到水面存在的影响。这就意味着模型潜艇的速度需要被控制在一定范围内,以防止兴波以及弗劳德数效应。

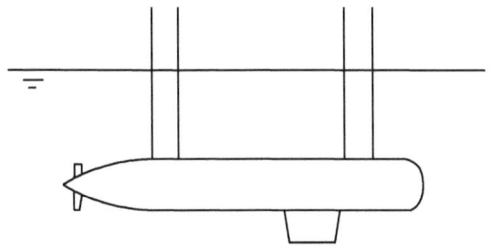

图 3.3 船模试验池拘束模型试验的典型设置

大部分机构在进行潜艇模型试验时采用的速度都是一样的,这样可以保持试验的一致性。例如,位于英国哈斯勒的奎奈蒂克公司实验室一般使用的模型试验速度为 10ft/s①,这一速度由于历史原因一直沿用至今。一样的速度、标准的湍流模拟方法和相似尺度的模型,意味着所有试验都有着相同的尺度效应,这一点对于拖曳水池试验十分重要。

此外,拖曳水池试验还需考虑支架的影响。虽然试验中流体动力是在模型内部测量的,支架的力不在测量范围内,但模型周围的水流仍会受其影响。因此,试验时,根据研究系数的不同,模型一般处于倒悬或侧立状态。

船模拖曳水池试验也可能使用尾撑式支架(图 3.4),但这就意味着推进器无法被包含其中。由于推进器对艇尾的水流有很大影响(详见第 4 章),因此使用这一方法时要十分小心。拘束模型试验就是让模型进行特定的运动,然后对相关作用力进行测量。

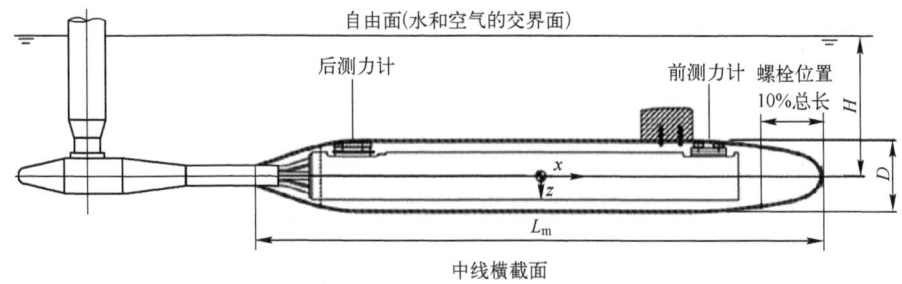

图 3.4 使用尾撑式支架的拘束模型试验设置(摘自 Renilson 等(2011))

3.4.1.2 平动(横荡、升沉)试验

为获得作为横荡速度函数的各系数值(如 Y_v 和 N_v 等)以呈现潜艇所受作用力和力矩,模型测试时需为侧立状态,横荡速度通过调整模型在垂直平面的角度

---

① 1ft/s=0.3048m/s。

产生。与模型在水平平面的旋转不同,该试验无须使支架与水流成一定角度。支架产生的流体扰动被最小化。但是,由于大部分船模拖曳水池的宽度大于深度,使阻塞效应相较于调整水平平面角度时有所升高。注意,如果试验研究的是水平平面操纵时的水面效应,那么这一方法就不适用(详见 3.8 节)。在这种情况下,需要为模型使用尾撑式支架(图 3.4),并且调整模型在水平平面的角度。

为获得作为升沉速度函数的作用力和力矩系数值(如 Z_w 和 M_w 等),模型测试时需为倒悬状态(图 3.3),升沉速度通过调整模型在垂直平面的角度获得。此试验也无须使支架与水流成一定角度。

图 3.5 所示为此类试验的典型结果示意图,图中绘出了无量纲侧向力 Y' 和无量纲横荡速度的函数关系。

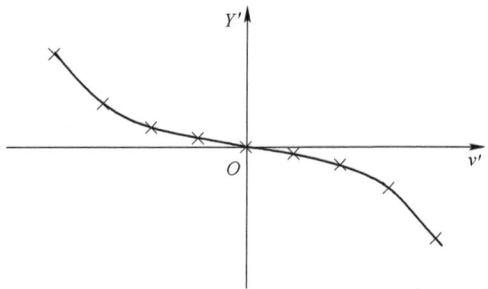

图 3.5 平动试验结果示意图

在本例中,推进器转速设定为自航速度,侧向流体动力通过式(3.20)计算(由式(3.8)简化而来),即

$$Y = \frac{1}{2}\rho L^2 (Y'_* u^2 + Y'_v uv + Y'_{v|v|} v|v|) \tag{3.20}$$

式中,Y'_*、Y'_v 和 $Y'_{v|v|}$ 这 3 个未知项可以通过该试验获得。Y'_* 由不对称性产生(当 $v'=0$ 时 $Y'\neq 0$);其余两个系数通过数据拟合获得,Y'_v 代表数据的线性特征(当 v' 值较小时其为主要特征),$Y'_{v|v|}$ 代表数据的非线性特征。注意,由于图 3.5 中的结果为反号对称,所以需要一个像 $v|v|$ 这样的奇数项,而不是 v^2。除了 $v|v|$ 之外,也可用 v^3,同样可满足反号对称性。但是,由于流体动力往往与速度的平方成正比,所以通常采用 $v|v|$,这与 Gertler 和 Hagen(1967)最初的方法一致。

通过设置特定附体角度可以获得作为附体角度函数的作用力和力矩的系数值。但是,由于模型的雷诺数(Re)比全尺寸潜艇的雷诺数小很多,因此雷诺数效应会影响附体受到的升力和阻力。所以,在解读结果时必须谨慎。此外,模型操纵时附体是在艇体的边界层进行,而模型尺度的边界层比全尺寸的边界层要大很多,由于雷诺数效应,结果也会受到影响。

此外,还可以通过试验获得艏摇或升沉速度和附体角度间的交叉耦合效应,以及推进器转速因附体角度对作用力和力矩产生的影响。这里要再次强调一下,以错误的雷诺数进行试验时,务必要留意尺度效应。

3.4.1.3 旋臂

与水面船舶模型试验相同,要获得艏摇速度函数的作用力和力矩的系数,须使用旋臂对模型潜艇进行旋转试验。这一试验在水平平面进行,试验时模型为倒悬状态(图 3.6)。纵摇速度函数的作用力和力矩的系数值可以通过模型侧向试验获得。

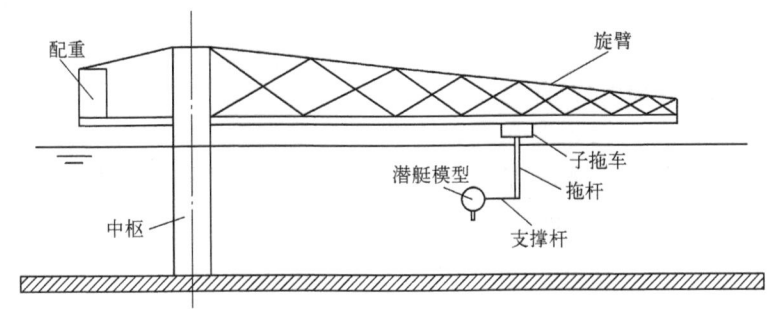

图 3.6　使用旋臂的拘束模型试验典型设置

旋臂配有一个副车(图 3.6),使模型能够开展不同半径的旋转试验,进而得到不同的 q 值(模型侧立时)或 r 值(模型倒悬时)。与水面船舶的拘束模型试验相同,通过绘制交会图,也可将旋臂用于获得作为横荡和升沉速度函数的作用力和力矩的系数,还可以将其用来获得交叉系数。图 3.7 所示为旋臂试验的结果。在本例中,模型在倒悬状态下进行了一系列 r' 值的测试。无量纲力矩 N' 也由 v' 为不同值时 r' 的函数来绘制。其中, v_e 为旋臂速度参考值。

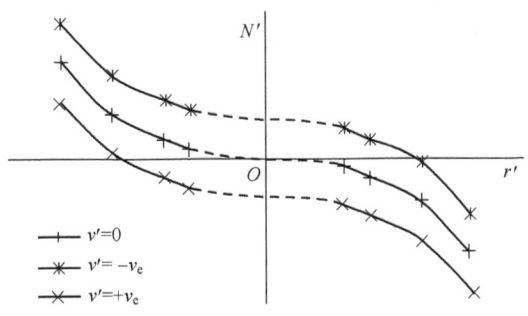

图 3.7　旋臂试验结果示意图

然而,旋臂试验的一个主要难点在于当 q' 或 r' 值很小时,无法进行试验（$q'=0$、$r'=0$ 时为一条直线）。因此，试验需要较大的半径值才可以进行。在图 3.7 中，试验中获得的点与通过 $r'=0$（此时无法进行试验）的虚线相连。线性系数为直线在 $r'=0$ 处的梯度，而 $r'=0$ 时无法进行试验，所以无法获得这一线性系数。

在本例中，当 $v'=0$ 时，水动力艏摇力矩由下式表示，该式由式(3.12)简化而来，即

$$N = \frac{1}{2}\rho L^5 (N'_{r|r|} r|r|) + \frac{1}{2}\rho L^4 (N'_r ur) + \frac{1}{2}\rho L^3 (N'_* u^2) \qquad (3.21)$$

式中，$N'_{r|r|}$、N'_r 和 N'_* 这 3 个未知项可通过曲线拟合图 3.7 中的试验点获得。但是，如前所述，当 r' 值较小时很难定义曲线，因此也难以获得 N'_r 的准确值。

3.4.1.4 平面运动机构

与水面船舶一样，潜艇在试验池中也可以不使用旋臂，而使用平面运动机构（PMM）来获得附加质量以及用旋转运动函数来表示作用力和力矩的系数值。通常情况下潜艇会在垂直平面使用垂直平面运动机构（VPMM）进行试验（图 3.8）。

图 3.8　使用 VPMM 的拘束模型试验典型配置
（图片由 QinetiQ Limited 提供，2017 版权所有）

试验可在两种运动条件下进行：纯平动和纯转动。模型倒悬时，纯平动产生纯升沉，纯转动产生纯纵摇。模型侧立时，纯平动产生纯横荡，纯转动产生纯

艏摇。

1）纯升沉

模型倒悬时,在纯升沉运动中,当推进器转速设置为潜艇自航点转速时,结合式(3.3)(刚体分量)和式(3.9)(水动力分量)可获得下式,即测得的支架所受的总作用力是时间的函数 $Z_m(t)$,则有

$$Z_m(t) = \frac{1}{2}\rho L^3 [(Z'_{\dot{w}} - m')\dot{w}] + \frac{1}{2}\rho L^2 (Z'_* u^2 + Z'_w uw + Z'_{w|w|} w|w|) + \frac{1}{2}\rho L^2 (Z'_{|w|} u|w| + Z'_{ww} w^2) \quad (3.22)$$

将式(3.22)线性化,并忽略由不对称性而引入的项,可得

$$Z_m(t) = \frac{1}{2}\rho L^3 [(Z'_{\dot{w}} - m')\dot{w}] + \frac{1}{2}\rho L^2 (Z'_w uw) \quad (3.23)$$

与之相似,在纯升沉运动中,支架的线性纵摇力矩可通过下式中获得,即

$$M_m(t) = \frac{1}{2}\rho L^4 [(M'_{\dot{w}} - m'x'_G)\dot{w}] + \frac{1}{2}\rho L^3 (M'_w uw) \quad (3.24)$$

若平动运动为正弦形式(如式(3.25)),则 w 和 $\dot{w}$ 的值分别由式(3.26)和式(3.27)给出,即

$$z = z_0 \sin(\omega t) \quad (3.25)$$
$$w = z_0 \omega \cos(\omega t) \quad (3.26)$$
$$\dot{w} = -z_0 \omega^2 \sin(\omega t) \quad (3.27)$$

对于正弦运动,线性系统会产生带相移的正弦作用力。如此一来,测得的作用力和力矩可以用一个同相和一个异相分量来表示,下面给出了作用力和力矩的有量纲值,即

$$Z_m(t) = Z_{\text{in}} \sin(\omega t) + Z_{\text{out}} \cos(\omega t) \quad (3.28)$$
$$M_m(t) = M_{\text{in}} \sin(\omega t) + M_{\text{out}} \cos(\omega t) \quad (3.29)$$

这样,无量纲线性系数则可以从式(3.30)~式(3.33)获得,即

$$Z'_w = \frac{Z_{\text{out}}}{\frac{1}{2}\rho L^2 u z_0 \omega} \quad (3.30)$$

$$Z'_{\dot{w}} - m' = \frac{Z_{\text{in}}}{\frac{1}{2}\rho L^3 z_0 \omega^2} \quad (3.31)$$

$$M'_w = \frac{M_{\text{out}}}{\frac{1}{2}\rho L^3 u z_0 \omega} \quad (3.32)$$

$$M'_{\dot{w}} - m'x'_G = \frac{M_{\text{in}}}{\frac{1}{2}\rho L^4 z_0 \omega^2} \tag{3.33}$$

以这种方式得出的系数与振动频率相关,因此可能需要外推到零频率以获得式(3.7)~式(3.12)中使用的稳态值。深潜潜艇模型一般不需要进行到这一步,但需要的时候也应予以考虑。

2) 纯纵摇

模型倒悬时,纯纵摇运动由式(3.34)~式(3.36)表示,即

$$\theta = \theta_0 \sin(\omega t) \tag{3.34}$$

$$q = \theta_0 \omega \cos(\omega t) \tag{3.35}$$

$$\dot{q} = -\theta_0 \omega^2 \sin(\omega t) \tag{3.36}$$

系数可通过式(3.37)~式(3.40)获得,即

$$Z'_q + m' = \frac{Z_{\text{out}}}{\frac{1}{2}\rho L^3 u \theta_0 \omega} \tag{3.37}$$

$$Z'_{\dot{q}} + m'x'_G = -\frac{Z_{\text{in}}}{\frac{1}{2}\rho L^4 \theta_0 \omega^2} \tag{3.38}$$

$$M'_q - m'x'_G = \frac{M_{\text{out}}}{\frac{1}{2}\rho L^4 u \theta_0 \omega} \tag{3.39}$$

$$M'_{\dot{q}} + I'_{yy} = -\frac{M_{\text{in}}}{\frac{1}{2}\rho L^5 \theta_0 \omega^2} \tag{3.40}$$

3) 纯横荡

模型侧立时,纯横荡运动系数可从式(3.41)~式(3.44)中获得,即

$$Y'_v = \frac{Y_{\text{out}}}{\frac{1}{2}\rho L^2 u y_0 \omega} \tag{3.41}$$

$$Y'_{\dot{v}} - m' = -\frac{Y_{\text{in}}}{\frac{1}{2}\rho L^3 y_0 \omega^2} \tag{3.42}$$

$$N'_v = \frac{N_{\text{out}}}{\frac{1}{2}\rho L^3 u y_0 \omega} \tag{3.43}$$

$$N'_{\dot{v}} - m'x'_G = -\frac{N_{\text{in}}}{\frac{1}{2}\rho L^4 y_0 \omega^2} \qquad (3.44)$$

4）纯艏摇

模型侧立时，纯艏摇运动系数可从式(3.45)~式(3.48)获得，即

$$Y'_r - m' = \frac{Y_{\text{out}}}{\frac{1}{2}\rho L^3 u\psi_0 \omega} \qquad (3.45)$$

$$Y'_{\dot{r}} - m'x'_G = -\frac{Y_{\text{in}}}{\frac{1}{2}\rho L^4 \psi_0 \omega^2} \qquad (3.46)$$

$$N'_r - m'x'_G = \frac{N_{\text{out}}}{\frac{1}{2}\rho L^4 u\psi_0 \omega} \qquad (3.47)$$

$$N'_{\dot{r}} - I'_{zz} = -\frac{N_{\text{in}}}{\frac{1}{2}\rho L^5 \psi_0 \omega^2} \qquad (3.48)$$

在潜艇设计过程中，VPMM 通常用于初步确定线性系数，即影响潜艇水平平面和垂直平面的直线稳定性的系数，进而在条件允许时对潜艇外形进行优化并确定附体的尺寸。设计进入到下一阶段时，需在拖曳水池和旋臂试验装置中进行其他试验。Booth 和 Bishop(1973)对使用 VPMM 的潜艇专门进行过详细描述。

3.4.1.5　海洋动力学试验装置

除了使用 PMM 外，还可以使用单个装置实现六自由度运动。加拿大国家研究委员会(NRCC)研发出了这样的海洋动力学试验装置(MDTF，图 3.9)。正如 Mackay 等(2007)所述，MDTF 的控制系统可以令其实现各类运动，包括单一操纵和混合操纵。

从图 3.9 可以看到，潜艇模型与探臂相连，探臂则与两个支架相连。除了图 3.9 所示的版本外，还有另一种试验装置，其中与支架相连的一个剑形装置通过围壳直接与模型内的测力计相连。

3.4.2　计算流体动力学

计算流体动力学(CFD)的方法可以用来预测各操纵系数值。CFD 是一个快速发展的领域，本书并不打算涵盖该领域的最新进展，但会简要描述这类技术

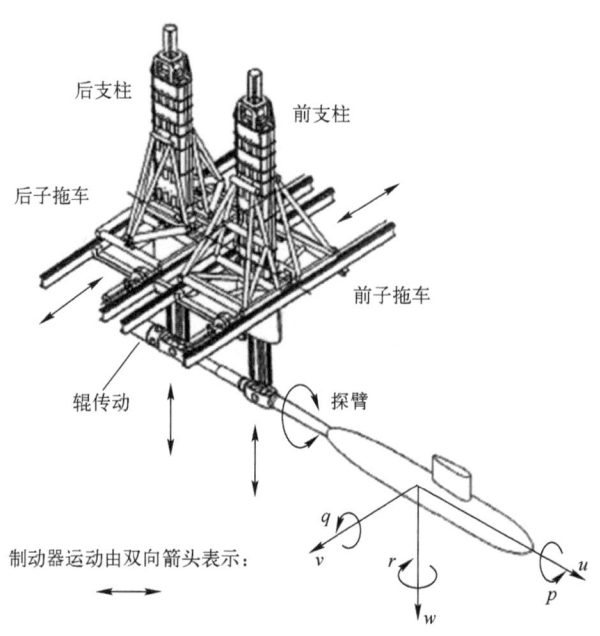

图 3.9 海洋动力学试验装置示意图（已经过 NRCC 批准使用）

在系数值预测中的应用。CFD 常用的方法是通过拘束模型模拟试验,预测运动方程(式(3.7)~式(3.12))中的水动力和力矩系数。为此需要一个运行的推进器,因为其会影响经过潜艇艇尾的水流。不过,这一方法也可以简化,因为可以只体现经过潜艇艇尾的总体流动,而不体现经过推进器或静叶片的精细流动。

为了预测作为横荡速度函数的作用力和力矩的系数值,可以为潜艇模型设置特定漂角以引入横荡速度(图 3.10),然后进行不同横荡速度的模拟运行。此时的对称假设不成立,而且由于阻塞的影响,CFD 区域要比零漂角时更大。这样确实会增加计算量,但相对来说已经算是直截了当的办法了。

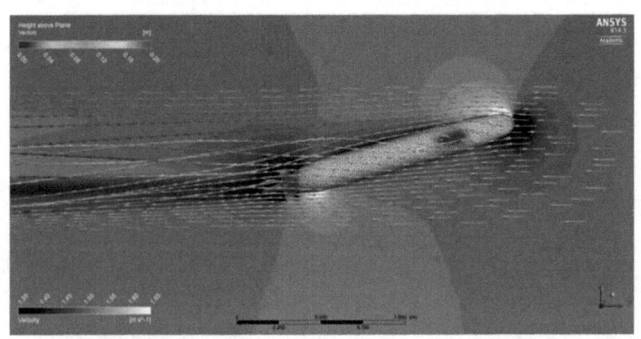

图 3.10 设置漂角的潜艇 CFD 模型(图片由澳大利亚海事学院提供)

一种相似的方法可以用于预测作为附体角度函数的作用力和力矩的系数值。不仅如此,还可以比较简单地直接建立同时具有横荡和升沉速度的 CFD 模拟,这样可以预报出作为这些运动参数函数的作用力和力矩的系数值。这种情况下,使用拘束模型试验十分困难,因此可以考虑更具优势的 CFD。但是,要预测作为转动速度函数的作用力和力矩的系数值,即纵摇和艏摇运动,必须将艇体在环形系统中建模。这虽然比预测其他系数值需要的线性系统更复杂,但也是可以实现的,尽管会增加计算成本。图 3.11 给出了这类计算区域的例子,在该图中,潜艇模型无漂角,有艏摇速度。

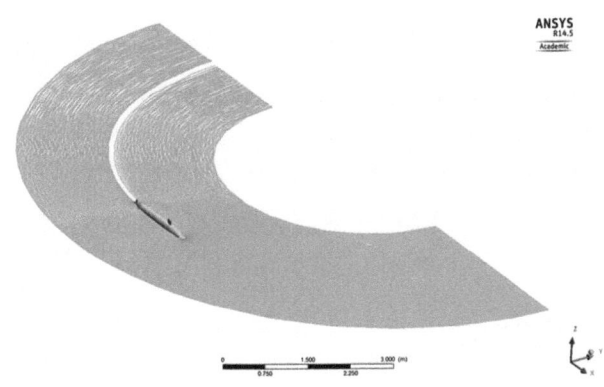

图 3.11　环形参考域中的潜艇 CFD 模型(由澳大利亚海事学院提供)

附加质量系数本质上是非黏性的,较为容易获得,因此不一定要借助高级 CFD 技术。但必要时可能需要使用数值模拟平面运动机构(图 3.12)。这一技术也可用以获得其他系数值,虽然计算量巨大,而且与物理模型试验一样,需要谨慎对待与频率相关的系数预测。

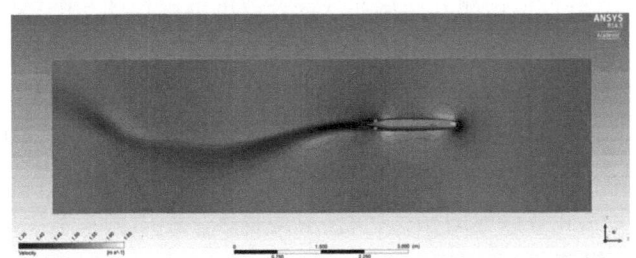

图 3.12　进行平面运动的潜艇 CFD 模型(由澳大利亚海事学院提供)

与物理模型试验相比,CFD 的一个巨大的优势在于以全尺寸雷诺数获取系数的能力。然而,这样会使 CFD 方法变得更复杂,因为伴流越小,需要的网格尺寸就越大。而且，CFD 的预测结果不能与那些约束模型试验的预测结果相比较。CFD 预测的另一个优势是不需要支架，而支架在拘束模型试验中是必需的。同时，CFD 还可以预测支架对物理模型的影响，进而修正物理模型的试验结果。

CFD 可以用来确定潜艇每个部位（如围壳）的作用力和力矩，也很容易进行流场可视化，这两种功能都很有价值，特别是当结果显示出异常或意料之外的趋势时尤为如此。然而，使用 CFD 技术来预测潜艇性能的难点之一在于，CFD 技术进步非常快，这意味着即使是相同的艇体，用现在的技术获得的预测结果也可能不同于几年前使用当时的技术获得的预测结果，这一点跟大多数物理模型试验有很大不同。经过多年优化，大多数物理模型试验现在基本保持不变，至少用来预测全尺寸潜艇性能的常规试验来说是这样。这意味着开发经验修正系数有难度，而这些系数对于弥合即使是最佳的预测技术和全尺寸潜艇性能之间的差距一直是不可或缺的。

因此，任何水动力学组织都应详细记录所使用的数值模拟技术，最好不要轻易改变这些技术，只需清晰、详细地记录计算流程，这是十分重要的。

3.4.3 近似预测方法

3.4.3.1 概述

潜艇的操纵特性预测最好在设计初期先于先进 CFD 建模或物理模型试验进行，以便为期望的直线稳定性水平确定相应的附体尺寸，这样做需要用到简单的线性系数预测方法。

如 Jones 等（2002）所述，这些近似预测方法并不必十分准确。这意味着使用这些初步近似预测方法得到的结果应被谨慎对待，并由 CFD 或物理模型试验验证。期望用这些近似预测方获得非线性系数的准确预测并不现实。

与水面船舶不同，潜艇并没有大量公开的试验数据可以引用。对潜艇而言，初步近似预测的一个方法是首先确定无附体艇体的系数，然后加上附体（包括围壳）的影响。此过程或许需要考虑艇体与附体间的相互作用，但对初步预测来说这并不是必须要进行的步骤。

注意，与围壳和各操纵面相比，艇体对多数操纵系数的贡献非常小。

3.4.3.2 艇体

对于完全轴对称艇体而言，因横荡运动/横荡加速度产生的侧向力/艏摇力矩等于因升沉运动/升沉加速度产生的垂向力/纵摇力矩；因艏摇运动/加速度产生的侧向力/艏摇力矩等于由因纵摇运动/加速度产生的升沉力/纵摇力矩，则有

$$Y'_v = Z'_w \tag{3.49}$$

$$Y'_{\dot v} = Z'_{\dot w} \tag{3.50}$$

$$N'_v = -M'_w \tag{3.51}$$

$$N'_{\dot v} = -M'_{\dot w} \tag{3.52}$$

$$Y'_r = Z'_q \tag{3.53}$$

$$Y'_{\dot r} = Z'_{\dot q} \tag{3.54}$$

$$N'_r = M'_q \tag{3.55}$$

$$N'_{\dot r} = M'_{\dot q} \tag{3.56}$$

注意,由于符号惯例,系数 N'_v 和 M'_w、$N'_{\dot v}$ 和 $M'_{\dot w}$ 符号相反。

对于轴对称艇体而言,水平平面和垂直平面的横摇力矩和运动间的所有耦合都为0。此外,由于对称性,一些线性项也为0,具体如下:

$$Y'_{\dot p} = Y'_p = Y'_* = Z'_* = Z'_v = M'_* = N'_{\dot r} = N'_{\dot p} = N'_p = N'_* = 0 \tag{3.57}$$

在理想流体中,对称艇体进行纯横荡或纯升沉运动时在船长方向的压力分布在图 3.13 有说明。从图中可以看出,由于分布在艇体前半段的压力与分布在艇体后半段的压力相同,因此不存在净侧向力,但是存在一个"孟克力矩"。由此,具备艏艉对称特性的艇体在理想流体中的系数可以从下列公式中获得:

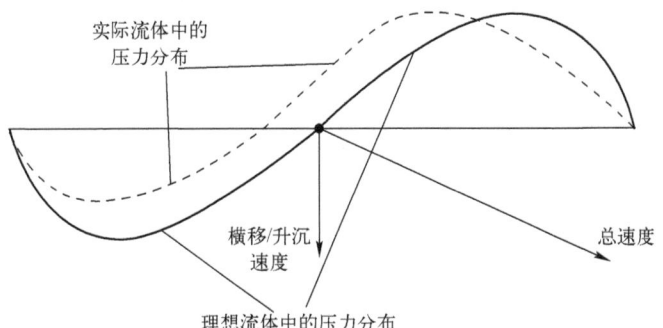

图 3.13 纯横荡/升沉运动中潜艇的压力分布示意图
(实线为理想流体,虚线为实际流体,艇首位于右侧)

$$Y'_v = Z'_w = 0 \tag{3.58}$$

$$Y'_r = Z'_q = 0 \tag{3.59}$$

$$N'_r = M'_q = 0 \tag{3.60}$$

$$N'_{\dot v} = -(k_y + k_x)m' \tag{3.61}$$

$$M'_{\dot w} = (k_z + k_x)m' \tag{3.62}$$

$$Y'_{\dot v} = -k_y m' \tag{3.63}$$

$$Z'_{\dot w} = -k_z m' \tag{3.64}$$

$$Y'_{\dot{r}} = N'_{\dot{v}} = 0 \tag{3.65}$$

$$Z'_{\dot{q}} = M'_{\dot{w}} = 0 \tag{3.66}$$

$$N'_{\dot{r}} = -k_z I'_{zz} \tag{3.67}$$

$$M'_{\dot{q}} = -k_y I'_{yy} \tag{3.68}$$

式中:k_x、k_y 和 k_z 分别为 x、y 和 z 方向上运动的附加质量系数;I'_{yy}、I'_{zz} 分别为纵摇和艏摇的无量纲惯性矩。

一般认为,使用长度和直径相同的旋转椭球体的值可以获得足够精确的附加质量系数。需要注意的是,在轴对称体中,$k_y = k_z$、$I'_{yy} = I'_{zz}$。

式(3.69)可以用来获得等效旋转椭球体的直径 $\bar{d}$,旋转椭球的质量与潜艇质量相等,则有

$$\bar{d} = \left(\frac{6\Delta}{\pi \rho L}\right)^{\frac{1}{2}} \tag{3.69}$$

使用从 Korotkin(2009)给出的结果中获得的式(3.70)和式(3.71),可以预测出一个旋转椭球体的 $k_y (= k_z)$ 和 k_x 的合理近似值,即

$$k_y = k_z = -0.00088\left(\frac{L}{\bar{d}}\right)^2 + 0.0245 \times \frac{L}{\bar{d}} + 0.805 \tag{3.70}$$

$$k_x = -0.00047\left(\frac{L}{\bar{d}}\right)^2 + 0.0134 \times \frac{L}{\bar{d}} - 0.059 \tag{3.71}$$

等效旋转椭球体的质量惯性矩,计算公式如下:

$$I_{yy} = I_{zz} = \frac{\pi \rho}{30} L \bar{d}^4 \left[\left(\frac{L}{\bar{d}}\right)^2 + 1\right] \tag{3.72}$$

无量纲化的质量和质量惯性矩,计算公式如下:

$$m' = \frac{\Delta}{\frac{1}{2}\rho L^3} \tag{3.73}$$

$$I'_{yy} = \frac{I_{yy}}{\frac{1}{2}\rho L^5} \tag{3.74}$$

在实际流体中,艇体的压力分布会受到黏性的影响,如图 3.13 中虚线所示。因此,艇体有攻角时会受到一个净横向力的影响,所以式(3.58)~式(3.62)并不适用于实际流体。而附加质量并不受黏性的影响,因此式(3.63)~式(3.68)在实际流体中依然适用。

Z'_w 和 M'_w 的方程表达式如下(Praveen 和 Krishnankutty(2013)):

$$Z'_w = \left(0.5 \times \frac{L}{D} - 11\right) \times 10^{-3} \tag{3.75}$$

$$M'_w = \left(-\frac{L}{D} + 20\right) \times 10^{-3} \tag{3.76}$$

注意,$Y'_v = Z'_w$(式(3.49)),$N'_v = -M'_w$(式(3.51))。

虽然无法获得艇体旋转运动对作用力和力矩系数(Y'_r、Z'_q、N'_r 和 M'_q)的影响的经验表达式,但是,艇体对这些系数的影响可能非常小,因为这些系数主要是由附体、特别是艇尾的附体主导的。这是由于流经潜艇艇尾的局部横向流速度比流经艇身的横向流速度大得多(图3.14)。因此,即使在实际流体中,式(3.59)与式(3.60)也可以获得合理近似值。

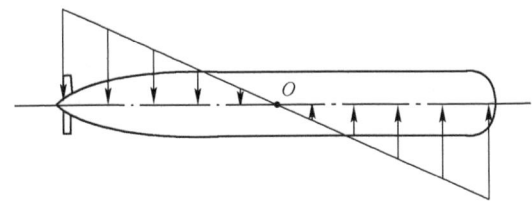

图3.14 旋转运动(艏摇或纵摇)中的潜艇表面横向流

3.4.3.3 固定附体

固定附体包括围壳、艏艉稳定翼、固定舵及导管。每个附体所受的作用力都是由该附体与其绕流形成的局部攻角引起的。为了方便,可以把这些附体看作升力面,其升力和阻力可通过下列公式计算,即

$$\text{升力} = \frac{1}{2}\rho V^2 S_a \alpha C'_{L_\alpha} \tag{3.77}$$

$$\text{阻力} = \frac{1}{2}\rho V^2 S_a \alpha C'_{D_\alpha} \tag{3.78}$$

式中:C'_{L_α} 为以攻角为函数的无量纲升力的斜率;C'_{D_α} 为以攻角为函数的无量纲阻力的斜率;α 为攻角;V 为速度;S_a 为升力面的平面面积。

注意,对于附体受到位于其前方的艇体影响的情况,需要修改 V 值,此部分将在5.1节进行讨论。

固定附体受到的横向力计算公式如下:

$$\text{横向力} = \text{升力}\cos\alpha + \text{阻力}\sin\alpha \tag{3.79}$$

对于水平运动,侧向力的变化率为横荡速度 $Y_{v_{app}}$ 的函数(式(3.80));对于垂向运动,垂向力的变化率为升沉速度 $Z_{w_{app}}$ 的函数(式(3.81)),则有

$$Y_{v_{app}} = -\frac{1}{2}\rho V S_a (C'_{L_\alpha} + C'_D) \tag{3.80}$$

$$Z_{w_{\text{app}}} = -\frac{1}{2}\rho V S_{\text{a}}(C'_{L\alpha}+C'_{D}) \quad (3.81)$$

式中：C'_{D} 为固定附体零攻角的无量纲阻力系数。

注意，式(3.80)和式(3.81)都是有量纲方程，可以基于潜艇长度平方来进行无量纲化（$Y'_{v_{\text{app}}}=Y_{v_{\text{app}}}\big/\left(\frac{1}{2}\rho VL^{2}\right)$ 和 $Z'_{v_{\text{app}}}=Z_{v_{\text{app}}}\big/\left(\frac{1}{2}\rho VL^{2}\right)$）。

假设在每种情况下，升力斜率都是在理想方向上产生升力。也就是说，式(3.80)中考虑的附体为围壳和固定舵，且运用了相应的升力斜率。式(3.81)考虑的附体为艉艉稳定翼。如果艉舵不是十字形，则需要知道相对应方向升力的斜率分量。同时需要注意，如果有推进器导管，则由此在相应平面产生的力也应被包括在内。

如此一来，要获得附体对操纵系数 Y_v 和 Z_w 的影响，需要知道这些附体的升力斜率及零升力时的阻力。在没有试验或数值数据的情况下，有多种经验方法可以用来预测这些值，其中包括以下参考文献中给出的方法：Lyons 和 Bisgood(1950)、Whicker 和 Fehiner(1958)、Abbot 和 Von Deenhoff(1960) 以及 Molland 和 Turnock(2007)。

对于这些经验方法，本书不再重述。但应强调的是，由于附体（特别是艇尾附体）对操纵系数影响巨大，因此对附体的升力斜率的预测应尽可能精确。在特定的附体设计方面具备经验的机构应该充分利用这些附体的数据（有可能是专有资料）。同时，在条件允许时最好使用模型试验或先进的 CFD 技术对这些信息进行验证。

此外，还需注意，在预测艇尾附体的升力斜率时应当谨慎，因为艇尾附体会受位于其前方艇体的影响，同时可能因半尾锥角的存在而在减速流中运行。Dempsey(1997)、Dmackay(2001、2003) 和 Bettle(2014) 对此有更为全面的描述。Bettle(2014) 研究了艇体对附体的影响，并得出了每个附体的效率因子。效率因子被定义为安装在艇体上的附体产生的流体动力载荷与独立附体（安装在平面上）的水动力载荷之比。

Bettle(2014) 给出的围壳效率因子如下（Pitts 等(1957)）：

$$k_{\text{s}} = \left(1+\frac{b_{\text{de}}}{b_{\text{e}}}\right)^{2} \quad (3.82)$$

式中：b_{de}、b_{e} 分别为有效艇体中线到甲板围壁顶部和围壳尖端的距离。

有效艇体中线位于实际艇体中线上方，与之相隔裸艇体顶部至甲板围壁顶部的距离。

注意，围壳效率因子大于1，这是因为与流经平面的流体相比，围壳表面的流体因为艇体的三维效应而加速。

Bettle(2014)给出的围壳平面效率因子由下式估算而来,即

$$k_{sp} = 1 - \left(\frac{b_d}{b_{sp}}\right)^2 \quad (3.83)$$

式中:b_d、b_{sp} 分别为甲板和围壳平面的高度,测量起点位于艇体中线。

Bettle(2014)在式(3.84)和式(3.85)中给出了艇尾稳定翼的效率因子。虽然这两个公式可能为保守估算,但 Bettle 还是建议使用式(3.84)和式(3.85)中的值(该方法同样适用于方向舵)。

$$k_{WB} = 1 - \frac{0.2556}{\left(\frac{b}{r_M}\right)^2}\sqrt{\left(\frac{b}{r_M}\right)^2 - 0.1612} - 0.6366 \arcsin\left(\frac{0.4015}{\frac{b}{r_M}}\right) \quad (3.84)$$

其中,$0.4015 < \frac{b}{r_M} < 0.734$ 且 $1.426 < \frac{b}{r_M} < \infty$。

$$k_{WB} = -0.3644 + 1.2380\frac{b}{r_M} - 0.3728\left(\frac{b}{r_M}\right)^2 \quad (3.85)$$

其中,$0.734 \leq \frac{b}{r_M} \leq 1.426$。

在式(3.84)和式(3.85)中,b 为艇尾稳定翼到艇体中线的平板展长,r_M 为最大艇体半径。

每个附体对力矩系数的影响由式(3.86)和式(3.87)给出,分别为通过原点到附体压力中心的力臂:

$$N_{v_{app}} = l_{app} \times Y_{v_{app}} \quad (3.86)$$

$$M_{w_{app}} = -l_{app} \times Z_{w_{app}} \quad (3.87)$$

式中:l_{app} 为附体压力中心的水平坐标;根据符号法则,$N_{v_{app}}$ 和 $M_{w_{app}}$ 符号相反。

式(3.86)和式(3.87)为有量纲方程,可以基于潜艇长度的立方实现无量纲化($N'_{v_{app}} = N_{v_{app}}/\left(\frac{1}{2}\rho VL^3\right)$ 和 $M'_{v_{app}} = M_{v_{app}}/\left(\frac{1}{2}\rho VL^3\right)$)。

各附体对旋转系数的贡献由式(3.88)~式(3.91)体现,即

$$Y_{r_{app}} = l_{app} \times Y_{v_{app}} \quad (3.88)$$

$$Z_{q_{app}} = l_{app} \times Z_{w_{app}} \quad (3.89)$$

$$N_{r_{app}} = l_{app}^2 \times Y_{v_{app}} \quad (3.90)$$

$$M_{q_{app}} = l_{app}^2 \times Z_{w_{app}} \quad (3.91)$$

通过假设每个附体都是一个平板,可获得各附体的附加质量。但是对于混合式围壳附加质量的计算,可能需要更加复杂的方法。需要注意的是,附加质量

值对潜艇操纵不构成重大影响,因为附加质量是为了获得用来预测潜艇操纵性的总系数而附加到实际质量上的。

平板的附加质量可以通过下式估算(Dong(1978)),即

$$m_{\text{added}} = \pi K_a \rho \frac{a^2}{4} b \tag{3.92}$$

式中: a 为平板弦长; b 为平板展长; K_a 为附加质量的系数,取决于展弦比,如表 3.3 所列。

表 3.3 式(3.92)中的 K_a 值(Dong(1978))

b/a	K_a
1.0	0.478
1.5	0.680
2.0	0.840
2.5	0.953
3.0	1.000
3.5	1.000
4.0	1.000

对于独立平板(安装在平面上),其有效展长为几何展的 2 倍。因此,对于几何展弦比大于 1.5 的固定舵和稳定翼,其附加质量可从式(3.93)获得,即

$$m_{\text{added}} = \pi \rho \frac{a^2}{4} b \tag{3.93}$$

其他可以用来预测潜艇附加质量的方法也可以用来获取附体的附加质量 m_{added}。

式(3.94)和式(3.95)给出了附体对线性横荡和升沉附加质量系数值的影响,即

$$Y'_{\dot{v}_{\text{app}}} = -\frac{m_{\text{added}}}{\frac{1}{2}\rho L^3} \tag{3.94}$$

$$Z'_{\dot{w}_{\text{app}}} = -\frac{m_{\text{added}}}{\frac{1}{2}\rho L^3} \tag{3.95}$$

式中, m_{added} 值有不同的作用,围壳与固定舵的 m_{added} 影响 $Y'_{\dot{v}_{\text{app}}}$ 的值,稳定翼的 m_{added} 影响 $Z'_{\dot{w}_{\text{app}}}$ 的值。

固定附体对于其他系数的影响见式(3.96)~式(3.101),其中 l_{app} 为附体附

加质量中心的水平坐标,即

$$N'_{\dot{v}_{app}} = \frac{l_{app} Y'_{\dot{v}_{app}}}{L} \tag{3.96}$$

$$M'_{\dot{u}_{app}} = \frac{l_{app} Z'_{\dot{w}_{app}}}{L} \tag{3.97}$$

$$Y'_{\dot{r}_{app}} = \frac{l_{app} Y'_{\dot{v}_{app}}}{L} \tag{3.98}$$

$$Z'_{\dot{q}_{app}} = \frac{l_{app} Z'_{\dot{w}_{app}}}{L} \tag{3.99}$$

$$N'_{\dot{r}_{app}} = \frac{l_{app}^2 Y'_{\dot{v}_{app}}}{L^2} \tag{3.100}$$

$$M'_{\dot{q}_{app}} = \frac{l_{app}^2 Z'_{\dot{w}_{app}}}{L^2} \tag{3.101}$$

3.4.3.4 推进器

敞水推进器跟来流成一定角度时会产生一个侧向力。该侧向力会影响潜艇的操纵系数,这与位于推进器轴向方向上的固定式稳定翼一样。然而,要计算推进器对操纵系数的影响,就需要了解侧向力的变化率与进流角的函数关系(类似于固定翼的升力斜率)。

迄今为止,已经有多种经验方法可以预测在有漂角运行时推进器的侧向力,如 Harris(1918)、Ribner(1943)和 Gutsche(1975)等的方法。在这些方法中,Harris 的方法在早期设计阶段时使用最为简便,详见式(3.102)(UCL(日期不详))。

$$Z'_{w_{Prop}} = Y'_{v_{Prop}} = -\frac{4.24 D^2}{JL^2}\left(K_Q - \frac{J}{2}\frac{dK_Q}{dJ}\right) \tag{3.102}$$

注意,该方程是基于飞机推进器的试验而得出的。

Ribner 和 Gutsche 的方法都需要对推进器的几何参数有详细的了解。Bonci(2014)对 Ribner 方法进行了详细描述。下式为 Gutsche 方法的简化(Dubbioso 等(2013)):

$$K_{T_y} = \left(2K_{Q(J=0)} - J\frac{dK_Q}{dJ}\right)J\tan\psi \tag{3.103}$$

式中:K_{T_y} 为推进器的无量纲侧向力;$K_{Q(J=0)}$ 为 $J=0$ 时的转矩系数值。

因俯仰角产生的垂直力可以通过将式(3.103)中的漂角 ψ 替换为俯仰角 θ 获得。因此,水动力正规系数值可以从式(3.104)中获得,即

$$Z'_{w_{\text{Prop}}} = Y'_{v_{\text{Prop}}} = -\frac{2(1-w)^2 D^2 \left(2K_{Q(J=0)} - J\dfrac{\mathrm{d}K_Q}{\mathrm{d}J}\right)}{JL^2} \tag{3.104}$$

式(3.104)建议在设计初期使用。

Dubbioso 等(2013)对敞水推进器的计算结果进行了研究,将 Ribner 和 Gutsche 方法的计算结果与叶素动量理论和 CFD 的结果进行对比。对比结果显示,Ribner 和 Gutsche 的方法得出的结果相近,且与 CFD 结果吻合得非常好。Harris 方法也给出了设计初期可以接受的结果。在设计后期,推荐使用 CFD 以更精确地确定侧向力。很多研究学者已经在水面船舶领域作了这方面的工作,其中包括 Ortolani 等(2015)、Broglia 等(2015)、Dubbioso 等(2017)及 Sun 等(2018)。

3.4.3.5 操纵面

操纵面对潜艇作用力和力矩的影响可以用线性系数建模,如式(3.8)~式(3.12)所示。当操纵面活动部分的升力斜率已知时,这些系数值可以用式(3.105)~式(3.110)进行预测,即

$$Y_{\delta_R} = \frac{1}{2}\rho V_R C_{L_{\delta_R}} \tag{3.105}$$

$$N_{\delta_R} = \frac{1}{2}\rho V_R x_{\text{rudder}} C_{L_{\delta_R}} \tag{3.106}$$

$$Z_{\delta_B} = -\frac{1}{2}\rho V_B C_{L_{\delta_B}} \tag{3.107}$$

$$M_{\delta_B} = -\frac{1}{2}\rho V_B x_{\text{box}} C_{L_{\delta_B}} \tag{3.108}$$

$$Z_{\delta_S} = -\frac{1}{2}\rho V_S C_{L_{\delta_S}} \tag{3.109}$$

$$M_{\delta_S} = -\frac{1}{2}\rho V_S x_{\text{stern}} C_{L_{\delta_S}} \tag{3.110}$$

式中,下标"B""R"和"S"分别代表艏水平舵、方向舵和艉水平舵。若潜艇艉水平舵非十字形,这些系数将发生变化。此部分将在 6.4 节中进行讨论。

在以上公式中,V_R、V_B 和 V_S 分别为方向舵、艏水平舵和艉水平舵的局部速度。虽然艏水平舵的局部速度可能与潜艇速度非常接近,但方向舵和艉水平舵的局部速度会因艇体和推进器的影响而变化(详见 5.1 节)。或者,这里可以应用 3.4.3.3 小节中讨论的效率因子。

应注意的是,Pook 等(2017)发现对于 X 形艇尾而言,CFD 结果和基于

Lyons 和 Bisgood(1950)方法的预测结果相差接近 9%。而在本例中,艉操纵面有部分位于边界层外侧(图 3.15)。

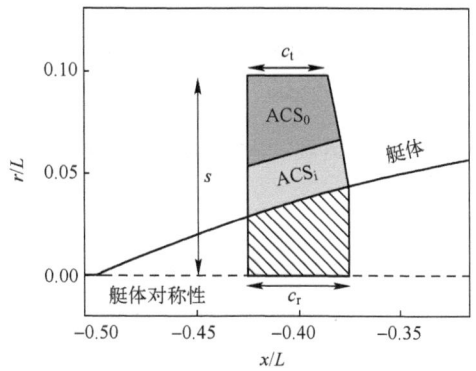

图 3.15　Pook 等(2017)使用的 ACS 几何形状(深灰色部分标记为 ACS_0 的活动区域;浅灰色部分是标记为 ACS_i 的固定区域;阴影线部分为用于导数预测的艇体区域。导数计算使用的镜像 ACS 未显示。$c_t/L=0.040, c_r/L=0.060, s/L=0.097$)

3.4.3.6　Suboff 潜艇预测

以上方法适用于 DARPA 的标准潜艇艇体形状的系数预测,即 Suboff 潜艇(详见 1.3.4 小节)。此艇体形状细节在 Groves 等(1989)和 Roddy(1990)的著作中均有描述。表 3.4 给出了 Suboff 模型的主要参数,需要注意这些尺寸都是模型尺度。垂线间长被用于无量纲化。试验中使用的原点位于距艇首后方 2.013m 处的位置,该点也用于系数预测。

表 3.4　DARPA Suboff 模型的主要参数(摘自 Roddy(1990))

参　数	符　号	值
总长	L_{oa}	4.356m
垂线间长度	L_{bp}	4.261m
直径	D	0.508m
长径比	L/D	8.575
质量	m	705.9kg

表 3.5 给出了 Suboff 模型的各附体参数与使用经验方法得出的升力系数斜率值和阻力系数。注意,试验模型没有艏水平舵,且艉水平舵与方向舵的参数完全相同。

表 3.5　模型附体的参数

附体	平均弦/m	展/m	平面面积/m²	距原点水平位置/m	C_{L_α}/rad	C_D
围壳	0.368	0.222	0.0794	1.022	1.4	0.010
艉水平舵	0.183	0.134	0.0248	-1.902	1.8	0.019
方向舵	0.183	0.134	0.0248	-1.902	1.8	0.019

表 3.6 列出了水平平面各系数的预测值和测量值,表 3.7 列出了垂直平面各系数的预测值和测量值。

表 3.6　水平平面无量纲操纵系数总览

系　数	艇体/10⁻³		艇体+围壳/10⁻³		艇体+方向舵/10⁻³	
	预测值	测量值	预测值	测量值	预测值	测量值
Y'_v	-6.71	-5.95	-22.11	-23.01	-9.82	-10.49
N'_v	-11.42	-12.8	-17.79	-15.53	-10.03	-11.25
Y'_r	0	1.81	-6.37	-0.02	1.39	6.32
N'_r	0	-1.60	-1.53	-2.38	-0.62	-3.06
$Y'_{\dot{v}}$	-17.20	-13.3	-17.54	-15.04	-17.32	-14.71
$N'_{\dot{v}}$	0	0.20	-0.08	0.01	0.05	0.42
$Y'_{\dot{r}}$	0	0.06	-0.08	-0.20	0.05	0.47
$N'_{\dot{r}}$	-3.49	-0.68	-3.51	-0.71	-3.51	-0.74

表 3.7　垂直平面无量纲操纵系数总览

系　数	艇体/10⁻³		艇体+艉水平舵/10⁻³	
	预测值	测量值	预测值	测量值
Z'_w	-6.71	-5.95	-9.82	-10.49
M'_w	11.42	12.8	10.03	11.25
Z'_q	0	1.81	1.39	6.32
M'_q	0	-1.60	-0.62	-3.06
$Z'_{\dot{w}}$	-17.20	-13.3	-17.32	-14.71
$M'_{\dot{w}}$	0	-0.20	-0.05	-0.42
$Z'_{\dot{q}}$	0	0.06	0.05	0.47
$M'_{\dot{q}}$	-3.49	-0.68	-3.51	-0.74

由于 Suboff 是轴对称艇体,因此裸艇体在垂直平面和水平平面的操纵系数是一样的,除了 N'_v 和 M'_w、$N'_{\dot{v}}$ 和 $M'_{\dot{w}}$ 外,这两对系数因符号法则会有相反的符号。同样,因为方向舵与艉水平舵参数一致,因此两者的系数也是这种情况。而围壳仅对水平平面操纵系数产生影响。虽然通过经验方法得出了部分系数的合理数值,但对其他系数来说却并非如此。Jones 等(2002)对不同的经验方法进行比

较后提到了这一点。

3.4.3.7 讨论

上面已经提到,已有的经验方法对于预测潜艇的操纵系数而言并不是特别好的方法。但是,这些方法可以用来改良与原设计相近的新潜艇艇体的系数。设计中应在这些信息基础上考虑变化因素所带来的影响。例如,如果围壳的相对尺寸不变,但是其在潜艇的纵向位置发生变化,此时系数 Y_v 值将保持不变,而 N_v 值则会发生变化,具体变化取决于围壳的新位置。

此外,如果已经有一份具备相似附体配置的潜艇的试验数据或 CFD 数据,那么新潜艇的升力斜率和阻力可以通过已有数据推断出来,并可将其用于新潜艇的操纵系数预测。

无论使用哪种方法,必须谨记这些经验方法和技巧的不足之处,并尽可能在设计早期对所提出的艇体形状进行物理模型试验或 CFD 验证。

3.5 操纵模拟的替代方法

使用 3.3 节中讨论的方法有一个基本前提,即潜艇操纵的总的水动力和力矩可以通过当前时间点已知的运动参数、附体角度和推进器转速计算获得。发生在该时间点之前的运动对潜艇的影响并未考虑。然而我们知道,当潜艇操纵时,艇体和围壳处会有涡流脱落(图 3.16)。这些脱落的涡流会影响艇体下游部分的压力分布,影响程度取决于涡流和艇体的相对位置。进行潜艇操纵时,涡流的位置及其强度都与潜艇之前的运动息息相关,并非 3.3 节所讨论的那样仅与当前运动有关。

这种将之前的运动影响考虑在内的方法最早由 Lloyd(1983)提出,其基于潜艇流场计算任意时刻作用于潜艇的水动力和力矩。流场和引发的作用力及力矩在连续的时间间隔内更新,并用于以式(3.1)~式(3.6)为基础的模拟过程。

要使用这一方法,就必须明确作为运动函数的涡流的产生位置及强度,然后就可以确定每个潜艇操纵阶段涡流的相对位置和强度,进而计算涡流对潜艇的影响并确定其水动力和力矩。为此,Lloyd 运用了一个流体模型,该模型融合了多种经验方法和经典的水动力技术,在大量试验的基础上,通过流动可视化,得到艇体和附体周围涡流的产生与传播信息(Lloyd 和 Campbell(1986))。Lloyd 还研究了这些涡流对艇尾附体周围流体的影响。后来,Tinker(1988)和 Ward(1992)深化了该研究。Mendenhall 和 Perkins(1985)以及 Landrini 等(1993)运用这一方法开展了其他研究。

相比 3.3 节中讨论的使用流体动力学系数的方法,基于涡流的方法计算量

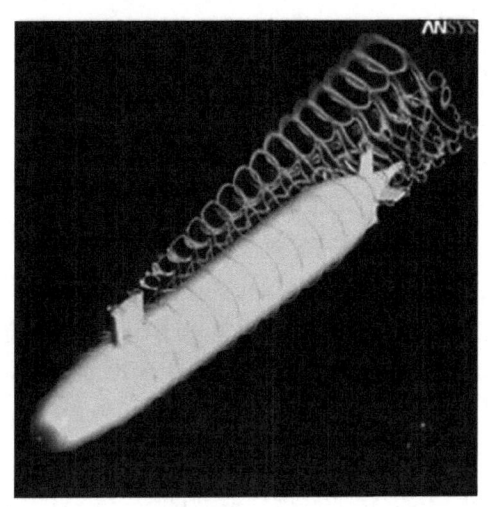

图 3.16 潜艇操纵时从艇体和围壳脱落的涡流(图片由澳大利亚海事学院提供)

更大。然而随着计算机性能的提升,这一方法已经是很多应用的一种实用工具。

近年来,随着计算机的普及以及 CFD 的发展,目前已经能够实现在不使用经验方法的情况下预测涡流强度及其传播。基于潜艇流场,通过计算即可获得时域内潜艇的流体力和力矩。这些作用力和力矩与使用式(3.1)~式(3.6)的模拟过程一并被用于确定时域内潜艇的运动。

进行时域 CFD 模拟比使用 Lloyd 开发的经验方法更耗时。然而,未来随着计算技术的提升,先进 CFD 在该领域的应用将得以实现,届时 CFD 将成为一种非常有效的研究方法。但是,对大部分潜艇应用来说,基于每个时间步的流体力和力矩计算的 CFD 模拟并不是实用的方法。

3.6 水平平面上的操纵

3.6.1 回转

3.6.1.1 回转第一阶段

当给艇尾周围施加横向力时,潜艇将受到横荡力、横摇力矩和艏摇力矩。这些作用力与力矩的最初影响是产生横荡、横摇和艏摇加速度。在这个回转阶段,横荡、横摇和艏摇的速度和横倾角很小,可以忽略不计。方向舵所产生的额外阻力的减速效果不明显,因而此阶段中的横荡、横摇和艏摇运动方程可分别通过式(3.111)~式(3.113)来进行近似计算。以下是回转第一阶段中各值的计算方法。

对于横荡,有

$$m(\dot{v}+x_G\dot{r}-z_G P) \approx \frac{1}{2}\rho L^4(Y'_r\dot{r}+Y'_p\dot{p}) + \frac{1}{2}\rho L^3(Y'_{\dot{v}}\dot{v}) + \frac{1}{2}\rho L^2(Y'_* u^2 + Y'_{\delta_R} u^2 \delta_R) \tag{3.111}$$

对于横摇,有

$$I_{xx}\dot{p}-\dot{r}I_{zx}-m(z_G\dot{v}) \approx \frac{1}{2}\rho L^5(K'_p\dot{p}+K'_r\dot{r}) + \frac{1}{2}\rho L^4(K'_{\dot{v}}\dot{v}) + \frac{1}{2}\rho L^3(K'_* u^2 + K'_{\delta_R} u^2 \delta_R) \tag{3.112}$$

对于艏摇,有

$$I_{zz}\dot{r}-\dot{p}I_{zx}+m(x_G\dot{v}) \approx \frac{1}{2}\rho L^5(N'_r\dot{r}+N'_p\dot{p}) + \frac{1}{2}\rho L^4(N'_{\dot{v}}\dot{v}) + \frac{1}{2}\rho L^3(N'_* u^2 + N'_{\delta_R} u^2 \delta_R) \tag{3.113}$$

3.6.1.2 回转第二阶段

上述加速如果持续时间足够长(有限时间),那么潜艇的横荡、横倾和艏摇的速度将改变,此时式(3.111)~式(3.113)将不再适用。因为这些运动速度会产生水动力,导致加速度随时间而减小。此阶段为回转第二阶段,式(3.1)~式(3.12)给出了此阶段潜艇回转运动的计算方法。

3.6.1.3 回转第三阶段

一旦加速度减小到0,那么潜艇将进入定常回转阶段,此时 $\dot{u}=\dot{v}=\dot{r}=\dot{p}=p=0$。此阶段被称为回转第三阶段。这个阶段中的纵荡、横荡、横摇和艏摇的作用力可通过式(3.114)~式(3.117)求出。

需要注意的是,在这一阶段,方向舵和水平舵导致的额外阻力以及因横荡和艏摇速度施加在艇体上的额外阻力会降低潜艇的前进速度。这样,推进器将不会在自航点运行。前进速度减慢时,推进器上的额外转矩可能会使其转速降低,但这也取决于推进器原动机(电动机、柴油机或蒸汽涡轮机)的特性。

对于纵荡,有

$$-m(vr+x_G r^2) = \frac{1}{2}\rho L^4(X'_{rr}r^2) + \frac{1}{2}\rho L^3(X'_{uu}+X'_{vr}vr) + \frac{1}{2}\rho L^2(X'_{vv}v^2+X'_{\delta_R\delta_R}u^2\delta_R^2) + \frac{1}{2}\rho L^2(a_i u^2+b_i u u_c+c_i u_c^2) + \frac{1}{2}\rho L^2(X'_{vv\eta}v^2+X'_{\delta_R\delta_R\eta}\delta_R^2 u^2)(\eta-1) \tag{3.114}$$

对于横荡，有

$$m(ur-y_G r^2) = \frac{1}{2}\rho L^3 \left(Y'_r ur + Y'_{r|\delta_R} u|r|\delta_R + Y'_{v|r|} \frac{v}{|v|}|v||r| \right) +$$

$$\frac{1}{2}\rho L^2 (Y'_* u^2 + Y'_v uv + Y'_{v|v|} v|v| + Y'_{\delta_R} u^2 \delta_R) +$$

$$(W-B)\sin\varphi + \frac{1}{2}\rho L^3 (Y'_{r\eta} ur)(\eta-1) +$$

$$\frac{1}{2}\rho L^2 (Y'_{v\eta} uv + Y'_{v|v|} v|v| + Y'_{\delta_R \eta} u^2 \delta_R)(\eta-1)$$

(3.115)

对于横摇，有

$$r^2 I_{yz} - m(z_G ur) = \frac{1}{2}\rho L^4 (K'_r ur) +$$

$$\frac{1}{2}\rho L^3 (K'_* u^2 + K'_v uv + K'_{v|v|} v|v| + K'_{\delta_R} u^2 \delta_R) +$$

$$(y_G W - y_B B)\cos\varphi - (z_G W - z_B B)\sin\varphi +$$

$$\frac{1}{2}\rho L^3 K'_{*\eta} u^2 (\eta-1)$$

(3.116)

对于艏摇，有

$$m(x_G ur + y_G vr) = \frac{1}{2}\rho L^5 (N'_{r|r|} r|r|) +$$

$$\frac{1}{2}\rho L^4 (N'_r ur + N'_{r|\delta_R} u|r|\delta_R + N'_{v|r|} v|r|) +$$

$$\frac{1}{2}\rho L^3 (N'_* u^2 + N'_v uv + N'_{v|v|} v|v| + N'_{\delta_R} u^2 \delta_R) +$$

$$(x_G W - x_B B)\sin\varphi + \frac{1}{2}\rho L^4 N'_{r\eta} ur(\eta-1) +$$

$$\frac{1}{2}\rho L^3 (N'_{v\eta} uv + N'_{v|v|\eta} v|v| + N'_{\delta_R \eta} u^2 \delta_R)(\eta-1)$$

(3.117)

假设由于回转所产生的升沉力和纵摇力矩被水平舵抵消，那么定常回转的作用力可从式（3.114）~式（3.117）中求出。将以上公式进行线性运动简化（方向舵舵角较小、前进速度恒定），忽略横摇，假设 $W=B$，$x_G=x_B$，$y_G=0$，并只考虑横荡和艏摇，就可得出式（3.118）和式（3.119）。m 和 x_G 的无量纲值可从式（3.120）和式（3.121）中得出。

$$0 = \frac{1}{2}\rho L^3 (Y'_r - m')ur + \frac{1}{2}\rho L^2 (Y'_v uv + Y'_{\delta_R} u^2 \delta_R)$$

(3.118)

$$0 = \frac{1}{2}\rho L^4 (N'_r - m'x'_G) ur + \frac{1}{2}\rho L^3 (N'_v uv + N'_{\delta_R} u^2 \delta_R) \tag{3.119}$$

$$m' = \frac{m}{\frac{1}{2}\rho L^3} \tag{3.120}$$

$$x'_G = \frac{x_G}{L} \tag{3.121}$$

求解式(3.118)和式(3.119)可得出式(3.122),即与回转半径 R 相关的表达式(其中 $R = V/r$):

$$\frac{R}{L} = \frac{1}{\delta_R} \frac{N'_v(Y'_r - m') - (N'_r - m'x'_G)Y'_v}{N'_\delta Y'_v - N'_v Y'_\delta} \tag{3.122}$$

注意,式(3.122)仅适用于小舵角回转的情况,此时水平运动(横荡和艏摇)以及垂直运动(升沉和纵摇)间的耦合可忽略不计。

3.6.2 水平平面的稳定性

水平平面稳定指数(即流体静力学排水量重心) G_H 由式(3.123)给出(Spencer (1968)),即

$$G_H = 1 + \frac{N'_v(m' - Y'_r)}{N'_r Y'_v} \tag{3.123}$$

由于需要水平平面具有高度操纵性,因此 G_H 往往是较小正值。读者可以参考 3.9 节给出的 G_H 推荐值。

3.6.3 回转中心

在水平平面回转过程中,潜艇会经历横荡与艏摇。图 3.17 所示为一艘潜艇稳定向左转舵阶段的局部横向流动矢量示意图。从图中可以看出,向左转舵时,局部横荡速度的方向是向艇首向左舷、艇尾向右舷。但艇体上有一个位置的局部横荡速度为 0,这个位置称为回转中心。在潜艇回转过程中,由于艇尾的局部横荡速度较大,因此艇尾附体和推进器的性能会受到影响。

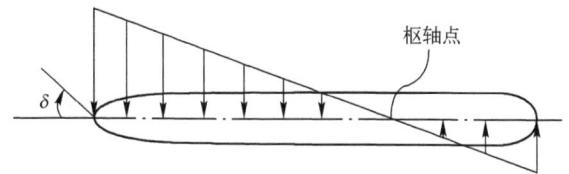

图 3.17 潜艇稳定向左转舵时的局部横向流动矢量示意图

3.6.4 有效舵角

由于方向舵的有效攻角(即有效偏转角)$\delta_{R_{eff}}$可能会明显小于实际的几何舵角,因此由方向舵引起的艏摇力矩要比线性理论计算出的值小(图 3.18)。图中方向舵的几何舵角(即偏转角)是δ_R,方向舵处的轴向速度为u_{aR}。考虑到伴流将平均分布于方向舵表面而非推进器盘面,此速度与前进速度大致相同。方向舵的局部横荡速度为v_R。受到艇体整流效应γ_R的影响,实际的横荡速度要小些。因此,影响方向舵的有效横荡速度应为$v_R\gamma_R$。

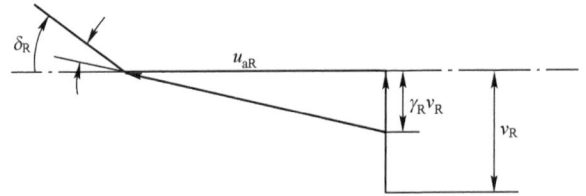

图 3.18 潜艇向左转舵时艇尾的横荡矢量

注意,γ_R的值可能接近 1,因为方向舵的大部分面积与艇体相距较远。这与水面船舶不同,水面船舶的方向舵进流受船尾和推进器伴流的影响很大。因此,潜艇方向舵的实际舵角δ_R与有效攻角$\delta_{R_{eff}}$的差值可能大于水面船舶。

方向舵的有效攻角$\delta_{R_{eff}}$可通过式(3.124)求得,即

$$\delta_{R_{eff}} = \delta_R - \tan\left(\frac{\gamma_R v_R}{u_{aR}}\right) \quad (3.124)$$

方向舵的有效速度$V_{R_{eff}}$,可通过式(3.125)求出,即

$$V_{R_{eff}} = \sqrt{u_{aR}^2 + (\gamma_R v_R)^2} \quad (3.125)$$

这里的角度和速度可以与 3.3.2 小节中讨论的速查表方法一起使用来获取方向舵的升力和阻力值(图 3.19)。可利用几何绘图法将升力和阻力绘入连体坐标轴,并代入式(3.1)~式(3.6)的左边。

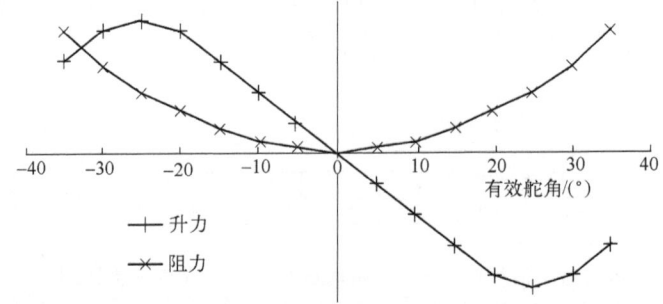

图 3.19 作用于方向舵的升力和阻力与有效舵角$\delta_{R_{eff}}$之间的函数图

注意，同样的规律也适用于 X 形艉。此外，当潜艇在垂直平面内操纵时，还可使用类似的办法获取艏艉水平舵的水动力和力矩。

3.6.5 回转中的横倾

在回转过程中，由于存在局部横荡速度，所以艇体和围壳会受到侧向力的影响。起初，侧向力会引导潜艇回转（图 3.20），此过程会产生横摇力矩（图 3.21）。从图 3.21 中可以看出，由于作用于围壳上的侧向力要远远大于作用于方向舵和艇体上的侧向力，因而会产生回转方向的横摇力矩，这被称为"急翻滚"，还可能出现横摇角过大的情况。

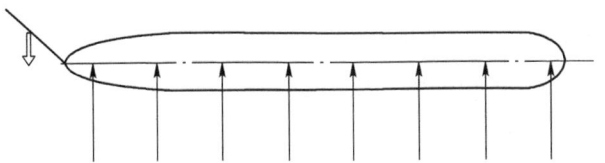

图 3.20 向左转舵第一阶段潜艇各处的受力情况

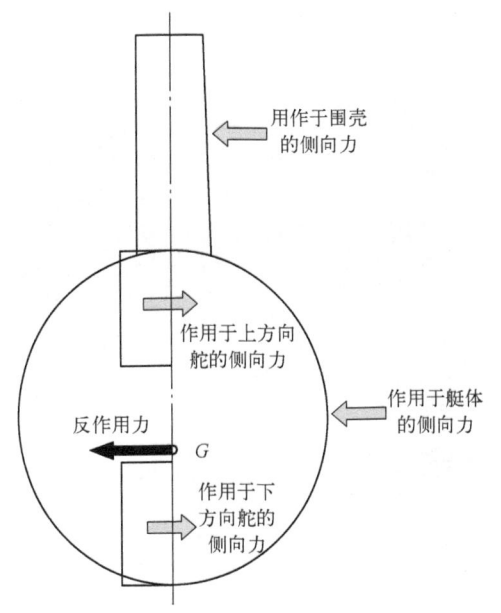

图 3.21 向左转舵第一阶段潜艇垂直平面各处的受力情况

一旦潜艇进入回转阶段，作用于艇体和围壳的侧向力将取决于局部横荡速度。艇体各处的局部横荡速度不尽相同（图 3.17）。作用于围壳上的横荡力很大程度上取决于围壳的位置。如果围壳靠近转动中心,那么其受到的侧向力就会相对较小;反之,如果围壳远离转动中心,那么其受到的侧向力就相对较大。另一个影响横倾程度的因素就是有攻角时围壳所产生的侧向力。大型翼型式围壳所产生的侧向力远远大于小型混合式围壳产生的侧向力。

3.6.6 回转中围壳的影响

在潜艇回转的过程中,围壳和艇体都会产生涡流,其相互作用如图 3.22 所示。围壳处会产生一个较强的梢涡,围壳体则会在艇体上引起反向涡流,并改变从艇体顶部和底部涡流的脱落,导致垂直平面内产生相应的作用力与力矩,Seil 与 Andreason(2013)已经对此进行过讨论。这通常会导致艇尾受到向下的作用力,根据 Seil 与 Andreason(2013)的研究,这种向下的作用力主要是由于围壳对艇体涡流的影响,导致艇体而非围壳受到向下的作用力和力矩。这由式(3.9)和式(3.11)中的系数 Z'_{vv}、Z'_{rr}、M'_{vv} 和 M'_{rr} 表示。注意,这些非线性项将升沉力和俯仰力矩表达为摇摆速度的平方和偏航速度的平方的函数。这是因为在 x-y 平面上对称的船体形状的升沉力和俯仰力矩与摇摆速度或偏航速度的符号无关。

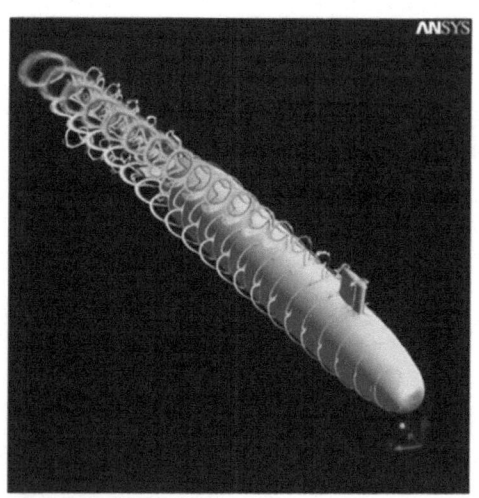

图 3.22　潜艇操纵所产生的涡流(图片由澳大利亚海事学院提供)

从 AMC 提供的 CFD 数据(图 3.23)可以看出,在潜艇操纵过程中围壳对艇体所受压力的影响。图 3.23(a)和图 3.23(b)分别显示了在无围壳和有围壳的情况下,当潜艇漂角为 0°时,艇体顶部和底部所承受的压力情况。

如图 3.23(a)所示,在没有围壳的情况下,艇体顶部和底部所承受的压力相同。这也导致在垂直平面内无净力存在,即系数 Z'_* 和 M'_* 的值均为 0。如图 3.23(b)所示,围壳的存在将导致围壳处所承受的压力发生变化,但是艇体自身所承受的压力基本不变。当潜艇处在 $v=r=0$ 的状态时,围壳的存在将产生稳定的升沉力和纵摇力矩。反映在系数上,即 Z'_* 和 M'_* 的值均不为 0。图 3.23(c)和图 3.23(d)分别显示了当潜艇的漂角为 16°时,无围壳和有围壳的艇体顶部和底部所承受的压力。正如预料的那样,当艇体与水流有一定角度时,艇体所承受的压力会减少。这是由于当潜艇存在漂角时,艇体周围流体的横向分量加快了艇体顶部和底部的水流速度。

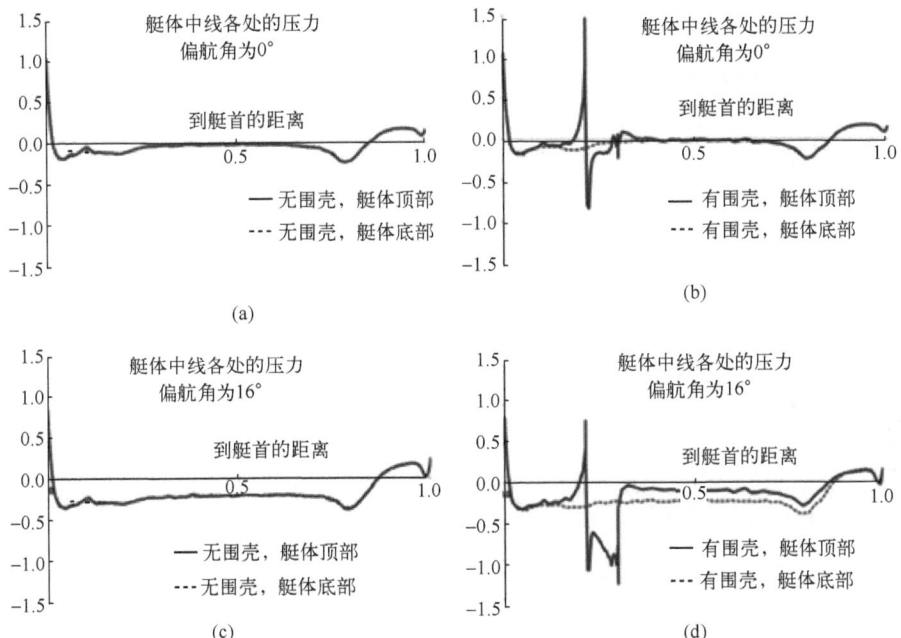

图 3.23　轴对称潜艇操纵时艇体各处压力分布的情况(艇首在左)
(图片由澳大利亚海事学院提供)
(a) 偏航角为 0°时的受力(艇首坐标 $x=0$,艇尾坐标 $x=1$,无围壳);
(b) 偏航角为 0°时的受力(艇首坐标 $x=0$,艇尾坐标 $x=1$,有围壳);
(c) 偏航角为 16°时的受力(艇首坐标 $x=0$,艇尾坐标 $x=1$,无围壳);
(d) 偏航角为 16°时的受力(艇首坐标 $x=0$,艇尾坐标 $x=1$,有围壳)。

而对于无围壳的潜艇,其顶部和底部承受压力的差值依然为 0,这表明此时横荡速度不会产生升沉力和纵摇力矩。因此,系数 Z'_{vv}、Z'_{rr}、M'_{vv} 和 M'_{rr} 的值均为 0。然而,如图 3.23(d)所示,当艇体有围壳时,围壳处艇体顶部和底部所承受的压力差异明显。此时，系数 Z'_{vv}、Z'_{rr}、M'_{vv} 和 M'_{rr} 的值不为零。由于围壳处艇体顶部所受的负压力小于艇体底部所承受的负压力，因此艇体将产生向下的力和向上的纵倾力矩。此例中所有的系数值均为正。这导致在潜艇回转时，通常会产生艇首向上艇尾向下的纵摇，也就是产生通常所说的"艇尾下沉"现象。这一点与一般轴对称体不同，一般轴对称体在回转时纵倾保持不变。

要注意，围壳的设计和/或外壳效应会改变艇体的压力分布，有的时候甚至会导致与上述分析相反的效果。因此，设计艇尾附体和任何控制算法时都需要把此情况考虑进去。如果艉水平舵不能在垂直平面上产生足够的作用力保证艇体维持稳定纵倾，那么即使方向舵的面积足够大、能够实现艇体的迅速回转也于事无补。

3.6.7 侧向阻力中心

艇体纵向方向上存在一个侧向阻力中心（CLR），此处横向作用力会产生横荡速度，但不会产生艏摇速度。对于有前进速度的潜艇而言，CLR 通常是在艇首向后的 1/3 艇体长度处。当漂角较小时（在线性范围内），CLR 的位置可由下式得出，即

$$x_{\mathrm{CLR}} = \frac{N'_v}{Y'_v} L \tag{3.126}$$

CLR 的位置 x_{CLR} 本质而言是固定不动的。但是如果潜艇的前进速度为 0，那么 CLR 的位置将会靠近艇体中部。因此，对于前进速度极慢的潜艇，CLR 的位置可能会向艇体中部后移。

为了实现潜艇回转，施加在艇体的横向力应该尽可能地远离 CLR。如果 CLR 在艇体中部靠前的位置，就需要在尽量靠后的地方施加作用力。这也是为什么方向舵通常位于艇尾的缘故（图 3.24）。

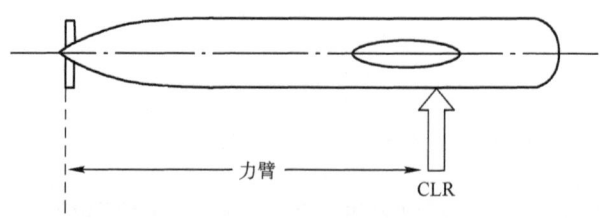

图 3.24　潜艇前进时 CLR 的大致位置

3.7 垂直平面上的操纵

3.7.1 垂直平面上的稳定性

垂直平面稳定性指数 G_V 由下式给出（Spencer(1968)），即

$$G_V = 1 - \frac{M'_w(m' + Z'_q)}{M'_q Z'_w} \tag{3.127}$$

垂直平面内，潜艇的操纵性越小越好，稳定性越高越好。这是因为潜艇深度的大幅改变可能会导致处于潜望深度的潜艇露出水面，也可能导致潜艇搁浅或超过最大潜深等危险。当潜艇高速前进时，尤其要注意这一点。因此，G_V 通常是一个较大的正值，具体参考 3.9 节推荐的 G_V 值。

3.7.2 有效水平舵角

当潜艇利用艉水平舵纵摇运动时，升沉与纵摇运动会同时出现，进而产生局部纵流矢量（图 3.25），这类似于 3.6 节中潜艇在水平平面上回转。此外，潜艇常常会因作业需求进行无纵摇的升沉，如需要在潜望深度作业时。在这种情况下，局部纵流矢量图见图 3.26。

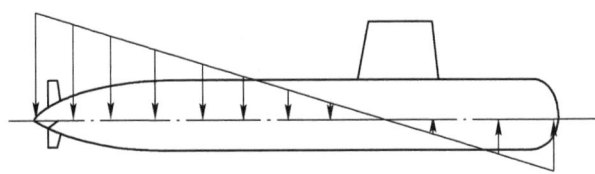

图 3.25 稳定纵摇下潜时的局部纵流矢量图

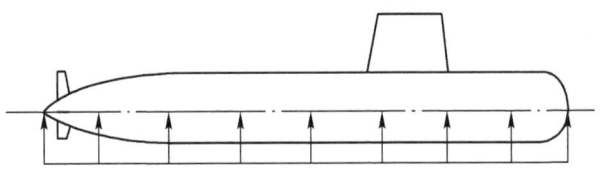

图 3.26 无纵摇稳定升沉时的局部纵流矢量图

这导致艉艉水平舵的进流不再呈轴对称型，而是存在一个与局部纵向流有关的垂直分量，这与 3.6.4 小节讨论的方向舵进流是类似的。因此，根据 3.6.4 小节的逻辑，艉艉水平舵的有效舵角可从式(3.128)和式(3.129)中得出，即

$$\delta_{B_{eff}} = \delta_B - \tan\frac{\gamma_B w_B}{u_{aB}} \tag{3.128}$$

$$\delta_{S_{eff}} = \delta_S - \tan\frac{\gamma_S w_S}{u_{aS}} \tag{3.129}$$

整流效应系数 γ_B 和 γ_S 的值将接近于 1,因为其受艇体的影响较小。中轴水平舵或围壳舵 γ_B 的值会尤为接近于 1(详见第 6 章)。

艏艉水平舵有效速度 $V_{B_{eff}}$ 和 $V_{S_{eff}}$ 可分别从式(3.130)和式(3.131)中求得,即

$$V_{B_{eff}} = \sqrt{u_{aB}^2 + (\gamma_B w_B)^2} \tag{3.130}$$

$$V_{S_{eff}} = \sqrt{u_{aS}^2 + (\gamma_S w_S)^2} \tag{3.131}$$

上述公式中的角度和速度可以与 3.3.2 小节中讨论的速查表方法一起使用,以获得作用于水平舵的升力和阻力的值。之后可利用几何学将其转化为升沉力、纵荡力和纵摇力矩,并运用到式(3.1)~式(3.6)的左边。

3.7.3 中性点

中性点是艇体纵向方向上一个特殊的点,在此处施加垂直作用力,只能改变潜艇的深度,不能改变潜艇的纵摇角度。对于快速前进的潜艇,中性点的位置通常在距离艇首后缘 1/3 处(图 3.27)。当纵摇角较小时(线性范围),其中性点的位置可从式(3.132)中得出,即

$$x_{NP} = -\frac{M_w'}{Z_w'}L \tag{3.132}$$

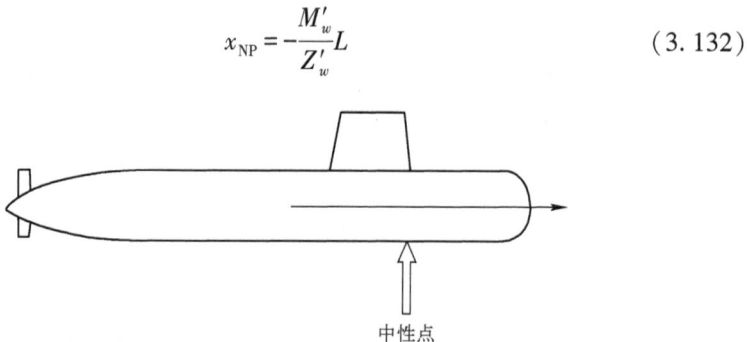

图 3.27 快速前进的潜艇中性点所在的大致位置

将计算 CLR 位置的式(3.126)与计算中性点位置的式(3.132)对比,可以看出后者有一个负号。但其实这与坐标系有关,对于轴对称艇体而言,$Y_v' = Z_w'$,但是 $N_v' = -M_w'$。因此,轴对称艇体侧向阻力中心与中性点的纵向位置是一样的。

当潜艇前进速度较低时,且升沉速度不小于纵荡速度时,潜艇会存在一个较大的纵摇角度(攻角)(图 3.28),此时升沉力和纵摇力矩将受非线性效应的支配。

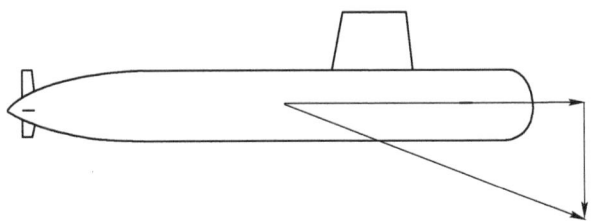

图 3.28　升沉速度大、前进速度小的潜艇

在这种情况下,中性点的位置会向后移动,靠近艇体中部。要获得其具体位置就需要利用水动力及力矩的表达式配合非线性效应进行计算。根据 3.3 节中 Gertler 和 Hagen(1967) 推导出的式(3.7)~式(3.12),此时中性点的位置可从式(3.133)中求得,即

$$x_{\text{NP}} = -\left(\frac{M'_w uw + M'_{w|w|} w|w| + M'_{|w|} u|w| + M'_{ww} w^2}{Z'_w uw + Z'_{w|w|} w|w| + Z'_{|w|} u|w| + Z'_{ww} w^2}\right) L \qquad (3.133)$$

注意,当 w 的值小于 u 时,式(3.133)趋近于式(3.132)。当潜艇前进速度为 0 时,则趋近于式(3.134),即

$$x_{\text{NP}} = -\left(\frac{M'_{w|w|} w|w| + M'_{ww} w^2}{Z'_{w|w|} w|w| + Z'_{ww} w^2}\right) L \qquad (3.134)$$

式(3.132)适用于正常的潜艇前进运动。式(3.133)仅适用于纵荡速度较低、升沉速度较快、攻角偏大的潜艇运动情况(图 3.28)。例如,潜艇在潜望深度低速前进时,或是由于表面吸力的丧失,或是由于水密度的变化,升沉速度变快,这些情况均适用于式(3.133)。

3.7.4　临界点

临界点是艇体纵向方向上一个特殊的点,此处垂直作用力会改变纵摇角度,但是不会改变潜艇深度。当垂直作用力施加于临界点时,会产生一个纵倾力矩,该力矩等于垂直作用力乘以临界点到中性点之间的距离(图 3.29)。这个垂直作用力(图 3.29 中向上的作用力)会导致潜艇纵倾(在此例中艇首下沉)。纵倾将会引发垂向水动力施加于艇体,从而产生纵倾力矩和静水力矩($mgBG\sin\phi$),如图 3.30 所示。

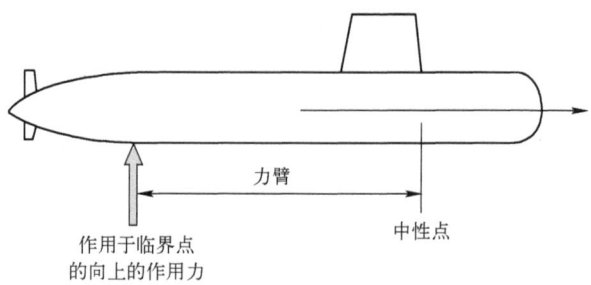

图 3.29　作用于临界点的向上的力

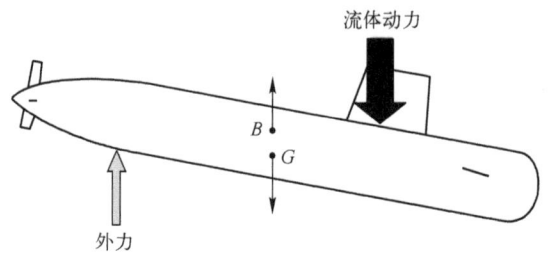

图 3.30　临界点受到向上的力时潜艇的受力情况

根据定义,若有作用于临界点的垂直外力,那么该作用力会被垂向的水动力所平衡,因此艇体的深度不会改变。水动力纵倾力矩与速度平方成正比,静水纵倾力矩($mgBG\sin\phi$)与速度无关。临界点的位置 x_{CP} 可通过下式求得,即

$$x_{\mathrm{CP}} = \frac{2mgBG}{\rho L^2 Z'_w u^2} - L\frac{M'_w}{Z'_w} \tag{3.135}$$

从式(3.135)中可以看出,临界点的位置取决于速度。潜艇低速前进时,临界点的位置非常靠后,甚至可能会位于艉水平舵的后方。

3.7.5　中性点与临界点对垂直平面上潜艇操纵的影响

中性点与临界点对垂直平面上潜艇操纵的影响与潜艇的前进速度有关。

1) 潜艇以中速前进

当潜艇以中速前进时,中性点的位置大概在艇首后缘的 1/3 处,这一点已在 3.7.3 小节中提到。临界点的位置可从式(3.135)中推导,会比中性点稍微靠后(图 3.31)。在这种情况下,当在艉水平舵施加向上的作用力时,由于力的作用位置和中性点之间力臂的存在,艇首会向下纵倾。而且由于向上的力作用于临界点之后,纵倾角会产生作用于艇体的向下的垂直流体动力,且该力大于在中性点施加的向上的力,进而导致潜艇下潜(图 3.32)。这是在潜艇以中速前进

时改变潜艇深度的常规做法,此时不需要艏水平舵的配合。

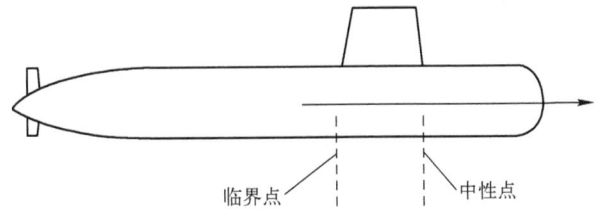

图 3.31　中速前进时潜艇中性点和临界点的位置

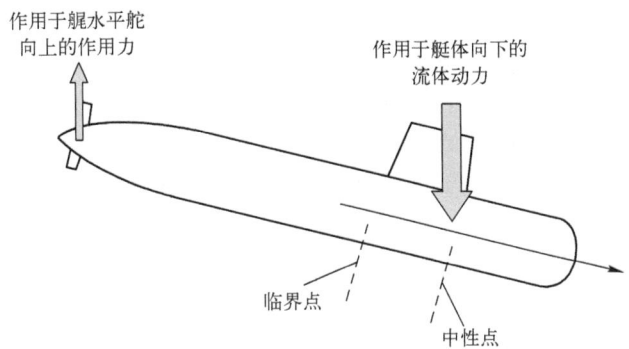

图 3.32　在临界点后方的艉水平舵施加向上的作用力,潜艇下潜

2) 潜艇以低速前进

在 3.7.4 小节中曾讨论过,当潜艇以低速前进时,临界点的位置要更加靠后,具体计算可使用式(3.135)。当临界点的位置恰好处在艉水平舵时(图 3.33),作用于艉水平舵的向上的作用力会导致潜艇艇首下沉,这是由受力点和中性点之间的力臂引起的,与之前所提的中速前进情况类似。但是,由于向上的作用力施加在了临界点,作用于艇体的向下的垂直水动力由于纵倾角度会与作用于艉水平舵的向上的力相等。这会导致艇首下沉,但是潜艇深度不会发生改变。因为作用于艉水平舵的向上的力能够恰好抵消由于纵倾引起的作用于艇体的向下的流体动力(图 3.34)。

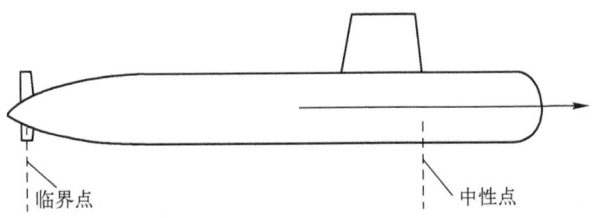

图 3.33　低速前进时潜艇中性点和临界点的位置

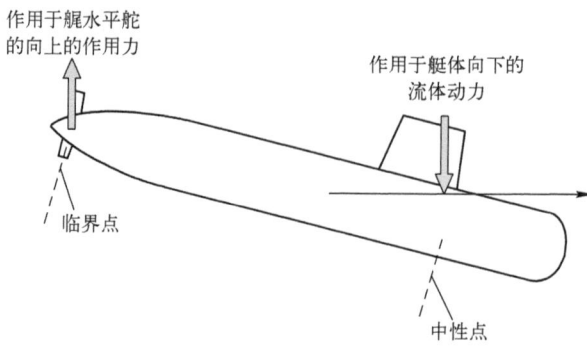

图 3.34 当临界点恰好在艉水平舵且受到向上的作用力时，潜艇尝试只依靠艉水平舵进行下潜，潜艇深度不会改变

因此，如果需要潜艇在低速前进时改变深度，需要有艏水平舵的配合。注意，如果艏水平舵处在中性点，那么纵倾角度也不会发生变化。这时只有施加垂直向下的力才能让潜艇下潜。另外，如果艏水平舵处在中性点之前，就可以利用其来增加纵倾角度，从而增加作用于艇体的垂直向下的流体动力，加速下潜。更多关于艏水平舵的内容将在第 6 章进行讨论。

3) 潜艇以极低速度前进

当潜艇以极低速度前进时，临界点的位置可能会处于艉水平舵的后方（图 3.35）。在这种情况下，如果在艉水平舵施加向上的作用力，其将作用于临界点之前。因而作用于艇体的向下的流体动力将小于施加于艉水平舵的向上的力，所以潜艇会上浮（图 3.36）。

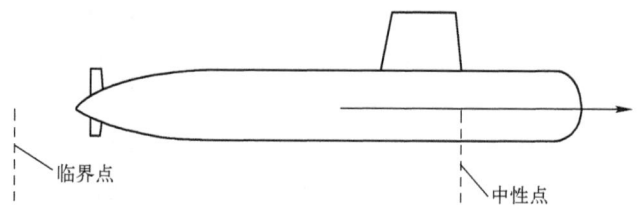

图 3.35 极低速前进时潜艇中性点和临界点的位置

为了让处于极低前进速度的潜艇下潜，需要分别在艏艉水平舵施加向下的力。这种违反直觉的操作可能会引起操纵人员的困惑。此外，就像在 3.7.3 小节中讨论的那样，当潜艇前进速度极低时，中性点的位置可能会后移（取决于升沉速度与前进速度的差异）。这将增加艏水平舵和中性点之间的力臂长度，提升艏水平舵调整纵倾角度的能力。因此，在潜艇前进速度极低时，艏水平舵的作用十分重要。

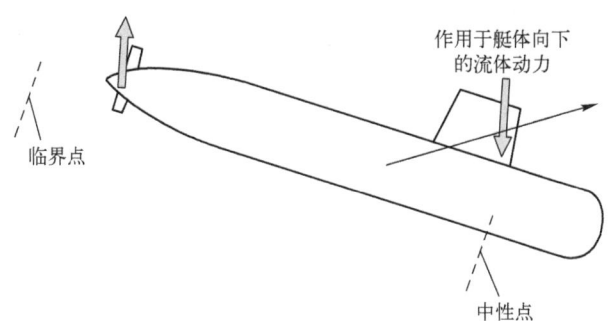

图 3.36　当临界点处于艉水平舵之后且受到向上的力时，
潜艇尝试只依靠艉水平舵进行下潜，潜艇上浮

3.8　近水面潜艇操纵

3.8.1　表面吸力

当潜艇靠近水面航行时，会受到一股向上的力，即表面吸力。当潜艇以潜望深度作业时，表面吸力会对潜艇运动产生极大影响，因此在模拟潜艇运动时需要将表面吸力考虑其中。操作人员也需要了解表面吸力对潜艇安全的影响。即使潜艇在平静的水面下航行也会受到表面吸力的影响，而当水面存在风浪时，表面吸力会更加明显。当潜艇受到表面吸力影响时，可能需要借助压载水舱以避免潜艇的出水风险。在操纵过程中一定要非常小心，因为在潜艇浮出水面时，表面吸力会瞬间剧减，此时压载水舱可能会导致潜艇"过重"，加上压缩性（详见2.2.1 小节）的影响，潜艇可能会不受控制地下沉，当潜艇低速前进且水平舵不起作用时尤其如此。因此，在有风浪时，处于潜望深度的潜艇的操纵面大小由深度控制的需求来决定。

1）潜艇在静水中的表面吸力

在静水中，由于潜艇上方的流体体积比下方要少，导致潜艇上方流速更快、压力更小（图 3.37，水流线条更密），因而产生了表面吸力。靠近岸边或贴近海底时，水面船舶在水平平面也会出现类似情况，这种现象称为船体下沉。

表面吸力可通过作用于潜艇的力和力矩方程来表示，如式（3.9）~式（3.12）。其中，Z'_* 用 H^* 的函数表示，H^* 为潜艇（中线）到水面的无量纲距离，计算方法由式（3.136）给出，即

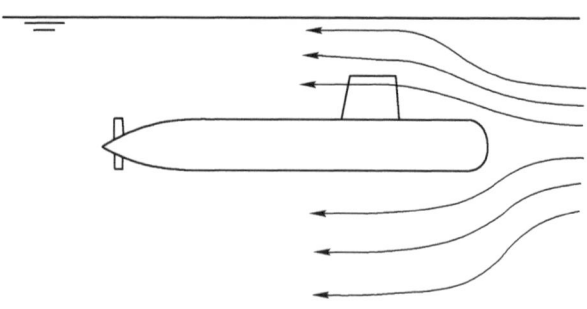

图 3.37　近水面航行的潜艇周围流线示意图

$$H^* = \frac{H}{D} \tag{3.136}$$

式中:H 为水面到艇体中线之间的距离;D 为艇体直径(图 3.38)。

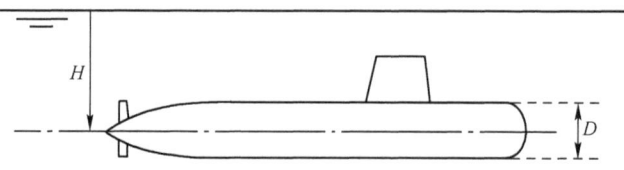

图 3.38　H 和 D 的定义

与靠近岸边的水面船舶相比,潜艇靠近的自由面边界是不平整的,这会让问题更复杂。当潜艇靠近水面时会产生表面波(图 3.39)。第 4 章会深入探讨当靠近水面时附加阻力对潜艇产生的影响。

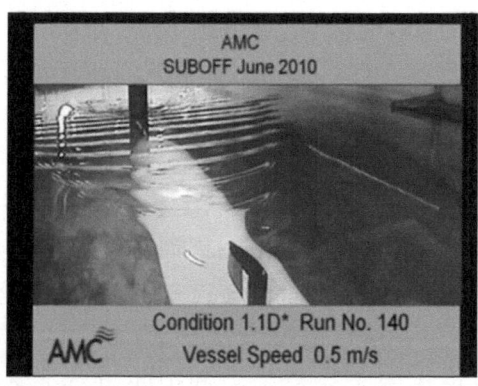

图 3.39　靠近水面时潜艇模型导致表面波的产生(使用尾撑拖曳模型(图 3.4),$H^* = 1.1$、$Fr = 0.133$(图片由澳大利亚海事学院提供))

潜艇所产生的表面波会使表面吸力效应更加复杂。因为表面波是弗劳德数 Fr 的函数,因此表面吸力可通过下式计算,即

$$\text{表面吸力} = Z'_*(H^*, Fr) \tag{3.137}$$

潜艇靠近水面时还会产生纵摇力矩,计算方法如下:

$$\text{纵摇力矩} = M'_*(H^*, Fr) \tag{3.138}$$

图 3.40 给出了当 $H^* = 1.5$ 时表面吸力与 Fr 之间的函数关系(摘自 Griffin(2002)对有围壳但无其他附体的 Suboff 几何体(Roddy(1990))的计算)。

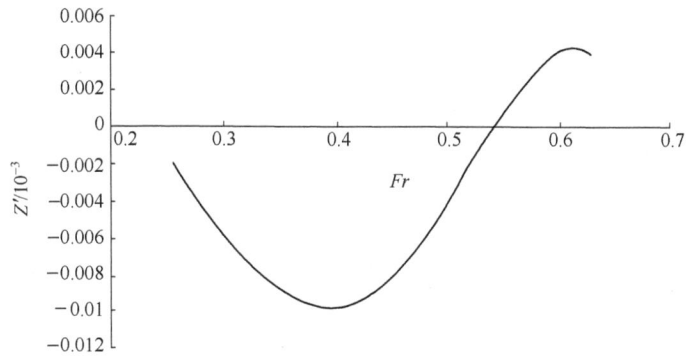

图 3.40 只有围壳的 Suboff 几何体的表面吸力与 Fr 的函数关系
($H^* = 1.5$,计算结果摘自 Griffin(2002))

注意,当 Fr 较小时,表面吸力是向上的力(Z' 为负值),但当 Fr 较大时表面吸力变成向下的力,这与潜艇上方水面上复杂的兴波有关。

图 3.41 给出了没有围壳的 Suboff 模型升沉力系数和纵摇力矩系数与 Fr 的函数关系(计算结果摘自 Renilson 等(2014))。

图 3.42 给出了这种情况下压力中心的纵向位置。由图可知,压力中心始终在艇体中部之后(负值)。在特殊情况下,压力中心可能还会移动到艇尾之后(艇尾无量纲位置为 -0.5)。此时需要借助水平舵平衡艇体(图 3.43),因为仅依靠压载水舱无法平衡艇体。

当向上的力作用于艉水平舵后方时,需要借助艏水平舵来产生向上的力以提供需要的纵摇力矩。图 3.44 给出了为了实现这一目的所需的水平舵角度示例(计算结果摘自 Renilson 等(2014))。

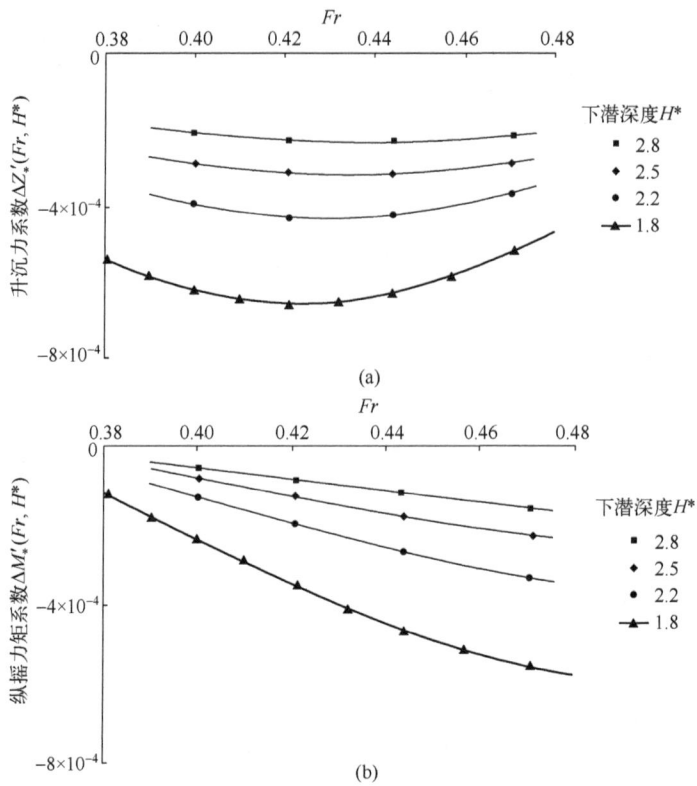

图 3.41 没有围壳的 Suboff 几何体的升沉力系数和纵摇力矩系数与 Fr 的函数关系(计算结果摘自 Renilson 等(2014))

(a) 升沉力系数;(b) 纵摇力矩系数。

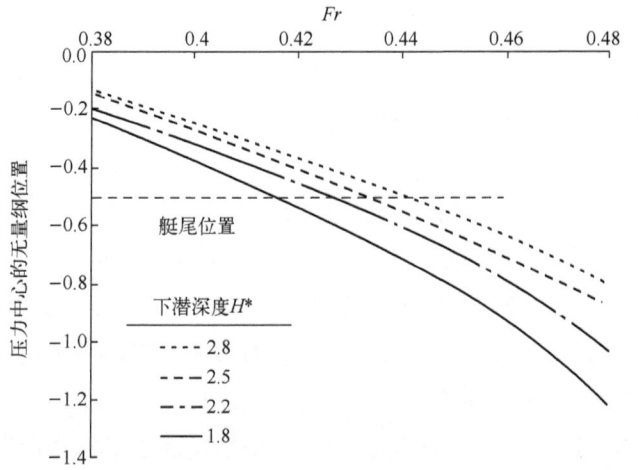

图 3.42 没有围壳的 Suboff 几何体的压力中心纵向位置与 Fr 的函数关系（计算结果摘自 Renilson 等(2014)）

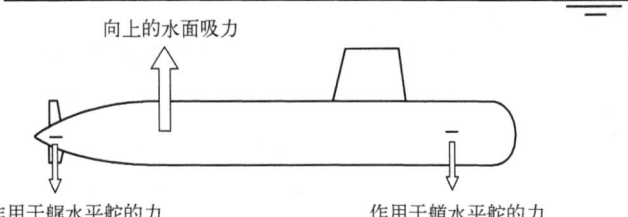

图 3.43 靠近水面时作用于潜艇的附加作用力示意图

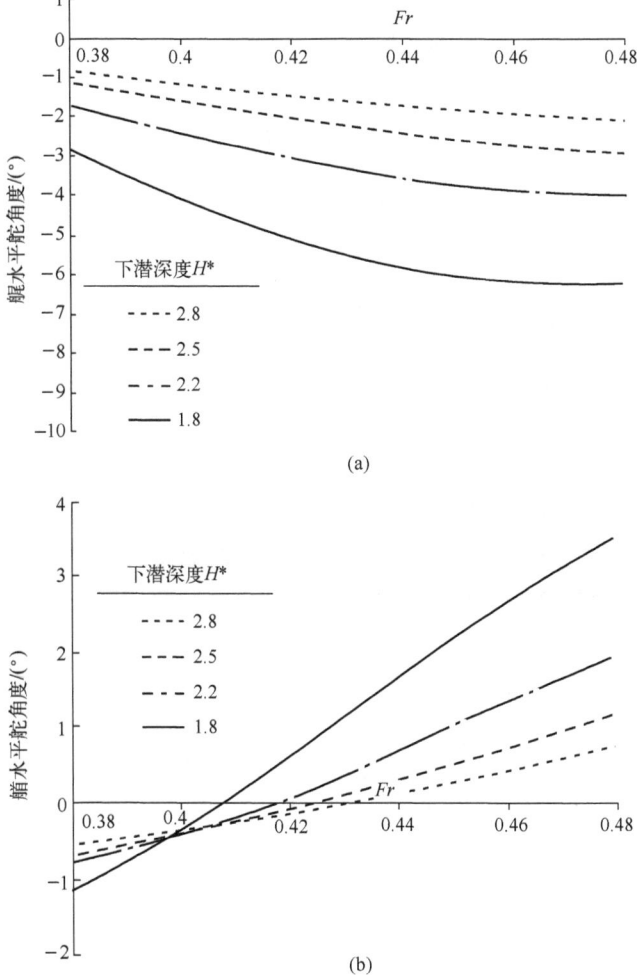

图 3.44 没有围壳的 Suboff 几何体的水平舵角度变化与 Fr 的函数关系(计算结果摘自 Renilson 等(2014))
(a) 艉水平舵;(b) 艏水平舵。

2) 风生浪中的表面吸力

当水面有风生浪时,靠近水面的潜艇会受到波频激振力和力矩的影响,这一点与水面船舶相同。此外,潜艇还会受到一个由波浪引起的低频(二阶)表面吸力,其大小取决于航行速度、深度、海况及浪向。根据 Veillon 等(1996)的描述,万吨级潜艇在 50m 深度时具备的表面吸力需要 20~30t 的补偿力才能避免潜艇浮出水面。

正如 Musker(1984)所讨论的那样,可以利用势流来计算一阶和二阶波浪力和力矩。与波浪同频时,一阶力和力矩都是波高的函数,而二阶力和力矩是波高平方的函数。因此,它们的无量纲化如式(3.139)~式(3.142)所示(Crossland(2013)),即

$$Z'_{\text{RAO}} = \frac{Z_{\text{RAO}}}{\rho g L^2 \zeta_w} \quad (3.139)$$

$$M'_{\text{RAO}} = \frac{M_{\text{RAO}}}{\rho g L^2 D \zeta_w} \quad (3.140)$$

$$Z'_{\text{MEAN}} = \frac{Z_{\text{MEAN}}}{\rho g L \zeta_w^2} \quad (3.141)$$

$$M'_{\text{MEAN}} = \frac{M_{\text{MEAN}}}{\rho g L D \zeta_w^2} \quad (3.142)$$

式中:Z_{RAO} 为一阶升沉力幅值响应算子;M_{RAO} 为一阶纵摇力矩幅值响应算子;Z_{MEAN} 为波浪的平均升沉力;M_{MEAN} 为波浪的平均纵摇力矩;ρ 为水的密度;L 为艇体长度;D 为艇体的代表直径;ζ_w 为浪高。

注意,由于非线性的缘故,在完全拘束模型上测量到的二阶力和力矩与自由升沉和纵摇的模型上测得的结果是不同的(Crossland(2013))。图 3.45 给出了根据 Crossland(2013)著作所绘制的二阶升沉力与水面到龙骨的距离/直径之间的函数关系。此时顶浪的 Fr 为 0.08。在 Fr 较高的情况下,静水分量会对潜艇产生额外影响。但是当 Fr 为 0.08 时,静水分量对潜艇的影响很小。这是因为当 Fr 较小时,静水分量大致是速度平方的函数。二阶升沉力只是浪高平方的函数(Crossland(2013))。

二阶升沉力与浪向紧密相关,顶浪和随浪航行的作用力较大,而横浪航行的作用力显著减小,甚至还可能是正值,这意味着会产生一个向下的作用力(Crossland(2013))。

在垂直平面上运动的潜艇很容易受到波群的影响。例如,在一段时间内,潜艇会接连受到多个大波群的影响,导致表面吸力增加。这时就需要借助操纵面

和压载系统共同调节,避免潜艇露背。这意味着在潜艇设计阶段就需要综合考虑操纵面的尺寸和压载系统的配置,且后者的设计可能取决于在有浪的情况下,潜艇处于潜望深度时的深度控制需求。

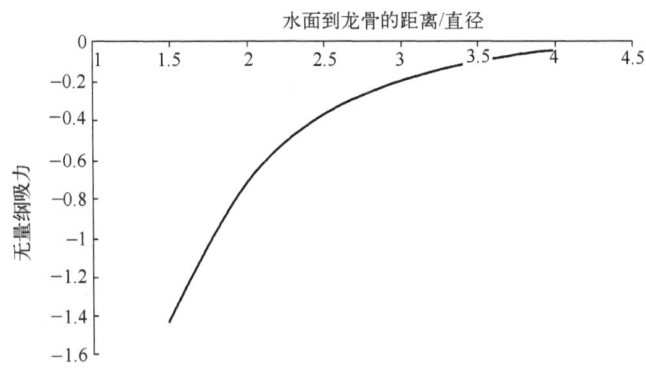

图 3.45 当 Fr 为 0.08、海面状况为 5 时,顶浪处的二阶升沉力对吸力的影响。$H_{1/3} = 3.87\text{m}, T_0 = 9.7\text{s}$(根据 Crossland(2013)的著作绘制)

3.8.2 垂直平面上的操纵

如 3.3 节所述,当潜艇深潜入水时,作用于潜艇的作用力和力矩只与其自身运动(速度或加速度)、推进器转速和附体角度有关,式(3.7)~式(3.13)就是根据这一点推导而出的。因此,水动力和力矩与潜艇的深度及纵倾角无关。但是,当潜艇靠近水面作业时,水动力和力矩则与水面到潜艇中线之间的距离(即潜艇深度)H 和纵倾角 τ 相关(图 3.46)。

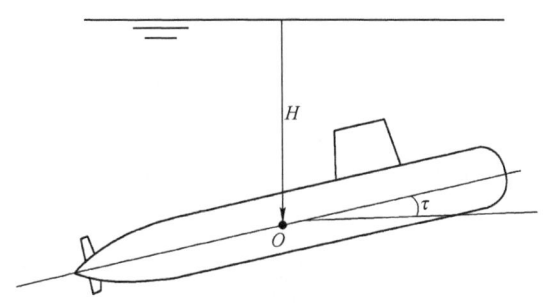

图 3.46 纵倾角 τ 的定义

注意,此处的纵倾角与纵摇角 θ 不同,因为此处的纵倾角以水面为基准测量,并非以潜艇的前进方向为基准。但是,在特殊情况下,当潜艇与水面平行运动时,这两个角度大小一致。因此,式(3.9)和式(3.11)中需要额外的系数项来表示水面对流体动力和力矩的影响,如表 3.8 所列。

表 3.8 表示水面对潜艇流体动力升沉力和纵摇力矩的影响所需要的额外系数

影响	系数	公式	备注
升沉力是潜艇与水面距离的函数	$Z'_*(H^*,\tau,Fr)$	式(3.9)	由于不对称性,该系数已经在式(3.9)中出现。但是当潜艇靠近水面作业时,该系数是 H^*、τ、Fr 的函数,如 3.8.1 小节所述
纵摇力矩是潜艇与水面距离的函数	$M'_*(H^*,\tau,Fr)$	式(3.11)	由于不对称性,该系数已经在式(3.11)中出现,但是当潜艇靠近水面作业时,该系数是 H^*、τ、Fr 的函数,如 3.8.1 小节所述
升沉力是纵倾角的函数	$Z'_\tau(H^*,\tau,Fr)$	式(3.9)	这是一个新系数。当潜艇深潜作业时,纵倾角不会影响潜艇升沉力,但是当潜艇靠近水面时,需要将其影响考虑入内
纵摇力矩是纵倾角的函数	$M'_\tau(H^*,\tau,Fr)$	式(3.11)	这是一个新系数。当潜艇深潜作业时,纵倾角不会影响潜艇纵摇力矩,但是当潜艇靠近水面时,需要将其影响考虑入内

此外,理论上当潜艇靠近水面时,式(3.9)和式(3.11)(分别为计算垂直作用力 Z 以及纵摇力矩 M 的方程)中的所有流体动力系数都应是 H^*、τ、Fr 的函数。但实际上,当潜艇靠近水面时,有些系数变化微小,其影响可以忽略,因此并不需要这样做(Broglia 等(2007),Polis 等(2013))。

在进行潜艇近水面拘束模型试验以探究潜艇垂直平面操纵的水动力和力矩时,需要格外谨慎。与深潜试验不同,近水面试验时不能将模型倒置,而必须使模型保持正浮状态,因此无法避免支架和围壳之间相互作用产生的干扰(图 3.47)。这种情况下,可以通过 CFD 来研究干扰对潜艇流体动力和力矩的影响,并对模型试验结果进行修正。或者,可采用尾撑式支架进行试验(图 3.4),但是此种情况下不能使用推进器。另一种办法是使用连接在围壳上的单一支架(图 3.48)。

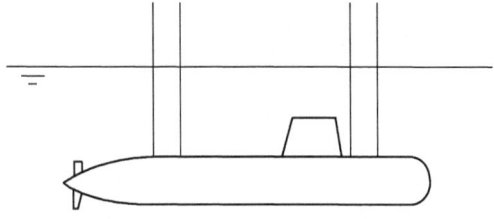

图 3.47　利用传统双支架系统在靠近水面区域进行潜艇试验示意图

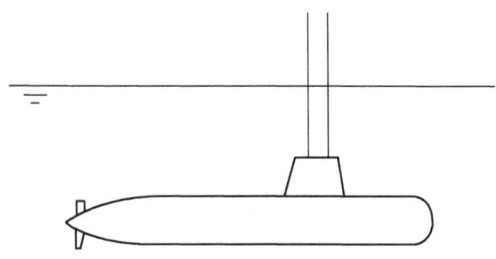

图 3.48　利用单一支架系统在靠近水面区域测试潜艇示意图

3.8.3　水平平面上的操纵

如 3.8.2 小节所述，与垂直平面的操纵相同，现有的用于计算流体动力横荡力（式(3.8)）、横摇力矩（式(3.10)）、艏摇力矩（式(3.12)）的系数理论上都应是 H^*、τ、Fr 的函数。但是，与垂直平面操纵的情况一样，这些系数虽是潜艇与水面距离的函数，但是其所带来的相对微小改变的影响可以忽略不计，在典型水平平面操纵中也可以不予考虑。

在潜艇水平平面操纵的运动方程中，除了潜艇近水面光波阻力系数外，并不需要引入其他垂直平面运动方程所需引入的额外项，这一内容将在第 4 章进行讨论。

在靠近水面区域开展拘束模型试验以研究潜艇在水平平面操纵的水动力和力矩是非常困难的。因为与深水试验不同，近水面试验无法将潜艇侧立。由于进行近水测试时拖曳试验池中的模型需要有不同的漂角，因此若使用传统的双支架系统进行试验，支架需要与每个漂角的水流平齐。同样，使用旋臂进行试验时也要注意避免潜艇与支架的互相作用。

一个替代的办法是当模型与尾撑式支架相连时使用水平平面运动机构（HPMM）（图 3.49）。此种情况下模型的运动坐标系原点位于 PMM 支架的正下方，弯曲的尾撑与模型潜艇的艇尾相连。这种试验机制虽无法使用螺旋推进器，但是却足以研究在水平平面内水面对潜艇水动力和力矩系数的影响。

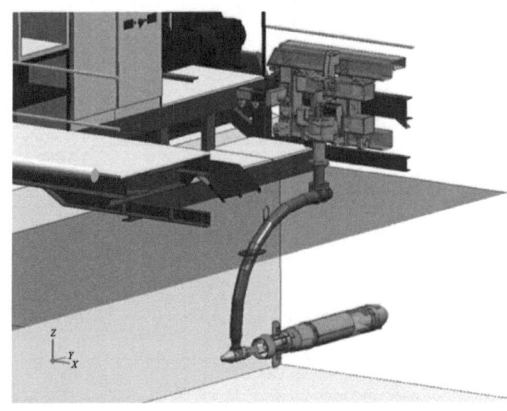

图 3.49 使用尾撑式支架的拘束模型试验搭建的水平平面运动机构
（图片由澳大利亚海事学院提供）

3.9 操纵标准

表 3.9 列出各种操纵标准推荐的范围（Ray 等（2008））。在设计初期，可利用这些数据来确定固定附体和操纵面的尺寸大小。

表 3.9 稳定性和控制指标推荐（Ray 等（2008））

参数描述	符号与表达式	可接受范围
垂直稳定性指数	G_V	0.5~0.8
水平稳定性指数	G_H	0.2~0.4
艉水平舵升沉有效性	$Z'_{\delta_S}/[(0.001L)(Z'_{\dot{w}}-m')]$	2.5~4.5
艉水平舵纵摇有效性	$M'_{\delta_S}/[(0.001L^2)(M'_{\dot{q}}-I'_{yy})]$	0.2~0.4
艏水平舵升沉有效性	$Z'_{\delta_B}/[(0.001L)(Z'_{\dot{w}}-m')]$	0.7~1.7
艏水平舵纵摇有效性	$M'_{\delta_B}/[(0.001L^2)(M'_{\dot{q}}-I'_{yy})]$	-0.8~-0.2
方向舵横荡有效性	$Y'_{\delta_R}/[(0.001L)(m'-Y'_{\dot{v}})]$	3.0~5.0
方向舵艏摇有效性	$N'_{\delta_R}/[(0.001L^2)(N'_{\dot{r}}-I'_{zz})]$	0.2~0.6

3.10 操纵限制

3.10.1 基本介绍

想要安全操纵潜艇,就需要对潜艇动力学有全面的了解,尤其是与紧急操纵和极端操纵有关的内容。为潜艇设置操纵限制,可以确保在可预见的故障发生后,潜艇幸免于难。因而产生了由艇员使用的安全操作范围(SOE)。

典型的可预见故障包括以下 5 类:
(1) 水平舵永久性卡舵,通常卡在最后一个操作角度;
(2) 水平舵暂时性卡舵,通常卡在最大角度;
(3) 水平舵失控,由于控制系统故障,水平舵移到满舵位置;
(4) 安全和非安全艇身进水;
(5) 动力系统故障。

作为潜艇安全评估的一环,必须判断包括以上故障在内的所有可预见故障发生的可能性。此外,还需要研究潜艇的关键作业情境(如近水面低速作业),并酌情对潜艇操纵施加限制。

在确定潜艇安全操作范围时,必须要有潜艇操纵的精准数值模型。此模型要能够在极短时间内进行大量操纵模拟。由于该数值模型对潜艇安全至关重要,因此必须确保模拟软件经过验证、确认与认证。这一点对于精确模拟安全操作范围的临界极端操纵来说尤为重要。

3.10.2 安全操作范围

设置潜艇安全操作范围,可以确保当可预见的故障发生后,潜艇不会陷入无法恢复的状况。可以通过操纵限制图(MLD)或安全操纵范围(SME)来限制潜艇的机动,这一点 Marchant 和 Kimber(2014)已进行过讨论。

MLD 包含水平舵操纵限制,图 3.50 中展示了当给定初始纵摇角时,一系列水平舵的角度限制。还可以使用其他图来展示不同初始纵摇角和/或初始纵倾条件下的操纵限制。SME 包含纵摇限制,图 3.51 中展示了当给定卡舵角时,一系列纵摇角的限制。还可以使用其他图来展示不同卡舵角情况和/或不同纵倾条件下的操纵限制。

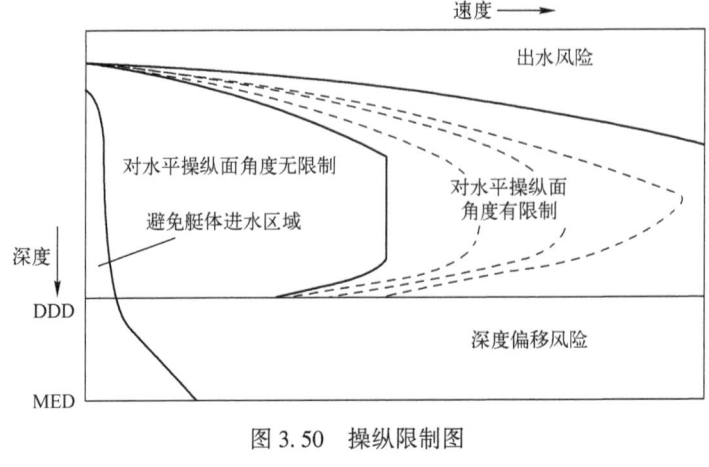

图 3.50 操纵限制图

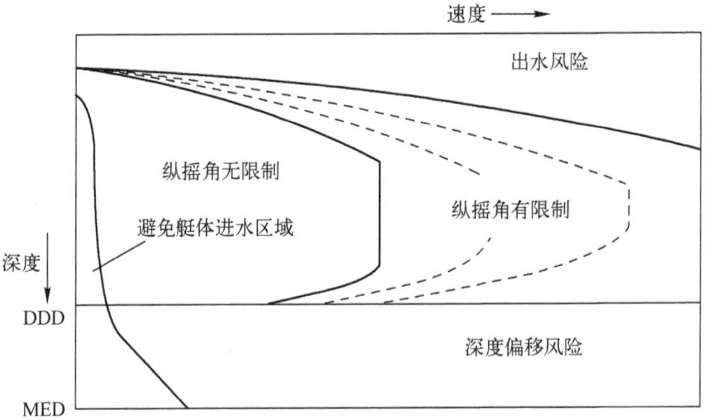

图 3.51 安全操纵范围

3.10.3 安全操作范围的确定

为了确定安全操作范围,需要建立潜艇操纵模拟模型。同时也需要了解故障发生时艇员要执行的标准操作规程(SOP),其中包括艇员反应时间估计。还可以与操作人员合作,基于实际标准操作规程,对特定故障的相应标准操作给出建议。随后,通过各种条件下的模拟试验对潜艇的运动轨迹进行评估,确定潜艇在事故中的幸存概率,进而生成 SOE。只有通过大量重复试验,才能生成图 3.50 和图 3.51 中的边界。

鉴于有海量的待评估条件,因此建立一个快速且真实可靠的操纵模拟模型十分必要。此外,还应向模拟结果引入一个安全因子,以考虑未知变数的影响,如操纵模拟模型的准确性、艇员的反应时间、潜艇的配平压载水舱状况以及初始条件等。

3.10.4 艉水平舵卡舵

处理潜艇十字形艉卡舵的典型标准操作规程如下：
(1) 开启全速倒车转速；
(2) 如果有艏水平舵，则操纵艏水平舵；
(3) 方向舵回正。

要模拟潜艇艉水平舵卡舵之后的运动，就需要了解原动机的操纵行为特性(如产生向后动力所需的时长、动力与转速之间的关系等)，以及当潜艇倒车时作用于推进器的水动力。

当潜艇出现以下情况时会造成艉水平舵卡舵故障如下：
(1) 下潜深度超过最大巡航深度(MED)；
(2) 触及海底；
(3) 达到水面接近限值；
(4) 纵倾角过大。

成功修复卡舵可由以下几点确定。
(1) 潜艇没有超过最大巡航深度/没有触及海底/没有达到水面接近限值；
(2) 潜艇没有超过最大纵倾角；
(3) 潜艇出现与卡舵后运动方向相反的轨迹；
(4) 潜艇恢复后保持常速航行。

3.10.5 艇身进水

当海水通过潜艇与外界连接的系统进入本该密闭的艇身内部时，就出现了艇身进水。处理艇身进水的典型标准操作规程如下：
(1) 尽可能保证潜艇安全；
(2) 如果可以，将前进转速开至最大；
(3) 排空所有主压载水舱，并让潜艇上浮至水面。

对于柴电潜艇而言，如果艇身进水发生在装有包括电池在内的推进设备的舱室，潜艇将会失去动力。因此，在进行模拟试验中就需要考虑到这一点。

成功处理艇身进水可由以下现象确定：
(1) 潜艇没有超过最大巡航深度/没有触及海底；
(2) 潜艇没有超过最大允许纵倾角；
(3) 潜艇的储备浮力可供潜艇上浮至水面。

潜艇无动力快速上升时艇尾可能会先上浮，这一点很难模拟。因此，当模拟试验表明可能会发生此种问题时需要额外小心。根据 Watt 和

Bohlmann(2004)的研究,依靠浮力上升的过程中,潜艇在水平平面的稳定性会受以下因素制约:

(1) 高入射角,尤其是在高速运动时;
(2) q 和 $\dot{q}$ 值同时为正或负;
(3) 仅前压载水舱被排空。

这意味着潜艇在应急上浮时最好利用高纵摇角来提高速度,同时减小入射角。这样做能够推迟不稳定情况出现的时间,并缩短不稳定状态的时长。高速运行与纵摇变化会增加不稳定性状态出现的可能,因此一旦潜艇达到合适的纵摇角,最好保持此角度直至潜艇浮出水面。如果需要先排空前压载水舱,那么潜艇出水后其他压载水舱也应尽可能快速排空(Watt 和 Bohlmann(2004))。

3.10.6 操作限制

安全操作范围限制了潜艇操纵,所以必须精确计算。因为缺乏对潜艇极端情况下操纵特性的了解,需要将其所带来的影响降至最低。为此,研究人员投入了大量精力去了解和预测潜艇在突发情况下的运动。为了正确评估潜艇操作的有效性,在设计阶段就需要对潜艇操作的限制程度进行明确。

3.11 自航模型试验

自航模型试验可以用较低的成本在可控的环境中研究潜艇的操纵特性。这类试验的目的如下。

(1) 评估现有设计或拟设计的操纵特性,包括设计改变所带来的影响或者是潜艇在服役过程中出现的损坏所带来的影响(包括操纵面全部或部分失灵)。
(2) 研究不同的控制策略。
(3) 研究在极端情况(包括紧急情况)下潜艇的操纵,验证紧急操作规程和安全操作范围。
(4) 为数据模型提供验证数据。
(5) 为系统辨识技术的应用提供数据。

开展大型自航模型试验对保证潜艇操作安全而言至关重要。目前可以进行这一试验的国家包括英国(Crossland 等(2014))、荷兰(Overpelt(2014))、法国(Itard(1999))和美国(Fox(2001))。自航试验的潜艇模型长度一般为 5m 左右。太小的模型会因操纵面尺寸过小而受到较大尺度效应的影响。即便是 5m

长的模型,也必须仔细考虑尺度效应的影响。因为这些模型操纵面的雷诺数较低,且在更大的边界层中操作。

通常情况下,进行自航试验的潜艇模型至少为半自动模型,因为一般情况下无法向模型发送控制命令。所以,可以将潜艇模型设计为内部放置所有仪表,外部为玻璃钢艇壳的单铝制耐压艇体,且外艇壳可进行调整以获得试验所需的艇体形状和操纵面布局(Haynes 等(2002),Crossland 等(2011))。为了降低小面积漏水对试验的影响,可以让耐压艇体内部保持一个较低的正压。图 3.52 所示为此类自航潜艇模型的示意图。

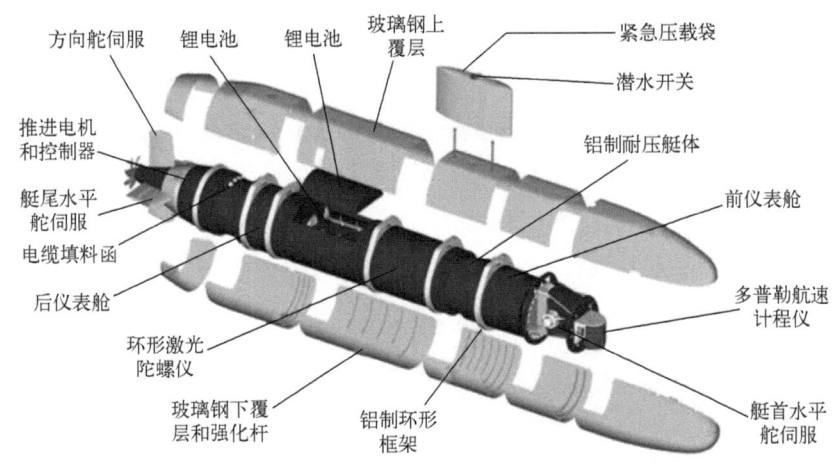

图 3.52　典型自航潜艇模型分解图(仅有一个耐压舱,图片由 QinetiQ 有限公司提供,2017 版权所有)

除了单铝制耐压艇体外,还可以将潜艇模型设计为分舱式耐压艇体,即利用空间框架结构将各个设备安置在相应的耐压舱中。近年来,英国 QinetiQ 有限公司开发出了这种新型设计,使我们能够更方便地模拟 L/D 较大的潜艇,如弹道导弹核潜艇(SSBN)(Crossland 等(2014))。图 3.53 所示为此类自航潜艇模型的示意图。

自航潜艇模型通常配有以下设备:
(1)配有控制器和转速表的推进电机;
(2)配有伺服、控制器和偏转角测量仪器的艉艇水平舵和方向舵;
(3)配平与压载系统(移动质量和压载系统);
(4)惯性位置测量系统;

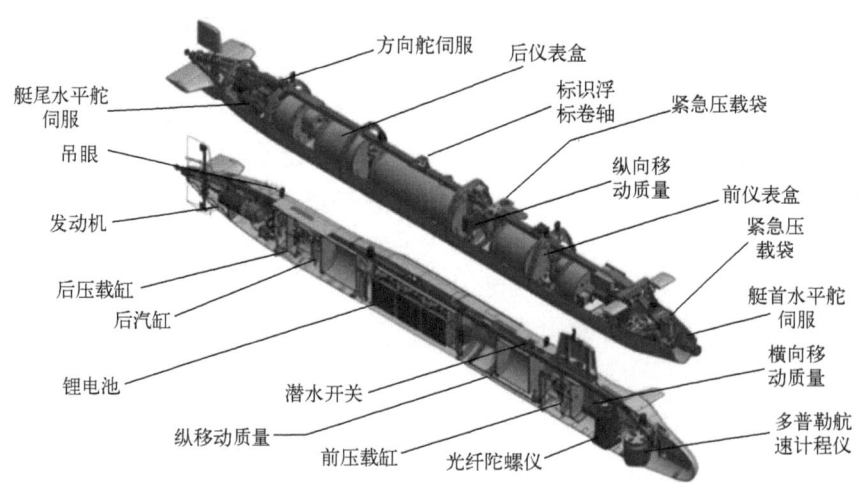

图 3.53 典型自航潜艇模型分解图(有多个耐压舱,图片由 QinetiQ 有限公司提供,2017 版权所有)

(5) 多普勒航速计程仪;
(6) 深度/压力测量仪;
(7) 自动舵;
(8) 数据录入和记录设备;
(9) 电池组;
(10) 模型/岸上连接设备,可实现数据下载、模拟加载和电池充电;
(11) 紧急回收压载系统;
(12) 紧急定位器系统。

因为模拟的纵倾平衡能力至关重要,因此必须有一个机制,使模型能够在垂直平面和水平平面精调质量/浮力平衡。此外,模型还必须能够调节垂直重心,以便模拟真实的浮心与重心之间的距离 BG。此外,了解模型惯性特征也很重要。图 3.54 展示了利用复摆测量模型惯性的场景。

如果试验需要研究压缩性因素,则需要模拟全尺寸艇体的压缩特性,这一点可以通过使用配平和压载控制系统实现。

试验时需要为潜艇模型配备紧急开关,以便让潜水员或其他人员在必要时关闭发动机。如果潜艇模型在湖泊试验,则需要配备紧急回收压载系统和紧急定位系统,方便模型潜艇发生故障后的回收工作。

最后,潜艇模型还需要装配方便其入水和出水的机构,包括方便其在水面时上下辅助船的装置(图 3.55)以及合适的托架(图 3.56)。

图 3.54　利用复摆测量模型惯性（图片由 QinetiQ 有限公司提供,2017 版权所有）

图 3.55　在湖泊试验场中辅助船回收自航模型（图片由 QinetiQ 有限公司提供,2017 版权所有）

图 3.56　自航模型安放在特制的托架上

　　试验时应尽可能地使用商用现成品或技术（COTS），并预备充足配件。这样可以保证在试验期间故障模型能够得到及时维护和修理。最近几年该领域的技术进步让这一工作相较于几年前容易许多，而之后的设计也应该将未来可能出现的技术进步考虑进去。理想的耐压艇体设计应可以方便开启，便于内部设备的维修和更换。

　　自航潜艇模型试验既可以在已有的流体动力试验池中进行（图 3.57），也可以在合适的湖泊试验场所中进行（图 3.58）。利用水动力学试验水池进行试验的优势在于环境可控（尤其是在研究波浪对潜艇运动的影响时，可以控制波浪的产生），所有相关的支持人员和设备近在咫尺，工作人员也不必离开他们的大本营。此外,还可以建立与潜艇模型的通信,而且在试验期间通常可以直接看到潜艇模型。

图 3.57　水动力学试验水池中带托架的自航潜艇模型

图 3.58　湖泊试验场中的自航潜艇模型

但是,大多数水动力学试验水池的深度不足以支持研究潜艇的深度操纵。因此,所有严谨的自航模型试验必须在合适的湖泊试验场所进行。

合适的湖泊试验场所应满足以下要求。

(1) 有足够的空间可以让模型进行一系列操纵而不触及浅水区域边缘:5m 长的模型至少需要 200m×200m 的深水区域,当然面积更大最好,这样每次试验都可以进行多种操纵(图 3.58)。

(2) 有合适的深度来进行深度操纵。但湖泊深度也不宜过深,防止出现故障时模型无法回收:5m 长的模型在 20~30m 深的水域试验比较理想。

(3) 能够轻松投放和回收潜艇模型及辅助船。

(4) 为试验人员提供合适的办公场地和车间设备,并提供电源。能够安全存储模型和设备。

(5) 必要时校准测量设备的仪器。

(6) 必要时配备潜水设施。

(7) 具备充分的防护条件,尤其是对风和风浪的防护。

(8) 无水流。

(9) 水域温度和密度的一致性。

(10) 足够的隐私,在进行自航试验时最好没有其他人员干扰。

此外,湖泊还需要足够靠近"驻地",以便让工作人员能够每晚回家,或是靠近住宿酒店、餐厅和五金店等。同时,试验场地所在位置还必须保证客户和其他人员在试验期间到访的便利性。

3.12 潜艇操纵实艇试验

3.12.1 基本介绍

全尺寸潜艇的操纵试验通常出于以下两个目的：
(1) 确定潜艇设计是否符合规范（无论是初始设计还是修改后的设计）；
(2) 为改善未来潜艇操纵预测效果生成数据。

其中，数据生成尤为重要，因为这可以帮助人们理解模型潜艇与全尺寸潜艇操纵之间的关联。

3.12.2 指定操纵

表 3.10 给出了潜艇实艇试验中典型的指定操纵。需要注意，在每次试验前，潜艇必须要处于平衡状态，并以稳定的速度在固定的方向/深度行驶足够长的时间，以确保初始试验条件的稳定。

表 3.10 潜艇试验中的典型指定操纵

操纵试验	描述	测量指标	目的	备注
回转试验	潜艇以恒定方向舵角度进行 360° 的转向	回转初径；纵距；横距；漂角；横倾角；失速（图 3.59）	评估潜艇稳定回转的能力	初始速度对初始效果影响不大
水平平面回舵试验	当艇体进入定常回转阶段时（如处在回转圈末端时），方向舵回正，记录剩余艏摇角速度	艏摇角速度与时间的函数关系（图 3.60）	评估潜艇的直线稳定性	可以在回转完成时进行
Z 形/超越试验	进行水平平面上的 Z 形操纵时，方向舵应尽可能快速平稳地偏转至定角 δ_0 并保持不变，直到潜艇艏向角变为 ψ_0。之后将方向舵反操至 $-\delta_0$ 角度，并在潜艇艏向角变为 $-\psi_0$ 前保持不变。 一般将 δ_0 和 ψ_0 的值设置为 20°，也就是 20-20Z 形操纵。但也可以调整为其他角度。垂直平面的 Z 形操纵会借助艉水平角偏转以及指定纵摇的改变进行，这与水平平面操纵时借助方向舵角偏转和艏向角改变不同。这种操纵通常也被称为超越操纵	操纵面角度发生改变的时间；艏摇/纵摇超越；航迹宽度/深度超越；至最大宽度/深度偏移的时间（图 3.61）	评估潜艇航向改变（水平平面）或深度改变（垂直平面）的能力	由于方向舵/水平舵的角度一定，因而试验效果与速度有关

续表

操纵试验	描述	测量指标	目的	备注
垂直平面回舵试验	与垂直平面Z形操纵类似,不同点在于此机动中一旦达到执行纵摇角,操纵面角将归0(Z形/超越试验中操纵面角度会反向偏转)	潜艇航迹	评估潜艇运动稳定性和深度保持能力	
螺旋试验	方向舵角度偏转至给定最大角度(如25°)并保持不变,直至潜艇获得稳定艏摇角速度(图3.62中的A)。随后舵角以固定增量递减(如每次递减5°),直至获得稳定的艏摇角速度。重复此过程,直至舵角达到反向初始给定的最大角度(图3.62中的F点),记录每次舵角递减之后的稳定艏摇角速度。之后在相反方向重复此过程,直至恢复初始最大方向舵角(图3.62中的A点)	每个方向舵角度的稳定艏摇角速度(图3.62)	潜艇的控制能力和直线稳定性。图3.62(b)中的BDEH不稳定环展示的就是直线不稳定	注意确保每次应用增量递减时艏摇角速度的稳定。初始速度对结果影响不大。此试验极其耗时,且无法得到不稳定潜艇在不稳定环境中的信息
逆螺旋试验	确定方向舵角度以达到给定艏摇角速度。然后以不同艏摇角速度重复此过程	每个方向舵角的稳定艏摇角速度	潜艇的控制能力和直线稳定性	初始速度对结果影响不大。可以获得不稳定潜艇在不稳定环境中的信息

此外,进行水平平面操纵试验时,还需要调整艏艉水平舵,以保证潜艇维持恒定的纵倾和深度。因为当潜艇在转弯时,由于外艇壳和围壳产生的不对称性会引发垂向作用力以及纵摇力矩,这一点在3.6.6小节中已做过讨论。

指定操纵所产生的效果在图3.59~图3.62中给出。

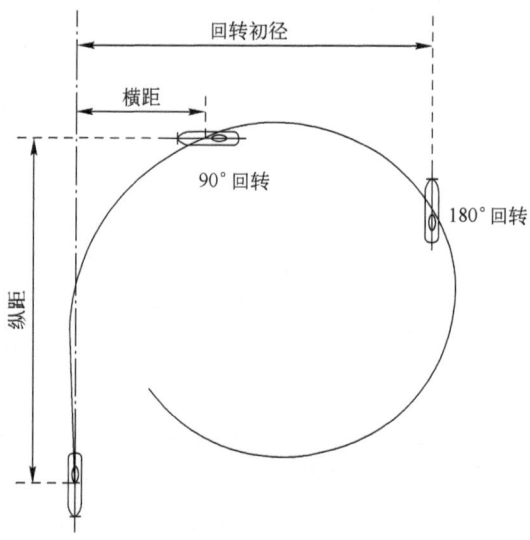

图3.59 回转试验

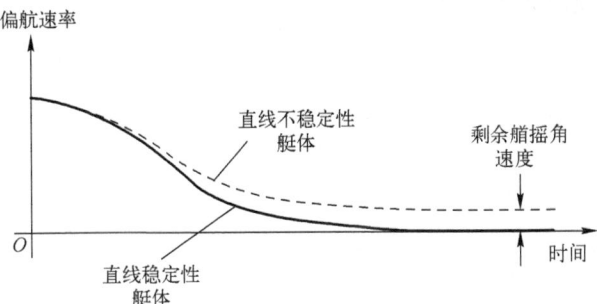

图 3.60 水平平面回舵试验

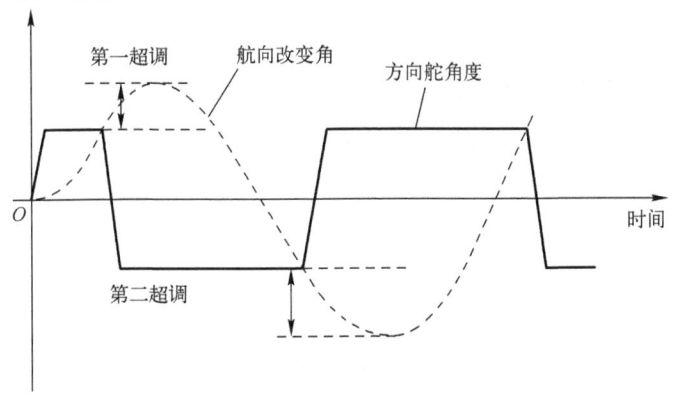

图 3.61 Z 形/超越试验

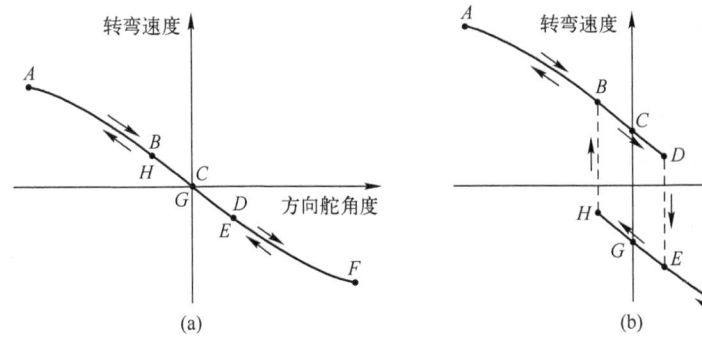

图 3.62 螺旋试验
(a) 直线稳定;(b) 直线不稳定。

第 3 章 操纵与控制

3.12.3　试验准备

在进行操纵试验前,需要确定试验目的。例如,试验是单纯为了确定新潜艇是否达到设计规格要求,还是为了生成数据以验证操纵代码。如果答案是前者,那么选择试验潜艇就很简单。如果答案是后者,那么选择哪艘潜艇就取决于综合考量,如是否可以获取此艇。

确定了试验目的后,就需要确定其他试验要素,具体如下(Bayliss等(2005)):

(1) 试验范围和高层次要求;
(2) 所需设备安装;
(3) 试验方案;
(4) 试验小组和文职人员;
(5) 详细的试验清单,包括每次试验的所有要求和风险评估/安全预测。

确定规格合适的试验设备(如符合精度要求的测量仪器)至关重要。或许可以利用现有的潜艇平台管理系统去测量和记录部分数据(Tickle等(2014)),但实际是否可行以及对潜艇作业可能产生的影响需要尽早明确。

此外,任何影响潜艇操纵面活动的设备安装和使用都需要事先与团队达成一致,并在风险评估/安全预测中加以考虑。

在试验规划阶段,甚至在选择试验潜艇时就需要在数月前考虑该潜艇的作业程序。因为试验过程可能会用到特殊设备,这就要求试航潜艇必须有足够空间容纳这些设备。试验结束后又可能需要立即将这些设备移除。因此,试航计划需要将此过程的时间和成本考虑其中。

此外,有时还需要在设备安装进潜艇前开展多次陆上"模拟运行"。潜艇上应配备充足的配件,并且应至少有一名试验小组成员能够在潜艇上进行诊断操作和设备维修;否则一个小故障就可能导致试验的失败。同时,还需特别注意试验结果的分析方式、测量设备的精度以及模拟信号到数字信号的转换频率(如果适用的话)。此外,还应制订潜艇数据初步"运行分析"方案。这种运行分析对于保证所有频道正常工作和结果的有效性至关重要。

试验前,可以先在操纵模拟器上向潜艇的高级指挥官展示试验过程,确保他们完全理解所有要求,并在规划阶段听取他们对于可行性内容的建议。此过程还能够帮助设计人员明白在有限的试验时间段中可以实现哪些操纵。

在试验设计初始阶段,应该对综合性风险评估/安全预测加以考虑,因为这事关试验的成功与否。具体而言,综合性风险评估/安全预测应涵盖以下方面:

(1) 试验设备的安装、诊断操作和拆除(如当潜艇空间有限时);
(2) 试验设备对潜艇安全的影响(如对操纵装置运动的限制影响);
(3) 每次试航的安全性,尤其是潜艇接近任何安全操纵范围边界的试航;
(4) 每次试航的预期结果,以及当潜艇操纵超出预期参数时终止运行的必要性和具体操作方法;
(5) 潜艇运行对试验小组文职成员可能造成的危险(可能需要对所有试验人员进行潜艇逃生和救援训练)。

3.12.4 试验的开展

试验小组与潜艇艇员和谐互动对试验的成功非常重要。试验小组的主要任务是观察和监督试验,艇员的任务是开展试验。这一点很关键,因为潜艇的安全掌握在艇员的手中。此外,除了规划阶段的明确分工外,试验小组还将与潜艇艇员一起住在容量有限的潜艇密闭空间内,因此建立彼此之间良好的工作关系十分重要。

一般而言,试验会在潜艇执行任务期间开展,分阶段在适当的时机进行。每次试验都不能操之过急,且每次试验都务必要提前设定(和记录)合适的初始条件。必须在试验前准确了解潜艇平衡状态,除非特殊要求;否则应让潜艇尽可能保持平衡。此外,在进行操纵之前必须要留有充足时间,以保证初始条件的稳定。如果操之过急,很可能会导致试验结果无效。同时,还应该将试验之前的相关参数记录在案,以便在之后进行完整分析时确保初始条件的准确性。

每次试验都应该尽可能对结果进行初步"运行分析",虽然只是初步分析,但是这能确保所有数据记录的准确性及试验结果的有效性。在前一次试验数据没有进行分析之前直接进行下一次试验是有风险的,因为如果一个或多个频道没有正常工作,那么整个试验机都会被浪费。如果时间紧迫,不得不立即进行下一次试验,那么必须快速检查数据确保每个频道都能正常工作,并且在一组试航结束后尽快进行分析。此外,在试验期间还需要适时进行数据备份。

表 3.11 给出了执行各种指定操纵试验可能需要的时长。

表 3.11 潜艇操纵试验的典型时长(改编自 Ray(2007))

操纵试验	(每个速度的)变量数量	速度数量	总 用 时
(水下)垂直平面 Z 形/超越试验	每个速度设置 1~5 组水平舵角度,上升和下潜时重复操纵艏/艉水平舵(单独或组合)	5	水下 8.5h
(水下)垂直平面回舵试验	1 个;上升和下潜时重复操纵艏/艉水平舵(单独或组合)	2	
(水下)水平平面 Z 形/超越试验	每个速度设置 4 组方向舵角;重复进行左舷和右舷偏转	5	水下 8.5h
(水下)回转试验	每个速度设置 1~2 个方向舵角;重复进行左舷和右舷偏转	4	
(水下)水平平面螺旋试验	1 个	3	
(水面)水平平面 Z 形/超越试验	每个速度设置 2~3 组舵角;重复进行左舷和右舷偏转	3	水面 3h
(水面)回转试验	每个速度设置 1 组舵角;重复进行左舷和右舷偏转	2	
(水面)水平平面螺旋试验	1 个	3	
共 计			20h

3.12.5 试验结果分析

对表 3.11 中列出的指定操纵进行分析十分简单,且从其中可以获得不同操纵的主要特征,由此生成图 3.59~图 3.62。但是,对于其他旨在生成数据以对自航模型试验结果进行修正或旨在验证数值预测的试验,结果分析要更复杂些。

首先,需要开展操纵模拟,且实际初始条件需要尽可能地接近全尺寸试验时的初始条件。此外,模拟时需要再现全尺寸试验中不同的操纵面角度或转速。然而,对比实时数据困难重重。因为当测量与模拟的航迹不同时,很难确定其背后的原因,也很难评估模拟试验的相对准确性。例如,如果潜艇 1min 后的预测深度在试验误差范围内,但是纵摇角度和航行距离却超出误差范围,那么这样的预测是否仍可被接受?

此外,如果操纵面偏转由自动舵控制,那么当全尺寸试验和模拟试验中的航迹和/或纵摇角度/艏向角不同时,航迹差异可能会更大(或更小),这也使得模拟试验预测结果的"准确性"难以评估。

另一种方法是,让模拟试验与全尺寸试验中的操纵面偏转发生在同样的位置,并让模拟潜艇严格遵循全尺寸试验中的航迹、速度、纵摇角度/艏向角,然后便可以获得为实现这一模拟试验中所需的附加外力和力矩。这将使模拟过程的准确性更容易衡量,也可以确定模拟过程中的哪些方面需要改进,以提升预测结果的准确性。

参考文献

Abbott IH, Von Doenhoff AE (1960) Theory of wing sections. Dover Publications, Inc. 1960. ISBN 10:0486605868.

Bayliss JA, Kimber NI, Marchant P(2005) Submarine trials and experimentation—dealing with real life data. In:Proceedings of warship 2005:naval submarines 2005, Royal Institution of Naval Architects.

Bettle MC(2014) Validating Design Methods for Sizing Submarine Tailfins. In:Proceedings of warship 2014:naval submarines and UUVs, Royal Institution of Naval Architects.

Bonci M(2014) Application of system identification methods for the evaluation of manoeuvrability hydrodynamic coefficients from numerical free running tests. Corso di Laurea Magistrale in Ingegneria Navale, Universita Degli Studi Di Genova, pp 19-21.

Booth TB, Bishop RED(1973) The planar motion mechanism. Admiralty Experiment Works Publication.

Broglia R, Di Mascio A, Muscari R(2007) Numerical study of confined water effects on self-propelled submarine in steady manoeuvres. Int J Offshore Polar Eng 17(2):89-96.

Broglia R, Dubbioso G, Durante D, Di Mascio A(2015) Turning analysis of a fully appended twin screw vessel by CFD. part 1:single rudder configuration. Ocean Eng 105(2015):275-286.

Crossland P(2013) Profiles of excess mass for a generic submarine operating under waves. In:Pacific 2013:international maritime conference, Sydney, Oct 2013.

Crossland P, Marchant P, Thompson N(2011) Evaluating the manoeuvring performance of an X-plane submarine. In:Proceedings of warship 2011:Naval submarines and UUVs, Royal Institution of Naval Architects, Bath, 29-30 June 2011.

Crossland P, Nokes RC, Dunningham S, Marchant P, Kimber N(2014) SRMII—A reconfigurable free running model capability for submarines with large L/D ratios. In:Proceedings of warship 2014:naval submarines and UUVs, Royal Institution of Naval Architects, Bath, 18-19 June 2014.

Dempsey EM(1997) Static stability characteristics of a systematic series of stern control surfaces on a body of revolution, DTNSRDC Report 77-0085, Aug 1997.

Dong PG(1978) Effective mass and damping of submerged structures. University of California, Lawrence Livermore Laboratory, Report No. UCRL-52342, California, Apr 1978.

Dubbioso G, Muscari R, Di Mascio A(2013) Analysis of the performances of a marine propeller operating in oblique flow. Comput Fluids 75(2013):86-102.

Dubbioso G, Muscari R, Ortolani F, Di Mascio A(2017) Analysis of propeller bearing loads by CFD. Part 1 straight ahead and steady turning manoeuvres. Ocean Eng 130(2017):241-259.

Feldman J(1979) DTNSRDC revised standard submarine equations of motion. David W Taylor Naval Ship Research and Development Center, Ship Performance Department, DTNSRDC/SPD-0393-09, June 1979.

Fox DM(2001) Small subs provide big payoffs for submarine stealth. Undersea Warfare 3(3).

Gertler M, Hagen GR(1967) Standard equations of motion for submarine simulation. Naval Ship Research and Development Center, Report No 2510, Washington, June 1967.

Griffin MJ(2002) Numerical predictions of manoeuvring characteristics of submarines operating near the free surface. Ph. D. Thesis in Ocean Engineering at the Massachusetts Institute of Technology.

Groves NC, Huang TT, Chang MS(1989) Geometric characteristics of DARPA Suboff models. David Taylor Research Center, SHD 1298-01, Maryland, USA, Mar 1989.

Gutsche F(1975) The study of ships' propellers in oblique flow. Shiffbauforschung 3 3/4(1964) pp 97-122 (from German), Defence Research Information Centre Translation No 4306, Oct 1975.

Harris RG(1918) Forces on a propeller due to sideslip. ARC R & M 427.

Haynes D, Bayliss J, Hardon P(2002) Use of the submarine research model to explore the manoeuvring envelope. In: Proceedings of warship 2002, Royal Institution of Naval Architects, June 2002.

Itard X(1999) Recovery procedure in case of flooding. In: Proceedings of warship'99: naval submarines, Royal Institution of Naval Architects, June 1999, London.

Jensen PS, Chislett MS, Romeling JU(1993) Den-Mark 1, an innovative and flexible mathematical model for simulation of ship manoeuvring. In: Proceedings of MARSIM'93, international conference on marine simulation and ship manoeuvrability, St John's.

Jones DA, Clarke DB, Brayshaw IB, Barillon JL, Anderson B(2002) The calculation of hydrodynamic coefficients for underwater vehicles, Report Number: DSTO-TR-1329. DSTO Platforms Sciences Laboratory, Fisherman's Bend, Victoria, Australia.

Korotkin AI(2009) Added mass of ship structure. Fluid mechanics and its applications, vol 88, Springer. ISBN 978-1-4020-9431-6.

Landrini M, Casciola CM, Coppola C(1993) A nonlinear hydrodynamic model for ship manoeuvrability. In: Proceedings of MARSIM'93, international conference on marine simulation and ship manoeuvrability, St John's.

Lloyd ARJM(1983) Progress towards a rational method of predicting submarine manoeuvers. In: Royal Institution of Naval Architects symposium on naval submarines, London.

Lloyd ARJM, Campbell IMC(1986) Experiments to investigate the vortex shed from a body of revolution. In: 59th meeting of the AGARD fluid dynamics panel symposium, Monterey, Oct 1986.

Lyons DJ, Bisgood PL(1950) An analysis of the lift slope of aerofoils of small aspect ratio, including fins, with design charts for aerofoils and control surfaces', ARC R&M No 2308.

Mackay M(2001) Some effects of tailplane efficiency on submarine stability and maneouvring. Defence R&D Canada—Atlantic, Technical Memorandum, 2001-031, Canada, Aug 2001.

Mackay M(2003) Wind tunnel experiments with a submarine afterbody model. Defence R&D Canada—Atlantic, Technical Memorandum, 2002-194, Canada, Mar 2003.

Mackay M, Williams CD, Derradji-Aouat A(2007) Recent model submarine experiments with the MDTF. In: Proceedings of the 8th Canadian marine hydromechanics and structures conference, St John's, 16-17 Oct 2007.

Marchant P, Kimber N(2014) Assuring the safe operation of submarines with operator guidance, UDT 2014: Liverpool, UK, 10-12 June 2014.

Mendenhall MR, Perkins SC(1985) Prediction of the unsteady hydrodynamic characteristics of submersible vehicle. In: Proceedings of the 4th international conference on numerical ship hydrodynamics, Washington, pp 408-428.

Molland AF, Turnock SR(2007) Marine rudders and control surfaces, principles, data, design and applications. Butterworth-Heinemann. ISBN:978-0-75-066944-3.

Musker AJ(1984) Prediction of wave forces and moments on a near-surface submarine. In:Shipbuilding: marine technology monthly, vol 31.

Ortolani F, Mauro S, Dubbioso G(2015) Investigations of the radial bearing force developed during actual ship operations. Part 1: straight ahead sailing and turning manoeuvres. Ocean Eng 94(2015):67-87.

Overpelt B(2014) Innovation in the hydrodynamic support for design of submarines. In:Proceedings of the 12th international naval engineering conference and exhibition 2014, Institution of marine Engineers, Scientists and Technologists, Amsterdam, 20-22 May 2014.

Pitts WC, Nielsen JN, Kaarrari GE(1957) Lift and center of pressure of wing-body-tail combinations at subsonic, transonic, and supersonic speeds. NACA Report 1307:1957.

Polis CD, Ranmuthugala D, Duffy J, Renilson MR, Anderson B(2013) Prediction of the safe operating envelope of a submarine when close to the free surface. In:Proceedings of the Pacific 2013 international maritime conference, Sydney, Oct 2013.

Praveen PC, Krishnankutty P(2013) Study on the effect of body length on the hydrodynamic performance of an axi-symmetric underwater vehicle. Indian J Geo-Mar Sci 42(8):1013-1022.

Pook DA, Seil G, Nguyen M, Ranmuthugala D, Renilson MR(2017) The effect of aftcontrol surface deflection at angles of drift and angles of attack. In:Proceedings of warship 2017 naval submarines and UUVs, Royal Institution of Naval Architects, Bath, UK.

Ray AV(2007) Manoeuvring trials of underwater vehicles: approaches and applications. J Ship Technol 3(2).

Ray AV, Singh SN, Sen D(2008) Manoeuvring studies of underwater vehicles—a review. In:Transactions of royal institution of naval architects, vol 150.

Renilson MR, Ranmuthugala D, Dawson E, Anderson B. van Steel S, Wilson-Haffenden S(2011) Hydrodynamic design implications for a submarine operating near the surface. In:Proceedings of warship 2011: naval submarines and UUVs, Royal Institution of Naval Architects, 29-30 June 2011.

Renilson MR, Polis C, Ranmuthugala D, Duffy J(2014) Prediction of the hydroplane angles required due to high speed submarine operation near the surface. In:Proceedings of warship 2014: naval submarines and UUVs, Royal Institution of Naval Architects, Bath, 18-19 June 2014.

Ribner HS(1943) Formulas for propellers in yaw, and charts of the side force derivative. Report E319, Langley Memorial Aeronautical Laboratory, National Advisory Committee for Aeronautics, USA.

Roddy RF(1990) Investigation of the stability and control characteristics of several configurations of the DARPA SUBOFF model(DTRC Model 5470) from captive-model experiments. David Taylor Research Center, SHD 1298-08, Maryland, USA, Sept 1990.

Seil G, Anderson B(2013) The influence of submarine fin design on heave force and pitching moment in steady drift. In:Pacific 2013: international maritime conference, Sydney, Oct 2013.

Sen D(2000) A study on sensitivity of manoeuverability performance on the hydrodynamic coefficients for submerged bodies. J Ship Res 44(3):186-196.

Spencer JB(1968) Stability and control of submarines—Parts I-IV. J Roy Navy Sci Serv 23(3).

Sun S, Li L, Wang C, Zhang H(2018) Numerical prediction analysis of propeller exciting force for hull-propeller-rudder system in oblique flow. Int J Naval Archit Ocean Eng 10(2018):69-84.

Tickle L, Bamford J, Hooper D, Philip N, Pinder G(2014) Sea trials and data analysis of the astute class submarine. In: Proceedings of warship 2014: naval submarines and UUVs, Royal Institution of Naval Architects, Bath, 18-19 June 2014.

Tinker SJ(1988) A discrete vortex model of separated flows over manoeuvring submersibles. In: International conference on technology common to aero and marine engineering, society for underwater technology, Jan 1988.

UCL(undated) Calculation of submarine derivatives. UCL course notes.

Veillon A, Aillard JM, Brunet P(1996) Submarine depth control under waves: and experimental approach. In: Royal Institution of Naval Architects Warship'96: naval submarines 5—the total weapon system, London.

Ward B(1992) Experiments to improve predictions of submarine manoeuvres. In: Proceedings of MCMC'92, Southampton, pp 248-260.

Watt GD, Bohlmann H-J(2004) Submarine rising stability: quasi-steady theory and unsteady effects. In: Proceedings of the 25th symposium on naval hydrodynamics, St John's, Aug 2004.

Whicker LF, Fehiner LF(1958) Free stream characteristics of a family of low-aspect-ratio all-movable control surfaces for application to ship design, David Taylor Model Basin Report Number 933, Dec 1958.

第 4 章
阻力与流动

摘要 阻力对潜艇的最高速度、续航力和声学特征都会产生显著影响。阻力分量包括表面摩擦阻力、形状阻力、诱导阻力、兴波阻力等。但兴波阻力只有当潜艇在水面或是近水面作业时才会变得重要。流经潜艇的水流会影响潜艇的最高速度、声学特征和传感器有效性,特别需要避免流动分离。潜艇艇体一般分为 3 个部分,即艇首、平行中体、艇尾。艇首的水动力学设计应重在让声呐阵列处于层流中。因此,可以为潜艇设计丰满型艇首。平行中体的长度会影响潜艇的 L/D(长径比),不同形状的艇体可以利用不同的 L/D 值实现阻力最小化。艇尾形状可以通过定义其饱满度的半尾锥角来表示。艇尾设计的主要目的是避免流动分离,确保推进器进流正常。附体对艇体阻力有显著影响,其产生的涡流会对艇体周围的流体产生不利影响,其中对推进器进流影响最为明显。本章将对潜艇模型试验以及 CFD 技术进行讨论,并提出一种适用于在设计早期预测潜艇阻力的经验方法。

4.1 概　　述

阻力对潜艇的最高速度和续航力影响显著。此外,较大阻力对潜艇的声学特征也会产生影响,原因在于:阻力增加了流体噪声;阻力使达到指定速度所需的推进器功率增加。潜艇周围的水流会增加潜艇自噪声,影响传感器的有效性。推进器的进流会影响推进器噪声与推进器的效率。

当水流从艇体或附体表面脱离形成漩涡和涡流时,即出现流动分离。设计潜艇时应该避免此种情况的发生。当潜艇横截面积沿艇长方向减小且水流减速时,便可能发生流动分离(图 4.1)。因此,需要谨慎对待横截面积减小区域,如艇尾靠后区域,以及所有因外艇壳或其他设计特征导致横截面积减少、水流减速的区域。另外,当潜艇横截面积沿艇长方向逐渐增大且水流加速时,流动分离不太可能发生。因此,全面了解潜艇周围水流特征能够优化设计,确保潜艇不会因流态设计不当而发生严重事故。

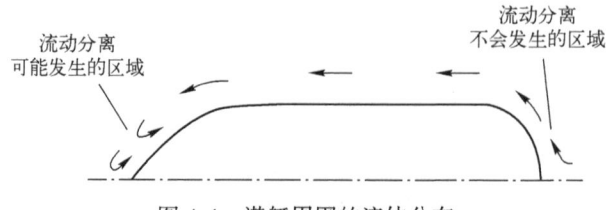

图 4.1　潜艇周围的流体分布

4.2　阻力分量

理论上,潜艇的阻力分量与水面船舶相似(图 4.2)。注意,此图并非按照实际比例绘制,各分量的相对大小取决于艇体形状以及艇体与水面的距离。水面船舶(或浮于水面的潜艇)与深潜潜艇阻力的最大不同在于后者不受兴波阻力的影响。

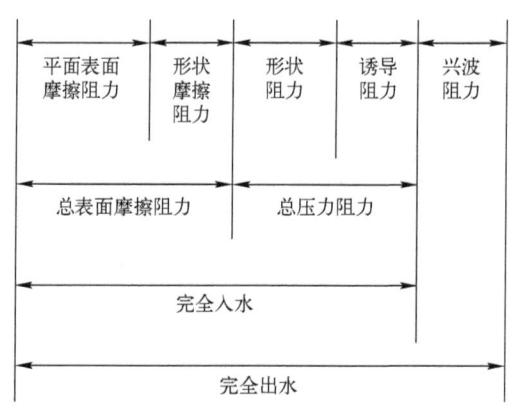

图 4.2　阻力分量(平面或平板表面摩擦阻力)

因此,深潜入水的潜艇所承受的阻力等于以下阻力分量的总和。

(1) 平板表面摩擦阻力。此部分阻力相当于与潜艇湿表面积相等、与潜长相等的平板(雷诺数相同)所受到的表面摩擦阻力。

(2) 形状摩擦阻力。因为潜艇有特定形状,因此不同部位的流体速度各不相同,这一点与平板不同。形状摩擦阻力的产生是因为流经平面的流体与实际潜艇表面的流体之间存在差异。通常这部分的阻力非常小。

(3) 形状阻力。形状阻力是由于物体形状而产生的黏压阻力。流线型物体的形状阻力小于钝体的形状阻力。

(4) 诱导阻力。诱导阻力是由升力引起的阻力。该力既可能因附体角度与水流方向不一致而产生作用于附体的升力,也可能作用于因不对称性而产生升力的艇体上。

平板表面摩擦阻力和形状摩擦阻力合称为表面摩擦阻力,是与艇体相切的阻力分量。形状阻力与诱导阻力之和为深潜潜艇的总压力阻力,其为深潜潜艇常见的阻力分量。由于诱导阻力通常很小,所以艇体的总压力阻力与形状阻力非常接近,因而形状阻力常被用来表示艇体的总压力阻力。

深潜潜艇的总压力阻力一般不超过表面摩擦阻力的10%~20%。因此,表面摩擦阻力对深潜潜艇的影响最大。减小表面摩擦阻力的最好办法就是缩小潜艇湿表面积。所以,业内并不看好以增大湿表面积和摩擦阻力为代价来减少压力阻力的流线型潜艇设计。

除了以上阻力分量外,在水面上或近水面工作的潜艇还会产生表面波,这些产生波浪而引发的阻力就是兴波阻力,兴波阻力为弗劳德数(Fr)和距水面距离的函数。

4.3 艇体形状效应

如图4.3所示,最佳裸艇体形状是有着类似于水滴状纵向截面的轴对称体。其最饱满部分位于艇首向后30%~40%长度的位置,但这并不绝对,这种艇体也称为水滴形艇体。

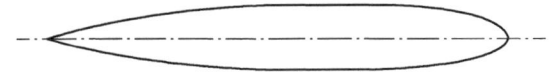

图4.3 轴对称水滴形艇体

在体积一定的情况下,增长艇体能够降低形状阻力,但却会增加表面摩擦阻力。圆形横截面艇体的湿表面积最小,因而摩擦阻力也最小。增加艇体湿表面积的外艇壳和其他特征将会相应增加艇体摩擦阻力。

在考虑艇体的整体形状时,以下两个参数很重要。

(1) 长径比 $=L/D$,其中 L 为艇体长度,D 为艇体直径。

(2) 棱形系数,$C_p = \nabla/A_m L$,其中 ∇ 为潜艇的浸水体积,A_m 为艇体中部横截面积。

图 4.4(通过 CFD 生成)绘制出了水滴形轴对称艇体的阻力系数与 L/D 的函数关系。从图可知表面摩擦阻力和形状阻力的相对大小。

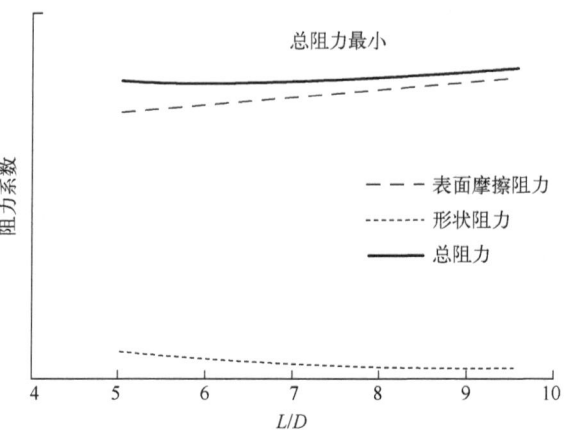

图 4.4 水滴形轴对称艇体的阻力分量

从图 4.4 中可以看出,水滴形轴对称潜艇的 L/D 值越大,形状阻力越小,表面摩擦阻力越大。因此,对于无附体的水滴形艇体而言,阻力最小时的最佳 L/D 值为 6.6。最佳 C_p 值约为 0.61。如果艇体曲线没有明显的凹槽,那么这些值与最佳值稍有差异,也不会有太大的不利影响(Gertler(1950))。

如果艇体不是水滴形而是大部分为等圆截面平行中体(PMB)的艇体,那么其表面摩擦力和形状阻力的相对值都会改变(图 4.5)。PMB 艇体的最佳 L/D 值要高一些,约为 8(Leong 等(2015),Crété 等(2017))。

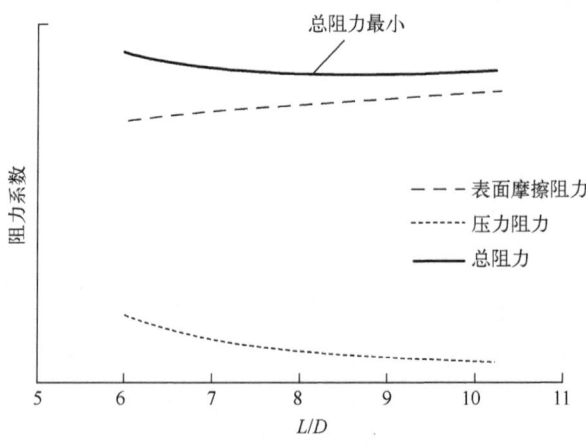

图 4.5 PMB 艇体的阻力分量

PMB 艇体的总阻力比水滴形艇体大。但水滴形艇体的制造成本远远超过常规艇体的制造成本。因此,为了降低艇体阻力和制造成本,往往推荐将艇体制造为圆截面 PMB 耐压艇体,再用水滴形轻质外壳包覆(图 4.6)。

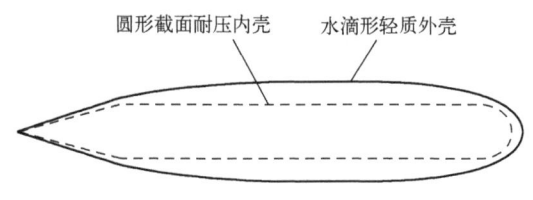

图 4.6　耐压内壳与水滴形外壳

当艇体中部截面面积或体积一致时,图 4.6 所展示的艇体阻力系数小于 PMB 艇体。但是当需要将耐压内壳和轻质外壳之间水的质量考虑入内时,这些附加质量很可能会完全抵消甚至超过艇体的水动力学优势。这意味着,在多数情况下,更加简单的 PMB 艇体的阻力实际要小于水滴形艇体的阻力。

在分析潜艇周围流体时,一个重要的考量是减少扰动或非定常流对推进器的影响。因此,在设计围壳、外艇壳、控制面等附体时必须特别谨慎,避免附体伴流对推进器造成不良影响。出于方便,研究时通常将潜艇艇体分为 3 个部分,即艇首(长度为 L_F)、平行中体(长度为 L_{PMB})和艇尾(长度为 L_A)(图 4.7)。

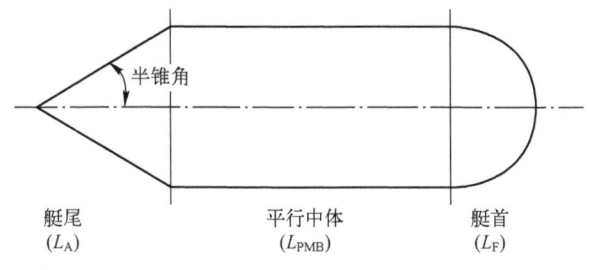

图 4.7　潜艇艇体形状

4.4　艇首形状

轴对称椭球体是将潜水阻力降至最低的理想艇首形状。但最佳艇首形状的变化并不会对潜艇阻力产生重大影响。

对大多数潜艇而言,艇首设计的主要目的是控制水流,让层流范围尽可能向后延伸,确保层流覆盖艇首部声呐阵列。通常可以通过增加艇首饱满度来实现这一目的。艇首饱满能够加速艇首水流,延迟转换的出现。

轴对称艇首的形状可从下式获得,即

$$r_{x_f} = \frac{D}{2}\left[1-\left(\frac{x_f}{L_F}\right)^{n_f}\right]^{\frac{1}{n_f}} \quad (4.1)$$

式中:r_{x_f}为x轴方向上距离艇首后缘x_f处的截面半径(图4.8);L_F为艇首长度;D为艇体直径;n_f为艇首饱满度系数,$n_f=1$时艇首轮廓是圆锥形,$n_f=2$时艇首轮廓是椭圆形。

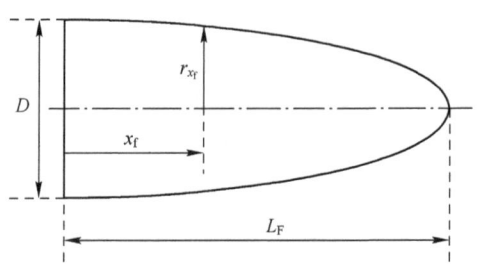

图4.8 艇首形状

整体而言,n_f值越大,艇首总阻力也越大,但同时体积也会更大,所以获得相同浮力所需的潜艇总长度将会减少。因此,必须仔细选择n_f值,确保总阻力最小的同时艇首饱满度合适。因为正如之前所述,艇首形状设计的首要目的是控制水流,以尽可能使层流向湍流的转捩发生在首部声呐阵列之后。

当n_f值为2.2时,艇首的形状相对完美。通常,n_f值越大,艇首的压阻力也会越大。而将n_f的值降至2.2以下并不会明显降低压力阻力。根据Moonesun和Korol(2017)的数据,艇首增加的压阻力可从式(4.2)中获得,即

$$\Delta C_{p_{fb}} = 0.01 \frac{A_F}{S}(n_f - 2.2) \quad (4.2)$$

式中:A_F为艇首正投影面积($A_F = \pi D^2/4$);S为整个潜艇的湿表面积。

注意,式(4.2)仅适用于$2.2 \leqslant n_f \leqslant 5$的情况。

上述的轴对称艇首在水面上将会产生明显的兴波阻力,对于在水面上停留时间较短的潜艇而言,这不足为虑。但是,对于因过境停航需要经常切换水面(非隐身)模式的常规动力潜艇(SSK)而言,轴对称艇首可能会大大增加燃料消耗。因此,设计此类潜艇艇首形状时需要折中考虑潜艇的水面性能。

图4.9(a)展示了第二次世界大战期间XXI U型潜艇的艇首,图4.9(b)展示了现代弗吉尼亚级核动力攻击型潜艇(SSN)的艇首。Overpelt和Nienhuis(2014)的研究表明,为优化水面性能而精心设计的艇首,能够将潜艇高速运行时的阻力降低到轴对称艇首潜艇所受阻力的60%,而使深潜时增加的压阻力不到5%。但同时也应特别注意艇首对前置声呐阵列的影响。

(a) (b)

图 4.9　不同艇首的比较

(a) XXI U 型潜艇艇首；(b) 弗吉尼亚级核潜艇艇首。

4.5　平行中体

为了减少艇体湿表面积，平行中体（PMB）的最佳截面形状是圆形。但当潜艇出水时，为了方便艇员在艇体上活动，艇体的顶部通常会加装非水密轻质外艇壳（图4.10）。外艇壳可用来存储物资，物资可通过舱口实现拿取。但是要注意，这些物资必须要能承受潜艇的深潜深度（DDD）。

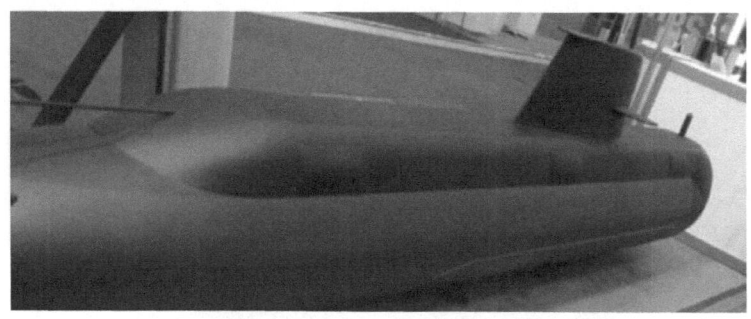

图 4.10　现代潜艇的外艇壳模型

根据图4.5，PMB艇体潜艇最佳 L/D 值约为8。但在体积一定的情况下，L/D 的值越大，艇体的直径越小，造价也会越低。同时还需谨记，如果 L/D 的值过小，那么潜艇操纵所需的附体就会增大。而附体会显著增加阻力（见第6章），因此，应选择较大的 L/D 值。

4.6　艇尾形状

艇尾形状的主要特征是半尾锥角（图4.7）。如果艇尾太长、半尾锥角太小，会导致湿表面积增加(表面摩擦力也会越大),重量和造价也会提高。另外,如果艇尾太短,半尾锥角过大,除了会增加自身噪声和艇体阻力外,还可能引发流动分离,影响推进器的进流,导致推进器噪声过大。

艇尾形状的设计需要综合考虑推进器的性能,这一内容将会在5.1节进行讨论。位于艇体中轴上的单推进器会产生加速进流,其效果如图4.11所示。如前所述,流体加速时不太可能发生流动分离,这意味着没有推进器和有推进器的理想艇尾形状将不同。正如Warren和Thomas(2000)所述,推进器的存在允许更大的艇尾半尾锥角与更丰满的形状。

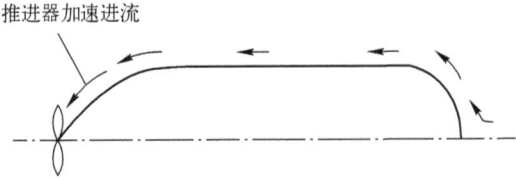

图4.11 推进器加速进流示意图

现代单推进器潜艇的常规布置是将操纵面置于推进器之前(图4.12)。轴对称的布局也让大直径低速推进器的应用成为可能,这意味着推进器的效率会非常高(见第5章)。

图4.12 推进器与操纵面的常规设置

除了推进器会对艇体周围的水流产生影响外,艇体也会影响推进器的进流。这是由于推进器前方艇体产生的伴流,推进器前方由于低压而产生的推力减额。

船身效率η_H是有效功率与推进功率之比,这部分内容将会在5.1.5节深入讨论,η_H可通过下式计算,即

$$\eta_H = \frac{1-t}{1-w} \quad (4.3)$$

式中:t 为推力减额分数;w 为泰勒伴流分数(见5.1节)。

丰满艇尾会产生较大伴流,让船身效率大于1。

虽然推进器的纵向位置对其性能并无太大影响,但理想的设计是让推进器和附体之间有合理间隔。因为附体产生的扰动流会导致推进器的不均匀进流,引发推进器噪声。

除了加速轴向水流外,推进器还会加速周向水流,导致能量流失、效率降低(见5.1.6小节)。水面船舶的推进器通常紧接着方向舵,以此来减少旋转水流导致的能量损失,但大多数潜艇的设计却不是如此。减少旋转能量流失是选择泵喷推进器系统的原因之一,第5章将对此进行讨论。

4.7 附 体

4.7.1 概述

附体会极大增加潜艇阻力,还会引起涡流、产生噪声,给推进器进流带来不利影响,这个问题在附体方向与水流方向不一致时尤为突出。因此,在设计眉板水平舵(见6.3.3小节)和X形艉操纵面(见6.4.3小节)时,需要特别注意水流对齐问题。

设计附体时,需要认真考虑附体效应。典型附体包括围壳、艏艉水平舵、方向舵、声呐罩。潜艇边界层内的典型附体如图4.13所示。主要附体的设计说明见第6章。

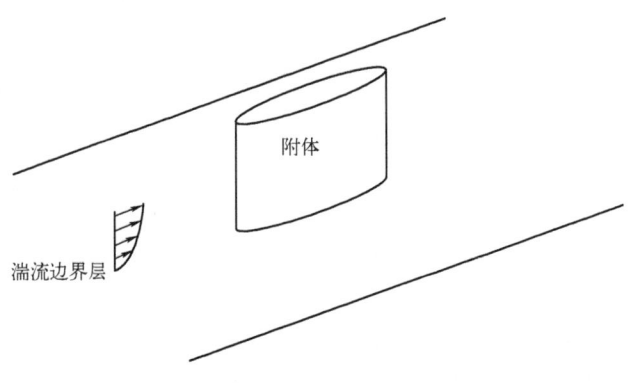

图 4.13 艇体边界层的附体

4.7.2 与水流对齐的附体

艇体表面流场与障碍物(附体)之间相互作用,导致相交处产生复杂的流动,流场的边界层如图 4.14 所示。这一现象对许多领域都有影响,多位科研人员对此进行过研究,其中包括 Stanbrook(1959)、Hazarika 和 Raj(1987)、Simpson(2001)、Jones 和 Clark(2005)、Olcmen 和 Simpson(2006)、Fu 等(2007)、Coombs 等(2012)以及 Toxopeus 等(2014)。

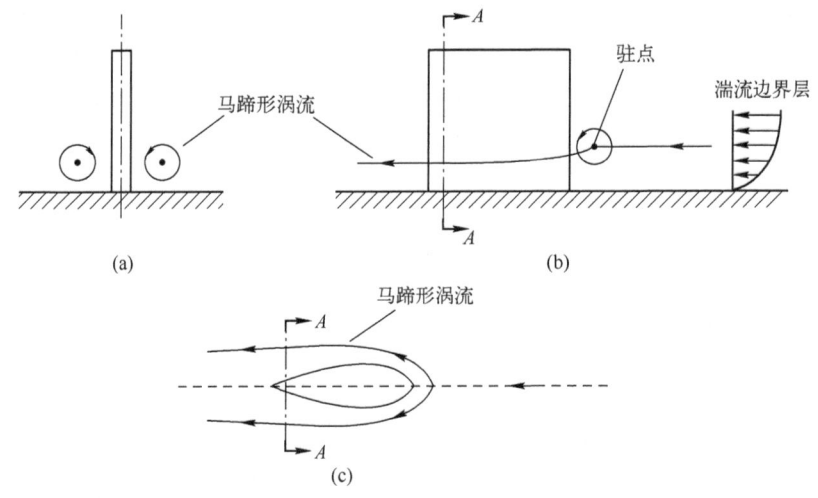

图 4.14 附体周围的马蹄形涡流
(a) 水平舵 A—A 横截面;(b) 侧视图;(c) 平面图。

这种水流的主要特征是,在接近附体处产生马蹄形涡流(也称为角区涡流)(Simpson(2001));附体前缘前方形成三维驻点,其与潜艇表面之间形成回流,导致附体之前产生涡流(图 4.14(b))。涡流大小和强度会随着附体前缘钝度的增加而增加。对于后掠型附体,分离线与附体更加接近。如图 4.14 所示,涡流会沿着附体向后扫掠。即使附体为流线型,涡流结构依然不稳定,就如 Simpson(2001)所述,涡流有出现速度双峰的可能性。总体而言,附体越靠前、越薄,其引起的马蹄形涡流的强度就越低。

受湍流边界层的影响,涡流行为很难使用 RANS 进行预测。因此往往需要采用 DES(Liu 等(2010))或 LES(Fureby 等(2015))等更为复杂的计算方法来进行预测。

除了马蹄形涡流外,附体周围还可能形成二次涡流(图 4.15)。虽然图 4.15 只展示了一个二次涡流,但正如 Simpson(2001)所述,在特定情况下可能会产生多个二次涡流。

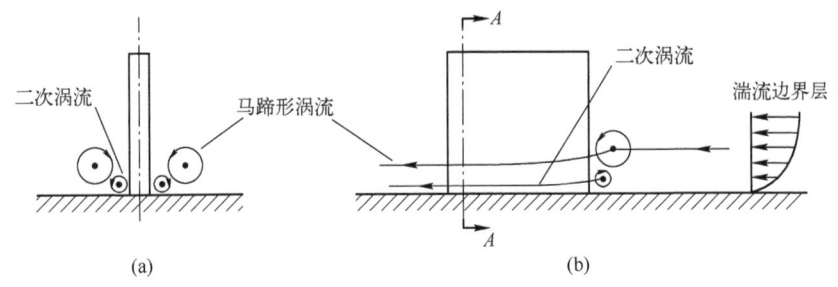

图 4.15 二次涡流的产生

(a) 水平舵 A—A 横截面；(b) 侧视图。

马蹄形涡流以及相关的二次涡流，都会产生噪声，并且影响推进器进流，进一步增加噪声，见 Coombs 等(2013)的例子。因此，减弱此类涡流可以有效降低潜艇噪声。

研究表明，恒定半径圆角不会减弱马蹄形涡流的强度(Devenport 等(1990))。但是，如图 4.16 所示(Devonport 等(1991))，设计合理的前缘"列板"可以消除流动分离，在零攻角时一并消除涡流结构，同时它也可以减少角区的流动阻力。

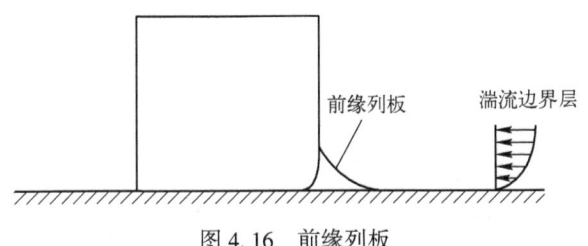

图 4.16 前缘列板

Toxopeus 等(2014)研究了一系列不同的列板设计(称为"护板")。研究发现，最优列板的长高比约为 2。过小的列板不能消除马蹄形涡流，过大的列板则会增加梢涡。列板还会影响推进器进流质量。小列板会改善推进器进流，但过大的列板则会恶化伴流对推进器的影响。Toxopeus 等经研究还发现，最佳的列板大小与围壳尺寸有关，而并非与边界层高度有关。他们推荐的列板长度至少为围壳弦长的 18%，高度不超过围壳弦长的 15%，这将相当大程度地增加围壳体积。

Toxopeus 等(2014)还总结出，列板的大小对操纵特性没有太大影响。Liu 等(2010、2011 和 2014)提出，使用布置在附体前缘两侧的"涡流控制导流板"(图 4.17)可以产生与马蹄形涡流旋转方向相反的涡流。

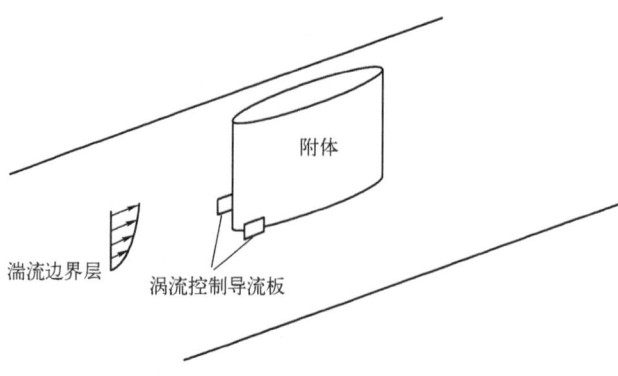

图 4.17 涡流控制导流板

有证据表明,这样的涡流控制导流板能够降低马蹄形涡流的强度,对推进器进流有积极作用。涡流控制导流板可以与围壳和/或舯艉操纵面结合,当马蹄形涡流作用于推进器时改善推进器进流。但是,由附体和涡流控制导流板产生的噪声可能并不比单独附体所产生的噪声小,因此当马蹄形涡流不影响推进器时,在该附体处安装涡流控制导流板毫无意义(见第 6 章)。

如 Fureby 等(2015)所述,梢涡也可以在附体零攻角时产生(图 4.18)。Toxopeus 等(2014)发现,若设计合理,围壳顶端可以在零攻角的情况下彻底避免梢涡的产生。

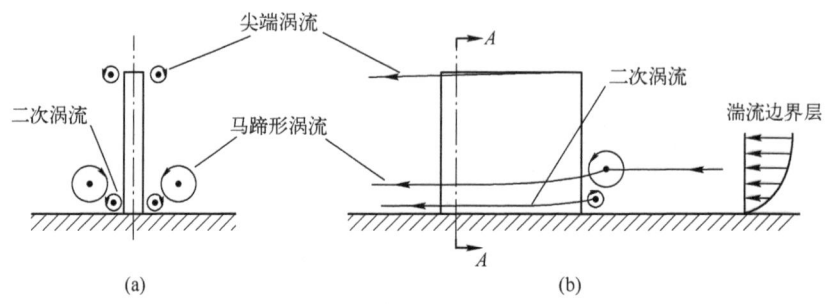

图 4.18 梢涡的产生
(a) 水平舵 A—A 横截面;(b) 侧视图。

4.7.3 与水流方向成一定角度的附体

当附体与水流成一定角度时,问题会变得更加复杂(图 4.19,Furbey 等(2015))。注意,在图 4.19 中,马蹄形涡流被称为"角区涡流"。

当攻角在 10°以内时,攻角越大梢涡的强度越大;当攻角大于 10°时,梢涡的强度可能会因边界层分离而减小(Jiménez 和 Smits(2011))。此外,当攻角在

15°~20°以内时,攻角越大,马蹄形涡流强度就越大。

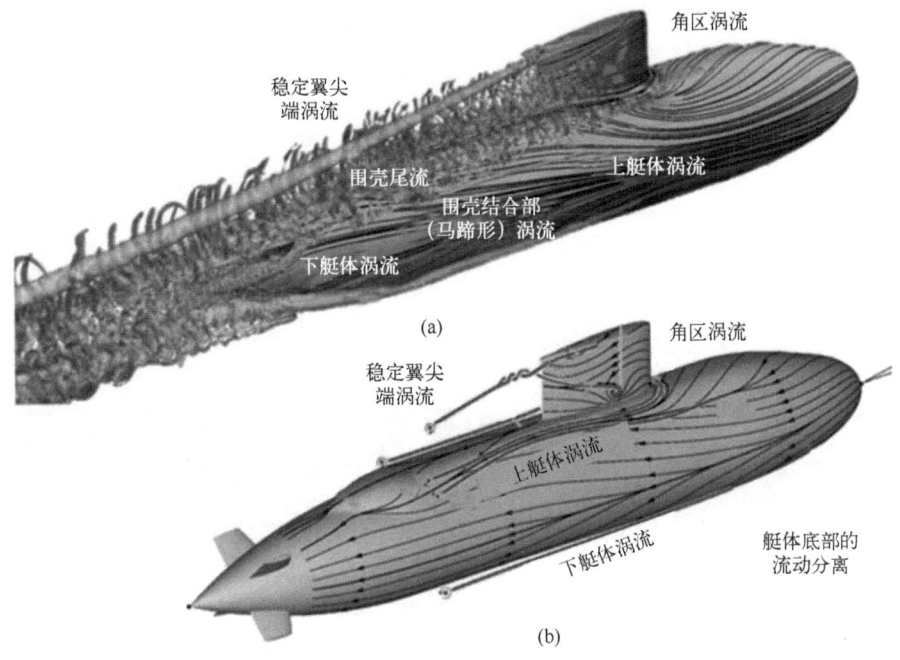

图 4.19　当艏摇角度为 10°时利用 CFD 预测潜艇几何周围的流体结构
（经 DST 许可后复制）

4.8 近水面作业

4.8.1 艇体

当潜艇近水面作业时会产生波浪,进而引起波阻。波阻大小与 Fr 和水面到潜艇中线之间的无量纲距离（即无量纲潜艇深度）H' 有关。

图 4.20 中的曲线显示了无量纲阻力与 Fr 的函数关系。从图中可以看出,由于不同波形之间的干扰,曲线呈现波浪状。兴波阻力的细节不在本书的探讨范围内,读者可以从船舶工程教科书上获得相关内容,如 Harvald(1983)、Rawson 和 Tupper(2001)以及 Dern 等(2016)。

需要强调的是,在图 4.20 中,阻力曲线中的峰值和谷值的位置是 Fr 的函数。对于近水面航行的潜艇而言,这些位置没有水面船舶的阻力曲线图中那么明显,但是围壳和艇体分别产生的波形会让情况变得复杂。考虑到围壳和艇体长度的不同,速度一定时,两者对应的 Fr 并不相同。这也让阻力曲线变得更加复杂。图 4.21 展示了近水面潜艇周围的波形及对应的波阻。

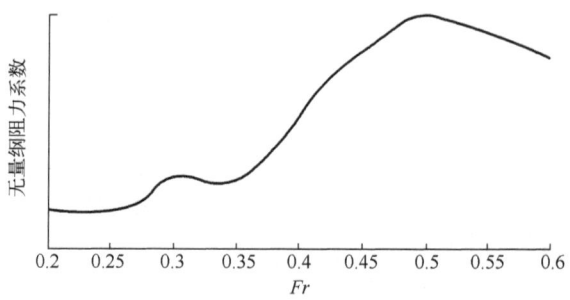

图 4.20 展示兴波阻力影响的典型阻力曲线

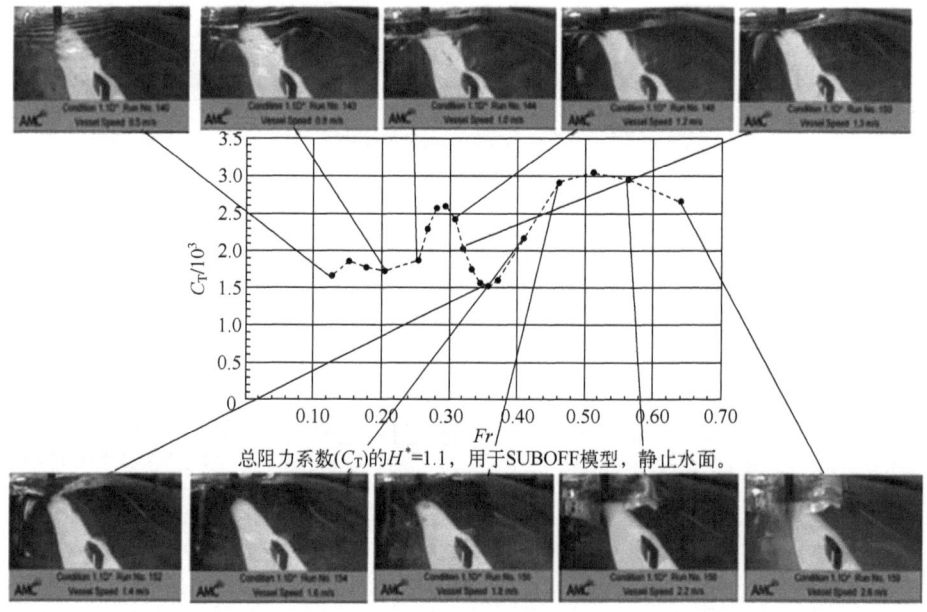

图 4.21 近水面潜艇周围的波形和对应波阻（图片由澳大利亚海事学院提供）

由于围壳更靠近水面，因而可能会引起最为显著的波形。因此除了考虑基于艇长的 Fr 外，还需要考虑基于围壳弦长的 Fr。

图 4.22 展示了正在运行的模型潜艇，其围壳暴露在水面上，可以清晰看到其产生的波形。

由于波阻不可忽略，因此近水面作业潜艇的最佳 L/D 值可能比深潜潜艇的最佳 L/D 值要大些（Renilson 和 Ranmuthugala(2012)）。

围壳的体积也是影响潜艇阻力的要素之一，对于需要经常在近水面作业的潜艇

图 4.22　围壳暴露于水面的模型潜艇航行时所产生的波形
（图片由 QinetiQ Limited 提供，2017 版权所有）

而言，围壳的体积需要特别考虑。此外，如 4.4 节所述，Overpelt 和 Nienhuis（2014）的研究表明，水面作业潜艇的艇首设计应不同于水下作业潜艇的艇首设计。

3.8 节中探讨了表面吸力，其产生的操纵面以外的力需要操纵附体进行平衡，这也将导致作用于附体的诱导阻力产生，因此也需要将这一情况考虑在内。

在风生浪的条件下工作时，潜艇会受到额外作用力的影响，在确定阻力时也需要将这些作用力考虑在内。

4.8.2　桅杆

当潜艇近水面作业时，可能需要使用潜望镜、通气管等桅杆。这会引发额外阻力，产生羽状结构，如图 4.23 所示（Conway 等（2017））。

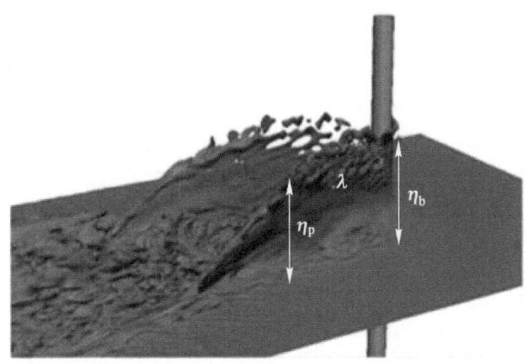

图 4.23　单桅杆穿透水面产生的羽状结构的计算机图像（Conway 等（2017a））

二维圆柱体的阻力系数在没有自由表面时取决于雷诺数。对于考虑范围内的雷诺数，阻力系数可能会在 0.3~1.2 之间（Hoerner（1965））。此外，羽状波浪还会引起兴波阻力(Conway 等(2017b))。圆形横截面桅杆设计时使用(基于正面面积)阻力系数 1.2 是最为合适的。注意,流线型桅杆的阻力系数可能更小。

如果同时有多个桅杆,桅杆间的互相干扰会非常明显。总阻力分布取决于桅杆大小和相对位置(图 4.24),4 种桅杆布局见表 4.1。

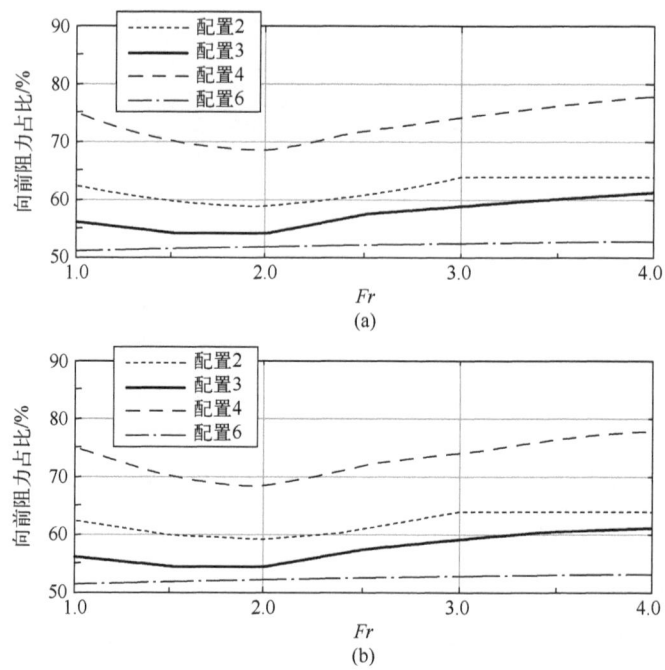

图 4.24　图 4.1 中不同配置的两个桅杆的阻力占比
(Fr 基于桅杆直径,Conway 等(2017b))
(a) 前桅杆的阻力占比;(b) 后桅杆的阻力占比。

表 4.1　图 4.24 中不同桅杆配置(Conway 等(2017b))

配置编码	描述
2	横截面面积相等的两个圆柱体桅杆
3	前桅杆较细的两个圆柱体桅杆
4	前桅杆较粗的两个圆柱体桅杆
6	横截面面积相等的两个 NACA 0012 桅杆

除了会引发额外阻力外,表面贯穿的桅杆还会产生显著羽状结构,影响潜艇的视觉特征(Conway(2017))。

4.9 潜艇阻力预报

潜艇阻力预报是潜艇作业能力评估的重要一环,准确了解潜艇阻力情况对推进器设计和功率确定是非常必要的。在非理想情况下,需要借助操纵面提供垂直作用力时(如当潜艇处于流体静力学不平衡状态时),潜艇的阻力以及潜艇近水面通气管航行状态的阻力也应该加以考虑。

潜艇阻力可以通过模型试验或 CFD 确定。由于深潜潜艇不受波阻影响,所以总阻力由压力阻力(形状阻力为主)和摩擦阻力构成。在图 4.4 和图 4.5 中可看到,形状阻力只占到总阻力的很小部分。在估算总阻力时必须考虑全尺寸潜艇的雷诺数(如果可行的话)。

4.9.1 模型试验

4.9.1.1 湍流的激发

与船模试验一样,模型潜艇的雷诺数将远低于全尺寸潜艇的雷诺数,因此模型潜艇周围部分流动为层流。与水面舰船相似,潜艇也使用靠近艇首的激流装置来实现湍流流动,每个水动力装备都有各自的激流程序。然而,由于水平舵与方向舵上的雷诺数很小,确保湍流流动比较困难,而过大的湍流发生器会影响水流、产生过大的发生器阻力。因此,湍流模拟试验倾向于选择较大尺寸的潜艇模型。因为即便是潜艇模型长达 5m,其水平舵和方向舵依然很小,模型在拖曳池中以正常速度前进时的雷诺数十分小。

目前,有许多湍流激发方法可供选择,如可以使用激流丝、链档/销钉、砂条以及 Hama 条(Hama 等(1957))等。Erm 等(2012)对适用于潜艇的各种湍流激发方法进行了总结。

国际拖曳水池会议(ITTC)推荐了适用于水面船舶的湍流激发流程,详见 ITTC(2011a)。注意,ITTC 会不时进行更新,更新版本可从 ITTC 网站上获得。因此,应使用最新版本为参考。在第 28 次 ITTC(2017)上,阻力委员会的报告对各种湍流激发流程进行了完善的总结(ITTC(2017))。

Jones 等(2013)通过研究激流丝,推荐了以激流丝为基础的有效转捩雷诺数 Re_{d_T},其范围在 580~900 之间,超过 900 可能会过度激发流动。Re_{d_T} 由式(4.4)定义,即

$$Re_{d_T} = \frac{U_1 d_T}{v} = \frac{U_\infty d_T \sqrt{1-C_p}}{v} \tag{4.4}$$

式中：U_1 为湍流边界层边缘处的流向速度；d_T 为激流丝直径；U_∞ 为标称流向速度；C_p 为压力系数。

Shen 等（2015）开发了一种专门用于轴对称体（如潜艇）的特殊技术。他们采用了 $Re_{d_T}=400$ 的细丝。这是因为传统的湍流发生器会产生较大的阻力，而采用他们的技术可以有效降低阻力，使产生的阻力仅为潜艇模型总阻力的 2%。图 4.25 展示了不同湍流激发技术。

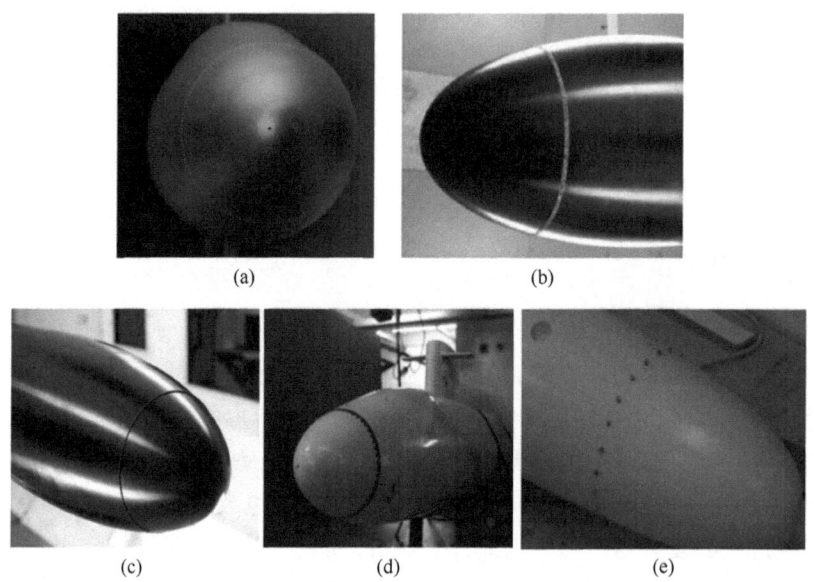

图 4.25　湍流激发
(a) 风洞模型上的激流点（图片由 DST 集团提供）；(b) 风洞模型上的砂条（图片由 DST 集团提供）；
(c) 风洞模型上的激流丝（图片由 DST 集团提供）；(d) 拖曳池模型上的 Hama 条（图片由 AMC 提供）；
(e) 拖曳池模型上的销钉（图片由 AMC 提供）。

无论采用何种湍流激发方法，重要的是选定后要一直沿用这种方法，因为这样才可以对不同的试验结果进行对比，并计算出潜艇模型与全尺寸潜艇之间的换算修正量，如 4.9.1.4 小节所述。

4.9.1.2　深潜潜艇的阻力

一般情况下预测深潜潜艇阻力的方法是进行拖曳水池模型试验（图 4.26）。试验中通过支架将模型潜艇倒悬，以减少支架对试验的干扰。该试验通常需要在深水区域进行，以避免自由表面的影响。但是，试验时也要避免池底的影响。在自航试验中如果需要使用推进器，就可以采用此办法。因为没有办法达到全尺寸潜艇的雷诺数，而弗劳德数对深潜潜艇的阻力无影响，所以试验通常在尽可能高速的情况下进行,并尽量避免表面波的产生。大多数水动力实验室都会有自己的标准试验速度。

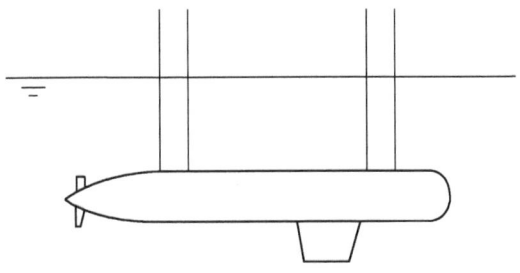

图 4.26　拖曳水池中进行潜艇阻力试验的典型设置

另一种确定深潜潜艇阻力的办法是利用风洞进行物理模型试验。根据风洞尺寸和能达到的最高速度,在风洞中或可以获得更高的雷诺数(与拖曳水池试验相比)。此外,风洞试验也不会受表面波的影响,且在试验过程中更容易对模型进行调整;流体可视化也更加容易实现。图 4.27 展示了在风洞中进行潜艇模型试验的照片。

图 4.27　在风洞中进行潜艇模型阻力试验(图片由 DST 集团提供)

4.9.1.3　近水面潜艇的阻力

为了获得潜艇在靠近水面作业时的阻力,需要在拖曳水池中将潜艇模型正浮进行试验。此时倒悬试验不再适用,因为需要研究的正是围壳与水面之间的相互作用。但是,将潜艇模型正浮会带来其他问题。如图 4.28 所示,在近水面使用双支架会对围壳产生相当大的干扰。

对此有两种备选方案:一是使用尾撑式支架(图 4.29);二是使用围壳贯通支架(图 4.30)。注意这两种情况都需要保证试验装置有足够的刚度,尤其是使

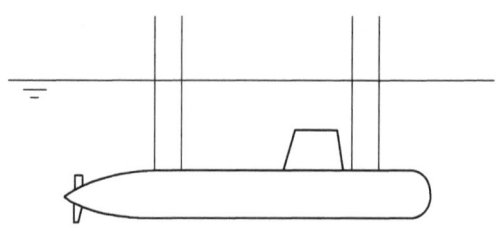

图 4.28　使用双支架系统对近水面潜艇进行研究

用尾撑式支架支撑时。使用尾撑式支架意味着不能使用推进器。在 4.6 节中已经提到，由于推进器会对流经艇尾的水流产生显著的影响，所以有无推进器会影响艇尾的最佳形状设计。然而，这种技术足以确定潜艇与水面的距离对其所受阻力的影响，因为这一影响不太可能因推进器的存在而改变。

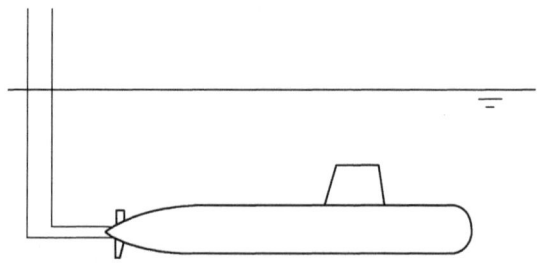

图 4.29　使用尾撑式支架系统对近水面潜艇进行研究

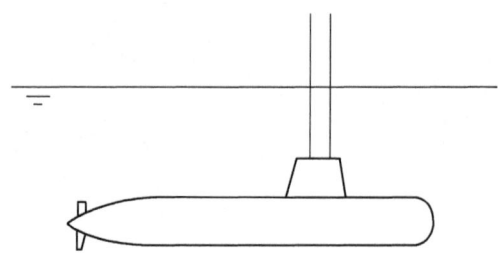

图 4.30　使用围壳贯通支架对近水面潜艇进行研究

4.9.1.4　从模型尺度到全尺度的阻力预报

1) 阻力换算

模型-全尺寸阻力换算的经典办法是将总阻力简化为摩擦阻力分量和剩余阻力分量（即剩余阻力）。假设摩擦阻力系数是 Re 的函数，由式(4.5)定义。剩余阻力系数是 Fr 的函数，由式(4.6)定义，即

$$Re = \frac{VL}{v} \tag{4.5}$$

$$Fr = \frac{V}{\sqrt{gL}} \tag{4.6}$$

从式(4.5)和式(4.6)可知,除非试验流体的运动黏度 v 显著降低;否则不可能同时以与全尺寸船舶相同的 Re 和 Fr 对小尺寸模型进行试验。因此,水面船舶一般以与全尺寸船舶相同的 Fr 进行船模试验,如此一来模型的无量纲剩余阻力分量就与船舶的相同,如式(4.7)所示,即

$$C_{R_M} = C_{R_S} \tag{4.7}$$

船模的摩擦阻力系数可以使用相互关系曲线(如 ITTC'57 摩擦线)得出,即

$$C_{F_M} = \frac{0.075}{(\lg Re_M - 2)^2} \tag{4.8}$$

注意,式(4.8)并不是平板摩擦阻力曲线,而是包含了常规水面船舶三维效应的小修正量。

式(4.9)给出了船模(和实船)剩余阻力系数的计算方式,即

$$C_{R_M} = C_{R_S} = C_{T_M} - C_{F_M} \tag{4.9}$$

船舶的摩擦阻力分量可从式(4.10)中求得,即

$$C_{F_S} = \frac{0.075}{(\lg Re_S - 2)^2} \tag{4.10}$$

船舶的总阻力系数可从式(4.11)中求得,即

$$C_{T_S} = C_{F_S} + C_{R_S} \tag{4.11}$$

这个简化的方法并不特别考虑其他阻力分量(图 4.2),因此 ITTC 开发了一个稍微不同的方法,即 ITTC'78 法(ITTC(2011b))。该方法引入了与艇体形状相关的形状因子 k,而没有假定总阻力由摩擦阻力分量和剩余阻力分量构成,而是引入艇体的额外形状阻力。这一额外形状阻力将图 4.2 中的摩擦形状和形状阻力整合为一个分量,并由式(4.12)定义,即

$$C_{T_M} = (1+k)C_{F_M} + C_{R_M} \tag{4.12}$$

目前,针对水面船舶已开发出了多种办法来确定形状因子 k 与船体形状的函数关系。其中一个办法就是以极低的 Fr 进行试验,此时的剩余阻力较低,再推算 Fr 为 0 时的情况。另一种办法就是测试深潜叠模,形成水线以下部分的镜像船体,流经船体的水流则不受水面的影响。

潜艇的形状因子可以通过深潜模型试验直接获得,因为深潜模型的剩余阻力已经为 0。

2) 表面粗糙度和换算修正量

模型试验通常使用光滑的模型在受控的拖曳水池环境中开展。考虑到拖曳水池环境和真实环境的不同，ITTC(2011b)开发了额外修正量，该额外修正量由两个组成部分：表面粗糙度修正量 ΔC_F 和换算修正量 C_A。

较早的方法是使两个分量的总值采用相同的值 0.0004，而另一个更为复杂的方法为每个分量采用不同的值。但是，这种方法依赖于大量船模和全尺度船舶的数据，且这些数据对于不同类型船舶和拖曳水池试验设施是不同的。

潜艇模型试验的其他复杂因素如下：
(1) 潜艇模型试验中支架的影响；
(2) 即使在拖曳水池中进行深潜试验，也有波阻的影响；
(3) 大型附体的层流流动；
(4) 不同于水面船舶模型试验的阻塞效应；
(5) 由于开孔和其他小凸起所产生的额外粗糙。

很可惜的是，进行过模型试验和后续全尺度试验的潜艇数量非常有限，结果导致相关换算修正量的形成非常困难。因此，为潜艇设定合适的 ΔC_F 和 C_A 并不容易。

4.9.2 计算流体动力学

可以利用最先进的 CFD 技术来预测深潜潜艇和近水面潜艇的阻力。由于深潜潜艇的阻力主要是摩擦阻力，阻力预测存在很多困难，特别是选择基于经验的湍流模型。但是，理论上可以通过 CFD 以全尺度潜艇的 Re 进行计算，这一点是模型试验无法实现的。

通过 CFD 可以十分有效地研究流态，尤其是受附体伴流影响的推进器进流的流动模式。

此外，还可以利用 CFD 有效地确定微小艇体变化所带来的影响。但是，目前 CFD 的一个使用难点是缺少标准的潜艇阻力预测模型，很大程度上是因为计算机计算能力和 CFD 技术的急速发展和不断换代。因此，在研究艇体形状变化所带来的阻力变化时需要额外注意，即使原艇体是几年前才开发的，CFD 的发展意味着用于新艇体形状的阻力预测方法（网格尺寸、湍流模型、边界层湍流参数等）很可能不同于原艇体的阻力预测方法。倘若如此，阻力预测结果的不同，除了使用新艇体形状外，很可能是因为应用了新 CFD 技术。因此，务必要确保新、旧艇体的阻力预测采用的是相同的 CFD 流程。

最后，与物理模型试验一样，利用 CFD 结果获得的应用于全尺度阻力预测的换算修正量也存在不确定性。由于 CFD 没有标准流程，因此利用 CFD 获得此修正量可能要比利用模型获得修正量更加困难。

4.9.3 近似技术

有时在进行昂贵的模型试验或 CFD 之前,在概念阶段就需要对潜艇阻力进行预测。其中一个方法就是单独考虑各个部分的阻力,然后求和,还可能需要为它们之间的互相干扰增加一个额外修正量。由于不同分量的无量纲方法各不相同,因此将各阻力分量叠加时必须谨慎。

4.9.3.1 艇体

在 4.2 节中曾提到,艇体的主要阻力分量是表面摩擦阻力及形状阻力。根据 Hughes 平面摩擦曲线,通过式(4.13)可以得出平板摩擦阻力,即

$$C'_{F_{flat}} = \frac{0.067}{(\lg Re - 2)^2} \qquad (4.13)$$

式中:Re 为基于潜艇长度的雷诺数;$C'_{F_{flat}}$ 为无量纲平板摩擦阻力,由式(4.14)定义,即

$$C'_{F_{flat}} = \frac{R_{F_{flat}}}{\frac{1}{2}\rho S V^2} \qquad (4.14)$$

其中:$R_{F_{flat}}$ 为平板摩擦阻力;S 为艇体湿表面积;V 为速度。

注意,在计算湿表面积时,应该将围壳影响考虑在内,并且应将围壳覆盖区域从艇体的湿表面积计算中去除。对于翼式围壳(见 6.2 节)这一点不是很重要,但是对于混合式围壳,围壳覆盖面积的影响显著(Seil 和 Anderson(2012)),因此必须要特别考虑。

如果(在早期设计阶段)潜艇的湿表面积未知,那么可通过式(4.15)进行估算,即

$$S_{hull} \approx 2.25 D(L - L_{PMB}) + \pi D L_{PMB} \qquad (4.15)$$

式(4.15)中的第一项是艇首和艇尾湿表面积总和的良好近似,第二项加入了平行中体。注意,此方程适用于圆形横截面艇体,如果加装了外艇壳,则需要相应增加湿表面积。围壳覆盖面积要从艇体湿表面积中减除。

但正如 4.2 节所述,由于艇体形状会引起额外摩擦分量,导致流经艇体的水流速度不同于流过平板的水流速度。该摩擦分量的具体数值很难估计,但是对于水面船舶,ITTC'57 曲线经常会被用到,见式(4.16),即

$$C'_{F_{form}} = \frac{0.075}{(\lg Re - 2)^2} \qquad (4.16)$$

式中:$C'_{F_{form}}$ 为水面船舶包含摩擦-形状阻力的无量纲摩擦阻力。

不过,针对 3 个轴对称艇体的最新 CFD 数据显示(Leong(2017))需要为

式(4.16)引入一个小的修正量,以修正 L/D 对摩擦形状阻力的影响。因此,可以通过式(4.17)对潜艇的无量纲摩擦阻力进行良好近似估算:

$$C'_{F_{form}} = \frac{0.075}{(\lg Re - 2)^2}(1 + K_F) \qquad (4.17)$$

其中

$$K_F = 0.3 \frac{D}{L}$$

式中:K_F 为轴对称艇体形状对摩擦阻力的贡献。

此外,由于艇体的表面并非完全光滑,而是有不平整的艇体/外艇壳,还有压载水舱的孔洞等多种瑕疵,所以需要再引入一个修正量。由于相关换算数据较少,因此很难确定此部分分量大小。对于水面船舶,通常会给无量纲摩擦阻力增加 0.0004 的额外值来补偿船体粗糙度,但由压载水舱开孔(流水孔和排气孔)引起的额外阻力没有被考虑在内(详见 4.9.1.4 小节)。

形状阻力或压力阻力是潜艇艇体阻力的一个很小的组成部分。无量纲黏压阻力可从式(4.18)中获得:

$$C'_p = K_P C'_{F_{form}} \qquad (4.18)$$

式中,K_P 的值可从式(4.19)中获得,即

$$K_P = \left[\zeta_{hull} + \zeta_{PMB}\left(\frac{L_{PMB}}{L}\right)^{n_{PMB}}\right]\left(\frac{L}{D}\right)^n \qquad (4.19)$$

其中:L_{PMB} 为平行中体长度。

式(4.19)中的常数数值可从表 4.2 中获得。式(4.19)方括号中的第一项代表无平行中体艇体的压力阻力(如 58 系列中的潜艇,Gertler(1950)),第二项代表平行中体。表 4.2 中的常数数值是根据 Leong(2017)所提供的数据得来的。

表 4.2　式(4.19)中常数数值

常 数 项	数 值
ζ_{hull}	4
ζ_{PMB}	15
n_{PMB}	3
n	-1.8

对于丰满艇首,当 $n_f > 2.2$ 时(图 4.8),艇首的压力阻力将大于式(4.18)的计算结果。增加的压力阻力可以从式(4.2)中计算得出。

以上仅是对轴对称艇体的阻力计算。如果有必要,需要为外艇壳进行额外的修正,或为简单的艇体形状进行其他修改。与获取艇体摩擦阻力一样,外艇壳的摩擦阻力也可以通过同样方法获得,但需加上所增加的湿表面积。此外,还应注意考虑外艇壳上的通风口、舱门和其他增加艇体粗糙度的地方,因为这些都会增加艇体的摩擦阻力。外艇壳的压阻力取决于其形状。如图4.31所示,这种典型的外艇壳增加的压力阻力约为轴对称艇体压力阻力的15%。艇体的总阻力可通过式(4.20)获得,即

$$R_{T_{hull}} = \frac{1}{2}\rho V^2 S_{hull}(C'_{F_{form_{hull}}} + \Delta C'_{F_{form_{hull}}} + K_c C'_{p_{hull}} + \Delta C'_{p_{bow}}) \quad (4.20)$$

式中:S_{hull}为包括外艇壳在内但不包括围壳覆盖区域的艇体湿表面积;K_c为表4.3所给出的外艇壳因子。

图4.31 有外艇壳的潜艇艇体

表4.3 外艇壳因子

外艇壳类型	外艇壳因子 K_c
无外艇壳	1.10
单一外艇壳(图3.2)	1.15

这个阶段其他外艇壳设计的外艇壳系数还无法获得,因此在必要情况下需要进行预估。但是需要知道,外艇壳系数不会对潜艇总阻力产生重大影响。

4.9.3.2 围壳

如艇体一样,围壳的主要阻力形式为表面摩擦力及形状阻力。围壳的摩擦阻力系数可以使用与获得艇体摩擦阻力系数相似的办法获得,计算方法如下:

$$C'_{F_{flat}} = \frac{0.067}{(\lg Re - 2)^2} \quad (4.21)$$

式中:Re为基于围壳弦长的雷诺数。

式(4.21)适用于平板。Leong(2017)的CFD数据显示可以利用式(4.22)获得很好的围壳摩擦阻力系数预报,即

$$C'_{F_{form_{sail}}} = \frac{0.08}{(\lg Re - 2)^2} \quad (4.22)$$

式中:Re为围壳的雷诺数。

式(4.22)适用于围壳厚度占潜艇厚度15%~40%的情况。此外,由于围壳的表面不光滑,存在很多瑕疵,因而需要进一步修正,即$\Delta C'_{F_{form_{sail}}}$。

由于相关数据极少，因此很难估算此分量大小。水面船舶通常会在无量纲摩擦阻力的基础上增加 0.0004 来补偿船体表面粗糙度，但由排气孔引起的额外阻力没有被考虑在内。根据 Leong(2017)的数据，围壳的压阻力可根据下式进行估算：

$$C'_{\text{p}_{\text{sail}}} = 10\left(\frac{t_{\text{sail}}}{c_{\text{sail}}}\right)^{1.75} C'_{\text{F}_{\text{form}_{\text{sail}}}} \tag{4.23}$$

式(4.23)同样适用于围壳厚度占潜艇厚度 15%~40%的情况。

围壳总阻力计算公式如下：

$$R_{\text{T}_{\text{sail}}} = \frac{1}{2}\rho V^2 S_{\text{sail}}(C'_{\text{F}_{\text{form}_{\text{sail}}}} + \Delta C'_{\text{F}_{\text{form}_{\text{sail}}}} + C'_{\text{p}_{\text{sail}}}) \tag{4.24}$$

式中：S_{sail} 为围壳的湿表面积。

4.9.3.3 操纵面

对于薄的流线型操纵面，其最大横截面约在前缘后部 30%，可以使用 Hoerner(1965)的数据来获取总阻力，这一方法经过 Leong(2017)提供的数据进行修改。两者的结合如下：

$$C'_{\text{T}_{\text{cs}}} = \left[2 + 8\times\frac{t_{\text{cs}}}{c_{\text{cs}}} + 120\left(\frac{t_{\text{cs}}}{c_{\text{cs}}}\right)^{4.5}\right] C'_{\text{F}_{\text{form}_{\text{cs}}}} \tag{4.25}$$

式中：$C'_{\text{T}_{\text{cs}}}$ 为基于平面面积的阻力系数；t_{cs} 为操纵面厚度；c_{cs} 为操纵面弦长；$C'_{\text{F}_{\text{form}_{\text{cs}}}}$ 为包括摩擦形状的摩擦阻力系数，由下式定义：

$$C'_{\text{F}_{\text{form}_{\text{cs}}}} = \frac{0.08}{(\lg Re - 2)^2} \tag{4.26}$$

式中：Re 为操纵面的雷诺数。

式(4.25)中使用的是操纵面的平面面积，而非其湿表面积。因为在早期设计阶段操纵面的湿表面积可能尚待确定。操纵面的阻力可通过式(4.27)获得，即

$$R_{\text{T}_{\text{cs}}} = \frac{1}{2}\rho V^2 A_{\text{plan}} C'_{\text{T}_{\text{cs}}} \tag{4.27}$$

式中：A_{plan} 为附体平面面积；$C'_{\text{T}_{\text{cs}}}$ 的值可通过式(4.25)获得。

将所有操纵面的阻力值相加即可得到所有操纵面的总阻力。

4.9.3.4 总阻力

潜艇总阻力预测值可以通过式(4.28)获得，即

$$R_{\text{T}} = R_{\text{T}_{\text{hull}}} + R_{\text{T}_{\text{sail}}} + \sum R_{\text{T}_{\text{cs}}} \tag{4.28}$$

4.9.3.5 典型潜艇的阻力计算

使用上述近似技术可以估算出示例潜艇几何体的阻力，示例潜艇主要参数见表 4.4。

表 4.4　示例潜艇几何体的主要参数

参　数	符　号	数　值
艇体长度	L	70m
艇首长度	L_F	7m
平行中体长度	L_{PMB}	50m
艇尾长度	L_A	13m
艇体直径	D	6.5m
艇体湿表面积	S_{hull}	1400m^2
外艇壳因子	K_c	1.15
艇首饱满度系数	n_f	2.5
艇首正投影面积	A_F	33.8m^2
围壳弦长	c_{sail}	13m
围壳厚度	t_{sail}	2.0m
围壳湿表面积	S_{sail}	150m^2
艉操纵面弦长	c_{acs}	3.5m
艉操纵面厚度	t_{acs}	0.3m
艉操纵面平面面积	$A_{plan_{acs}}$	14.7m^2
艏操纵面弦长	c_{fcs}	1.8m
艏操纵面厚度	t_{fcs}	0.3m
艏操纵面平面面积	$A_{plan_{fcs}}$	3m^2

假设该潜艇有4个相同的艉操纵面和两个相同的艏操纵面。水的密度为 1024.7kg/m^3，动力黏度为 1.05372×10^{-6} m^2/s，潜艇的速度为 5m/s。各类阻力分量值在表 4.5 和图 4.32 中给出。正如预期的那样，艇体摩擦阻力是潜艇的最主要部分。

表 4.5　阻力分量

阻力分量	数值/N
艇体摩擦阻力(包括粗糙度)	39700
艇体形状阻力(包括艇首修正量)	6200
围壳摩擦阻力	5400
围壳形状阻力	1700
艉操纵面(ACS)总阻力	6000
艏操纵面(FCS)总阻力	900
合计	59900

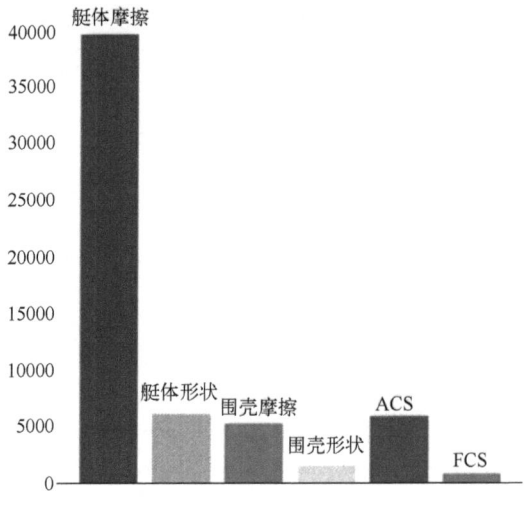

图 4.32 阻力分量值(单位:N)

参考文献

Conway AST(2017) Investigation into wakes generated by surface piercing periscopes. Thesis for Doctor of Philosophy, University of Tasmania, May 2017.

Conway AST, Renilson MR, Ranmuthugala D, Binns JR(2017a) The effect of speed and geometry on the characteristics of the plume generated by submarine masts. In: Proceedings of warship 2017: naval submarines and UUVs, Royal Institution of Naval Architects, Bath, UK.

Conway AST, Ranmuthugala D, Binns JR, Renilson MR(2017b) The effect of geometry on the surface waves generated by vertical surface piercing cylinders with a horizontal velocity. J Eng Marit Environ.

Coombs JL, Doolan CJ, Moreau DJ, Zander AC, Brooks LA(2012) Assessment of turbulence models for wing-in-junction flow. In: 18th Australasian fluid mechanics conference, Launceston, Australia, 3-7 Dec 2012.

Coombs JL, Doolan CJ, Moreau DJ, Zander AC, Brooks LA(2013) Noise modelling of wing-in-junction flows. In: Acoustics 2013, 17-20 Nov 2013, Victor Harbour, Australia.

Crété PA, Leong ZQ, Ranmuthugala D, Renilson MR(2017) The effects of length to diameter ratio on the resistance characteristics for various axisymmetrical hull forms. In: Proceedings of Pacific 2017 international maritime conference, Sydney, Australia, Oct 2017.

Dern JC, Quenez JM, Wilson P(2016) Compendium of ship hydrodynamics, practical tools and applications, Les Presses de l'ENSTA, Jan 2016. ISBN-10:2722509490, ISBN-13:978-2722509498.

Devenport WJ, Agarwal NK, Dewitz MB, Simpson RL, Poddar K(1990) Effects of a fillet on the flow past a wing-body junction. AIAA J 28:2017-2024.

Devenport WJ, Simpson RL, Dewitz MB, Agarwal NK(1991) Effects of a strake on the flow past a wing-body junction. In: 29th aerospace sciences meeting, Jan 7-10, 1991/Reno, Nevada, AIAA.

Erm, LP, Jones, MB, Henbest SM(2012) Boundary layer trip size selection bodies of revolution. In: Proceedings of the 18th Australasian fluid mechanics conference, Launceston, Australia, 3–7 Dec 2012.

Fureby C, Anderson B, Clarke D, Erm L, Henbest S, Giacebello M, Jones D, Nguyen M, Johansson M, Jones M, Kumar C, Lee S-K, Manovski P, Norrison D, Petterson K, Seil G, Woodyatt B, Zhu S (2015) Unsteady flow about a generic submarine—a modelling capability. MAST Asia, Pacifico, Yokohama, Japan.

Fu S, Xiao Z, Chen H, Zhang Y, Huang J (2007) Simulation of wing-body junction flows with hybrid RANS/LES methods. Int J Heat Fluid Flow 28(2007):1379–1390.

Gertler M (1950) Resistance experiments on a systematic series of streamlined bodies of revolution—for application to the design of high-speed submarines, David W Taylor Model Basin Report C-297, April 1950.

Hama FR, Long JD, Hegarty JC (1957) On transition from laminar to turbulent flow. J Appl Phys 28(4):388–394.

Harvald Sv AA (1983) Resistance and propulsion of ships. Ocean engineering series. Wiley.

Hazarika, BK, Raj RS (1987) An investigation of the flow characteristics in the Blade Endwall Corner Region. NASA Contractor Report 4076.

Hoerner SF (1965) Fluid-Dynamic Drag.

ITTC (2011a) International towing tank conference recommended procedures and guidelines, ship. models, Procedure number: 7.5-01-01-01.

ITTC (2011b) International towing tank conference recommended procedures and guidelines, ship models, Procedure number: 7.5-02-02-01.

ITTC (2017) Report of resistance committee to the 28th international towing tank conference, Wuxi, China, 2017.

Jiménez JM, Smits AJ (2011) Tip and junction vortices generated by the sail of a yawed submarine model at low Reynolds Numbers. J Fluids Eng I33(3):034501-1-4.

Jones DA, Clarke, DB (2005) Simulation of a wing-body junction experiment using the fluent code. Defence Science and Technology Organisation, report number: DSTO-TR-1753.

Jones MB, Erm LP, Valiyff A, Henbest S M (2013) Skin-friction measurements on amodel submarine. Defence Science and Technology Organisation report: DSTO-TR-2898.

Leong ZQ, Ranmuthugala D, Renilson MR (2015) Resistance as a function of L/D ratio characteristics for various axisymmetrical hull forms. Australian Maritime College, Tasmania Australia.

Leong ZQ (2017) Personal communication.

Liu Z, Xiong Y, Wang Z, Wang S (2010) Numerical simulation and experimental study of the new method of horseshoe vortex control. J Hydrodyn 22(4):572–581.

Liu Z, Xiong Y, Tu C (2011) Numerical simulation and control of horseshoe vortex around an appendage-body junction. J Fluids Struct 27(1):23–42.

Liu Z, Xiong Y (2014) The method to control the submarine horseshoe vortex by breaking the vortex core. J Hydrodyn 26(4):637–645.

Moonesun M, Korol Y (2017) Naval submarine body form design and hydrodynamics. Lambert Academic Publishing. ISBN: 978-620-2-00425-1.

Olcmen SM, Simpson RL (2006) Some features of a turbulent wing-body junction vortical flow. Int J Heat Fluid Flow 27(2006):980–993.

Overpelt B, Nienhuis B (2014) Bow shape design for increased performance of an SSK submarine. In: Proceedings of warship 2014, Naval Submarines and UUVs, Bath, UK, June 2014.

Rawson KJ, Tupper EC(2001) Basic ship theory, 5th edn. Butterworth-Heinemann.

Renilson MR, Ranmuthugala D(2012) The effect of proximity to free surface on the optimum length/diameter ratio for a submarine. In: First international conference on submarine technology and marine robotics (STaMR 2012), Chennai, 13-14 Jan 2012.

Seil, GJ, Anderson B(2012) A comparison of submarine fin geometry on the performance of a generic submarine. In: Proceedings of Pacific 2012 international maritime conference, Sydney, 2012.

Shen YT, Hughes MJ, Hughes JJ(2015) Resistance prediction on submerged axisymmetric bodies fitted with turbulent spot inducers. J Ship Res 59(2):85-98.

Simpson RL(2001) Junction flows. Annu Rev Fluid Mech.

Stanbrook A (1959) Experimental observation of vortices in wing-body junctions. Aeronautical research council reports and memoranda, Ministry of Supply, RAE Report Aero. 2589.

Toxopeus SL, Kuin RWJ, Kerkvliet M, Hoeijmakers H, Nienhuis B (2014) Improvement of resistance and wake field of an underwater vehicle by optimising the fin-body junction flow with CFD. In: OMAE ASME 33rd international conference on ocean, offshore and Arctic engineering, San Francisco, CA, 2014.

Warren CL, Thomas MW(2000) Submarine hull form optimisation case study. Naval Eng J, pp 27-39.

第 5 章
潜 艇 推 进

摘要 潜艇推进器的效率和声学性能会受到进流的影响,而推进器进流又由以下几方面因素共同决定,即艇体形状(特别是艇尾形状和尾锥角)、外艇壳、围壳及艇尾附体。受围壳设计和艇尾操纵面配置影响,推进器周围存在一个不均匀伴流场。该伴流场会引发波动力,进而产生振动和噪声。本章介绍了运用畸变系数或伴流目标函数量化推进器进流特性的方法,给出了相关结果以预估泰勒伴流分数、推力减额分数与尾锥角的函数关系、推进器直径与艇体直径比。由此可以估算出船身效率,即有效功率与推进器推力功率之比。推进器的相对旋转效率为敞水推进效率与伴流推进效率之比。准推进系数(QPC)为有效功率与推进器收到功率的比值。潜艇通常由一个大型最佳直径单桨推进。防止螺旋桨产生空化非常重要;且空化初生速度取决于潜艇下潜深度。此外,桨叶数量也是影响螺旋桨效率和性能的重要因素,本章对此也将进行讨论。除螺旋桨外,还有很多潜艇使用泵喷推进器提供推力。泵喷推进器包含两个或两个以上叶排,所有叶排均位于导管中。本章将讨论泵喷推进器的工作原理与一些设计指南。泵喷推进器的直径通常比螺旋桨直径小,这就使其转子叶梢速度更低。此外,本章还将讨论对转螺旋桨推进、双桨推进、吊舱式推进和轮缘推进,并描述使用等推力法或等转矩法的推进器性能评估。

5.1 推进器/艇体相互作用

5.1.1 概述

现代潜艇一般由安装在中轴上的单个推进器推动,如图 5.1 所示。
推动潜艇所需的有效功率 P_E 与潜艇阻力 R 和航行速度 V 之间的关系如下:

$$P_E = RV \tag{5.1}$$

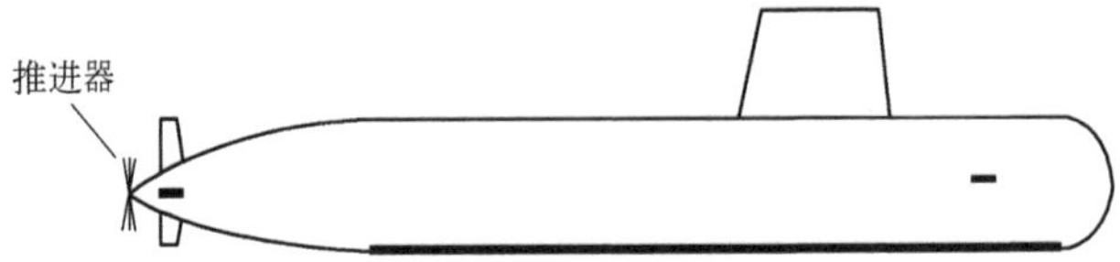

图 5.1 现代潜艇上推进器的典型位置

潜艇的推进受到艇体与推进器间相互作用的影响,如图 5.2 所示。

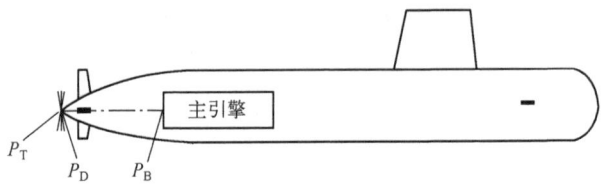

图 5.2 主轴线上功率定义示意图

在图 5.2 中,P_T 为推进器推力功率,P_D 为传递至推进器的功率,P_B 为主机功率(即发动机制动功率)。推力功率 P_T 的计算方法如下:

$$P_T = V_a T \tag{5.2}$$

式中:V_a 为推进器推进速度;T 为推进器推力。

由于伴流的存在,V_a 并不等于潜艇的航速(见 5.1.3 小节)。由于推进器导致潜艇后部压力下降而产生的推力减额的存在,T 也不等于潜艇受到的阻力(见 5.1.4 小节)。有效功率 P_E 与推力功率 P_T 间的比值即为船身效率 η_H,即

$$\eta_H = \frac{P_E}{P_T} \tag{5.3}$$

推进器推力功率与收到功率的比值为推进器效率。艇后推进器效率不同于敞水推进器效率,两者之比即为推进器相对旋转效率 η_R,即

$$\eta_R = \frac{\eta_B}{\eta_0} \tag{5.4}$$

准推进系数(QPC)为有效功率 P_E 与收到功率 P_D 的比值,即

$$\text{QPC} = \eta_H \eta_R \eta_0 \tag{5.5}$$

5.1.2 推进器进流

潜艇推进器的效率和声学性能在很大程度上受到进流的影响,而推进器进流又是由以下几方面的因素共同决定的,即艇体形状(特别是艇尾和尾锥角)、外艇壳位置与尺寸、围壳形状与尺寸以及艇尾附体的尺寸与配置。与敞水推进器(推进器前方无潜艇)相比,艇后推进器遭遇的流动有所不同,这是因为潜艇

后方存在的伴流会对推进器产生显著影响。从根本上来说,潜艇的伴流与水面船舶的伴流非常相似。

图5.3展示了伴流流入对推进器的影响以及伴流的等流速线。该线内侧的流速低于线上流速,外侧流速更高。在图5.3中,左侧为X形艉舵,其等流速线以虚线表示。围壳产生的伴流导致顶部流速稍慢。同时,两个水平舵所处的位置流速也较慢。图5.3右侧为十字形艉舵,其等流速线以实线表示。围壳和上方向舵的影响导致顶部流速很慢。同时,位于水平稳定翼伴流中一侧的流速较慢,而底部因下方向舵的影响流速也较慢。

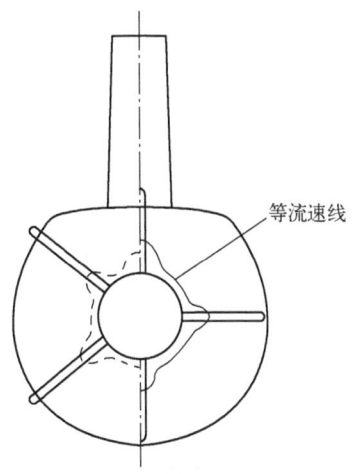

图5.3 推进器平面伴流示意图(左侧为X形艉舵;右侧为十字形艉舵)

进流速度变化对推进器叶片的影响如图5.4所示。作用于推进器叶片的进流合速度由局部轴向速度V^*和叶片处的周向速度(等于$\pi n D_{local} - V_\theta$,$n$为每秒转数,$D_{local}$为局部直径,$V_\theta$为伴流中的局部切向速度)组成。

图5.4(a)展示了局部轴向速度V^*相对较快时的情况,此时对应的是圆周上伴流较小的角度位置。从图中可以看出,合速度与推进器叶片间的夹角较小,此为设计条件。图5.4(b)展示了局部轴向速度V^*较慢时的情况,此时可能对应的是圆周上位于附体正后方的角度位置。这一情况下,合速度与推进器叶片间的夹角(攻角)比图5.4(a)中的夹角要大得多,因此叶片上的升力和阻力也相对更大。

这样,推进器叶片上的力就会随着叶片周向位置的不同而发生变化,导致推进器振动,振动频率则取决于推进器转速、叶片数量和伴流流速较快区域的数量。推进器振动会传递至潜艇中轴,导致整个驱动链甚至艇体振动。由于推进器叶片会影响周向伴流模式,所以选择推进器叶片数量时需要非常谨慎。正因如此，在设计推进器时常将伴流进流因素考虑在内，并开展有动力和无动力伴流测量，以获取轴向和切向伴流速度分量，伴流测量可以使用物理模型在水中或空气中完成。图 5.5 所示为在风洞中使用粒子图像测速仪进行伴流测量的设置。另一个获取良好伴流的方法就是 CFD。

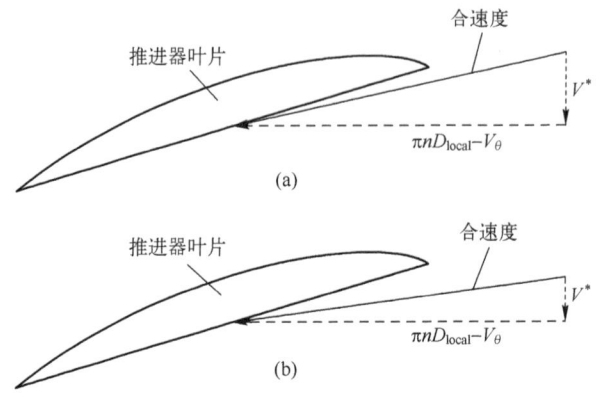

图 5.4　推进器叶片进流

（a）当轴向速度快时的水流状况；（b）当轴向速度慢时的水流状况。

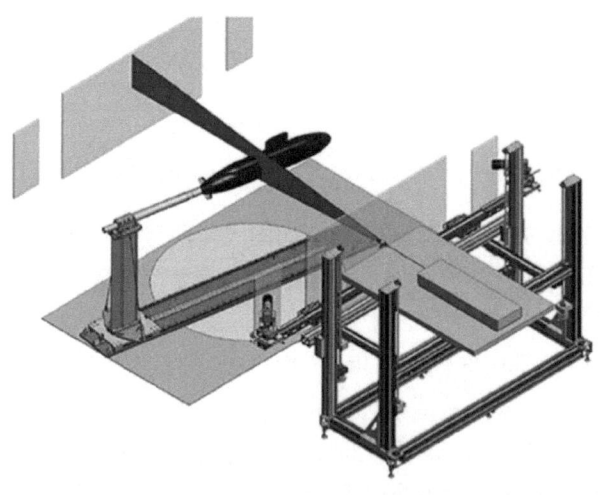

图 5.5　在风洞中使用粒子图像测速仪进行伴流测量的设置

伴流周向变化程度可以使用 Seil 和 Anderson（2012）提出的畸变系数 D_C 或 van der Ploeg（2012、2015）提出的伴流目标函数（WOF）进行量化。通过这两种方法可以估计伴流场畸变，进而预估潜艇尾部对推进器的影响。

畸变系数考虑了既定半径下伴流平均值的周向变化。对于不同的半径值，平均轴向伴流分数可以通过沿圆周积分确定。畸变系数则为伴流分数在既定半

径的平均值的标准差,如式(5.6)所示,即

$$D_C = \sqrt{\frac{\sum_{i=1}^{n}(w_i - \overline{w})^2}{n-1}} \quad (5.6)$$

式中:下标"i"代表点i处的值;n的测量点均匀分布于圆周上,圆周上测量点的数量要足够多,以保证畸变系数D_C不受点数的影响。

畸变系数D_C与半径的函数关系如图5.6所示(Seil和Anderson(2012))。从图中可以清晰地看出潜艇的几何设计(本例中为围壳的设计)对畸变系数径向分布的影响。这可以帮助我们量化艇体几何对推进器进流的影响。

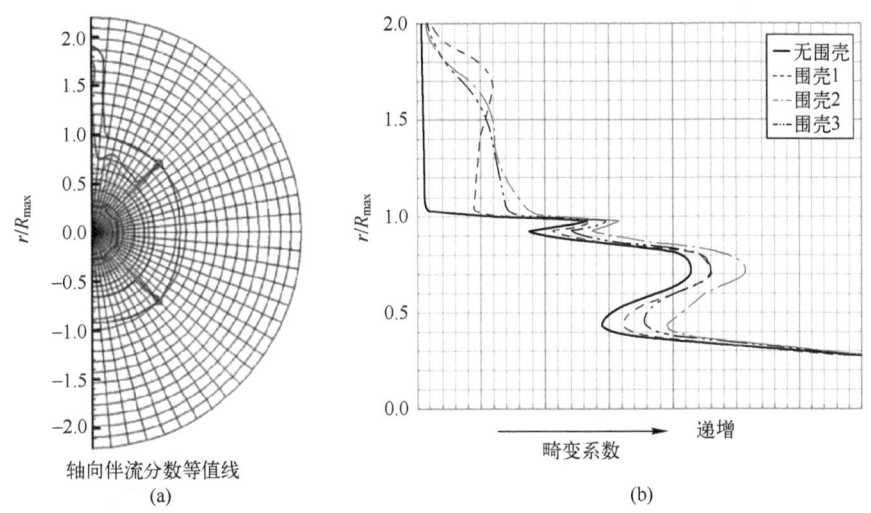

图5.6 伴流畸变系数的径向变化(摘自Seil和Anderson(2012))

还可以使用van der Ploeg(2012,2015)提出的伴流目标函数(WOF),基于进流与推进器叶片形成的局部角度β的变化对伴流周向变化进行量化。β的计算方法为

$$\beta = \arctan\left(\frac{V^*}{\pi n D_{\text{local}} - V_\theta}\right) \quad (5.7)$$

式(5.8)给出了WOF的计算方法,即

$$\text{WOF} = \frac{\int_{r=\text{hub}}^{r=\text{tip}} \oint_\theta \left|\frac{\partial \beta}{\partial \theta}\right| f(\theta,r) \, \mathrm{d}\theta r \mathrm{d}r}{\int_{r=\text{hub}}^{r=\text{tip}} \oint_\theta f(\theta,r) \, \mathrm{d}\theta r \mathrm{d}r} \quad (5.8)$$

式中:f为van der Ploeg建议使用的权重函数,用于提高或降低推进器盘面某一

特定区域的重要性。

注意,由式(5.8)获得的 WOF 是整个推进器盘面的单一值。若不使用权重函数,WOF 可以作为半径的函数进行计算,如下所示:

$$\mathrm{WOF}(r) = \oint_\theta \left|\frac{\partial \beta}{\partial \theta}\right| \mathrm{d}\theta \tag{5.9}$$

式(5.8)和式(5.9)间的函数关系也可以用图表的形式表现出来,绘制方法与绘制畸变系数与半径的函数关系图的方法类似。

5.1.3 伴流

伴流分数(w)的定义为

$$w = \frac{V - V_\mathrm{a}}{V} \tag{5.10}$$

式中:w 为泰勒伴流分数;V 为潜艇推进速度;V_a 为推进器推进速度。

泰勒伴流分数取决于尾锥角和推进器直径与艇体直径之比(图5.7)。该图基于 Burcher 和 Riddell(1998)的内容绘制。注意,本图中使用的是全尾锥角(半尾锥角的2倍)。

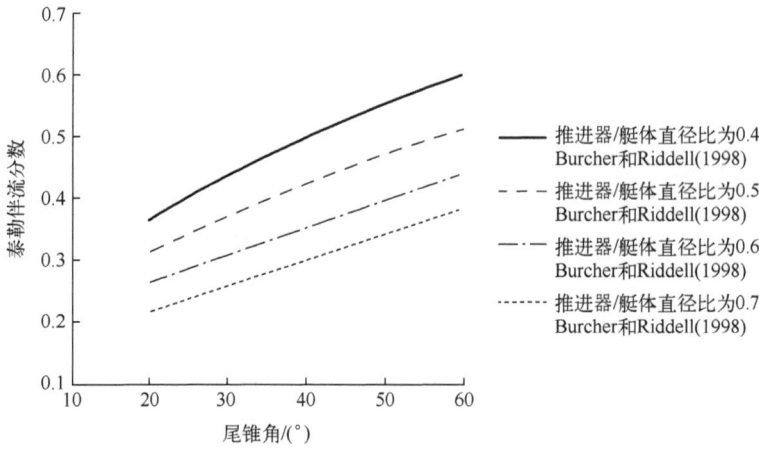

图 5.7　泰勒伴流分数(基于 Burcher 和 Riddell(1998)的内容绘制)

5.1.4 推力减额

推进器对艇体的另一个主要影响是会在潜艇艇尾产生一个拉力,这是因为艇尾前方的水流压力较低。推进器推力与克服艇体阻力所需推力的差额即为推力减额。推力减额分数 t 的计算方法为

$$t = \frac{T - R_\mathrm{T}}{T} \tag{5.11}$$

式中:t 为推力减额分数;T 为推进器推力;R_T 为艇体总阻力。

推力减额分数取决于尾锥角和推进器直径与艇体直径之比(图5.8),该图基于 Burcher 和 Riddell(1998)与 Kormilitsin 和 Khalizev(2001)的内容绘制。注意,图5.8中使用的尾锥角是全尾锥角(半尾锥角的2倍)。

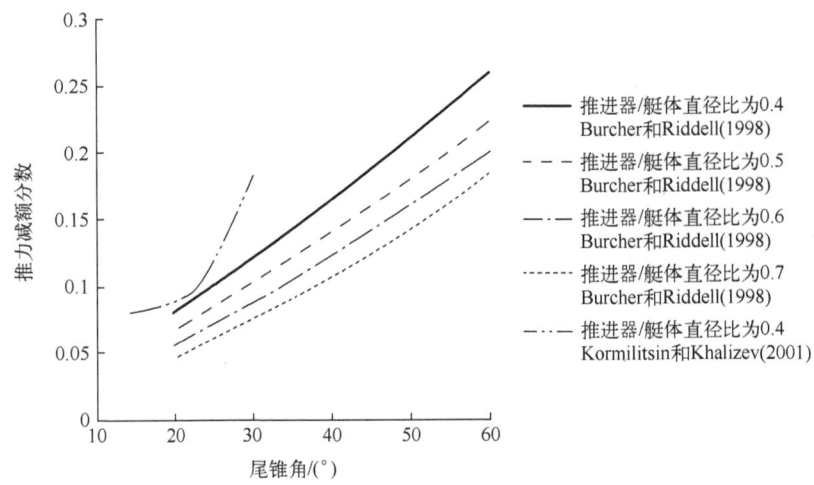

图5.8 推力减额分数(基于 Burcher 和 Riddell(1998)与 Kormilitsin 和 Khalizev(2001)的内容绘制)

5.1.5 船身效率

船身效率 η_H 为有效功率与推力功率之比,式(5.3)定义了船身效率的计算方法。将式(5.1)和式(5.2)代入式(5.3)就得出了式(5.12),即

$$\eta_\mathrm{H} = \frac{P_\mathrm{E}}{P_\mathrm{T}} = \frac{1-t}{1-w} \tag{5.12}$$

式中:P_E 为有效功率;P_T 为推力功率;t 为推力减额分数;w 为泰勒伴流分数。

注意,船身效率有可能大于1。

图5.9给出了使用图5.7和图5.8中的数据获得的船身效率。注意,图5.9中使用的尾锥角是全尾锥角(半尾锥角的2倍)。从图中可以看出,船身效率一直大于1。这是由高伴流相对应的高推力减额分数造成的。在设计早期,可以使用本图估计船身效率,而到设计后期,通常会开展潜艇自航模型试验来进行结果优化。

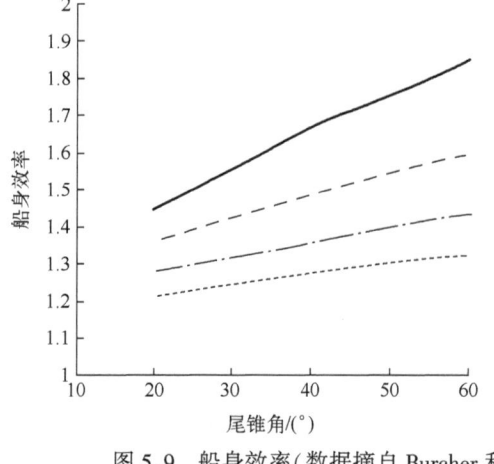

图 5.9　船身效率（数据摘自 Burcher 和 Rydill(1998)）

5.1.6　相对旋转效率

相对旋转效率 η_R 为敞水推进效率 η_0 与艇后伴流中的推进效率之比。若潜艇由轴上单桨推进，则 η_R 的值取决于潜艇尾部（以尾锥角为主要特征）和附体的形状以及推进器直径与艇体直径的比值。

当推进器直径与艇体直径之比为 0.4~0.7 且全尾锥角为 20°~50°时，η_R 的值约为 1.05，这意味着艇后推进器的推进效率高于敞水中的推进效率。部分原因是因为对艇后推进器来说，附体的整流效应降低了漩涡引起的效率损失。当推进器直径较小且尾锥角较大时，η_R 的值可能会小于 1。另外，对于推进器直径比艇体直径大得多且尾锥角很小的极端情况，η_R 的值会接近于 1，因为这种情况下推进器的运行条件接近敞水条件。

5.1.7　准推进系数

准推进系数（QPC）为有效功率与推进器收到功率之比。有关系数及计算方法为

$$QPC = \eta_H \eta_0 \eta_R \tag{5.13}$$

式中：η_H 为船身效率；η_0 为敞水推进器效率；η_R 为相对旋转效率。

对于由轴上单桨推动的潜艇来说，QPC 的值通常介于 0.8~1.0 之间。

5.2　单桨推进的轴对称艇体

绝大多数现代常规潜艇都是由轴上单桨推动（图 5.10）。在这种设计中，潜艇可以通过应用优化的大直径、低转速螺旋桨来得到高推进效率。

图 5.10　单桨配置潜艇模型

潜艇与水面船舶的螺旋桨在初步设计阶段比较相似,有很多著作都对此做过讨论,包括文献 Carlton(2007)。如 van Lammeren 等(1969)所述,两者在设计中都可以利用系统的系列数据。然而,潜艇螺旋桨与水面船舶螺旋桨的设计有一个根本区别,即潜艇不会产生兴波阻力,所以潜艇所受阻力基本与其速度的平方成正比。因此,在忽略速度的情况下,螺旋桨的进速系数 J 几乎保持不变。

螺旋桨的主要参数包括桨叶数量、直径、螺距、转速及桨叶面积。设计潜艇螺旋桨时首先要确定桨叶数量,以此为基础,将螺旋桨在艇后伴流中运行时产生的波动力造成的噪声最小化,如 5.1.2 小节所述。

从图 5.3 的右侧可以看出,十字形艉圆周有 4 个减速流区域,这是由水平舵和围壳/外艇壳的存在导致的。因此,四叶桨的所有叶片会同时经历减速进流,进而产生剧烈振动和水声噪声。所以,为十字形艉潜艇设计螺旋桨时,应避免选择四叶桨或使桨叶为 4 的倍数。从图 5.3 的左侧可以看出,X 形艉圆周有 5 个由伴流造成的减速流区域。所以,为 X 形艉潜艇设计螺旋桨时,应避免使用五叶桨或使桨叶为 5 的倍数。

理想情况下,桨叶数越多越好,而且这一数字应该为质数,以避免产生谐振。但是,桨叶数过多也会引发其他问题,所以一般在设计螺旋桨时会选择七叶桨。下面介绍选择螺旋桨的直径、螺距和旋转速度的方法。

由于单桨潜艇的螺旋桨设计不受其直径的限制,所以设计时可以从已有的螺旋桨系列中选择在一定转速下能够产生所需推力的最佳直径。之后可以从这些系列数据中确定螺旋桨的螺距。这一过程与水面船舶的情况相同,很多著作都对此进行过讨论,如文献 Carlton(2007)。

潜艇螺旋桨的桨毂通常比水面船舶螺旋桨的桨毂大很多。为水面船舶设计的螺旋桨系列一般都有较为满意的螺旋桨初步设计，而对推进器效率也有着良好的估计。参考这些信息对于潜艇螺旋桨的概念设计研究来说已经足够。因为螺旋桨桨毂处的速度比桨叶其他地方的速度要低得多，所以桨毂对整体推力和转矩的贡献通常较小。但是，如果可以获得潜艇螺旋桨的系列数据，显然使用这些数据是更好的选择。

同时，应选择合适的桨叶面积，以避免出现空化。桨叶面积过小会造成桨叶载荷过大，因而导致空化性能不佳。当潜艇在深水中航行时，应该不会出现空化问题。因为巨大的水头会使螺旋桨表面压力升高，所以出现空化的可能性非常低。然而，当潜艇接近水面，桨叶面积不够大时，就有可能出现空化。而且，当潜艇进行非设计工况运行时，如加速、回转或刹车，也有可能出现空化问题。一般来说，完好的螺旋桨在运行工况下避免空化并非难事。即使桨叶数量较多，每片桨叶仍要在伴流中运行，因此各桨叶的载荷会因伴流的周向变化而发生改变，进而引发螺旋桨振动和水声噪声。而为了解决这一问题，设计时通常会使桨叶较大程度地侧斜（图 5.10）。这意味着在任意时刻，只有一部分桨叶会经历低轴向进流，桨叶受到的整体影响变小。但是，桨叶也不宜侧斜过度，以免发生桨叶弯曲以及在施加倒车推力时造成桨叶压力过大。

确定了螺旋桨的主要参数后就可以考虑进一步减小水声噪声的设计特征。例如，增加桨叶横截面厚度（相较同类水面船舶螺旋桨而言）一般可以防止桨叶吸力面和压力面的空化。为了防止叶梢涡流和桨毂涡流空化，设计时通常会降低潜艇螺旋桨叶梢和桨毂处的负载。此外，桨叶后缘区域需要周全的设计以降低后缘噪声。在考虑螺旋桨降噪时，仅考虑降低噪声是不够的，还应该考虑整个噪声谱。所以，潜艇螺旋桨的后缘一般不是抗噪声后缘（Anderson 等（2009））。图 5.11 所示为特拉法尔加级攻击型核潜艇螺旋桨。

图 5.11　特拉法尔加级攻击型核潜艇螺旋桨

5.3 单泵喷推进的轴对称艇体

泵喷推进器包含位于导管中的两个或两个以上叶排,叶排由旋转叶片(转子)或静止叶片(定子)组成。泵喷推进器的设计目标之一是使用定子消除转子产生的旋流。单桨后方始终存在旋流,这意味着部分能量被用于水流旋转而非推进潜艇,这部分水动力的损失会导致螺旋桨的效率降低。图 5.12 所示为 SSPA 空化试验筒中的泵喷推进器(SSPA(1993))。在潜艇上应用泵喷推进器设计的首要目的是为减小水声噪声,不过也有人认为其能提高推进器效率(Vinton 等(2005))。

图 5.12　SSPA 空化试验筒中潜艇模型上的泵喷推进器
(图片由 Sven Wessling 拍摄,SSPA 提供,SSPA(1993))

泵喷推进器可以控制叶片上的水流速度,实现空化性能与推进器效率间的平衡。此外,泵喷推进器的导管起到叶片的端壁作用,将叶片负荷传至叶梢,因此泵喷推进器的直径比开敞式螺旋桨要小很多,叶梢速度也会降低。然而,由于转子叶梢与导管间的空隙可能引起空化,所以这一空隙越小越好。

如图 5.13 所示,泵喷推进器的定子排既可以设计在转子排之后(后置),也可以设计在转子排之前(前置)。后置定子式泵喷推进器需要在转子前方安装额外的支柱以支撑导管(图 5.13(a))。后置定子式泵喷推进器的定子提供的推力占总推力的 25%,且能够降低转子负荷,预防空化风险(Clarke(1988))。此外,推进器导管的设计也可以使水流减速,进而提高压力。这些方法都可以帮助避免空化。潜艇在高速运行时,空化是一个重要的潜在问题。

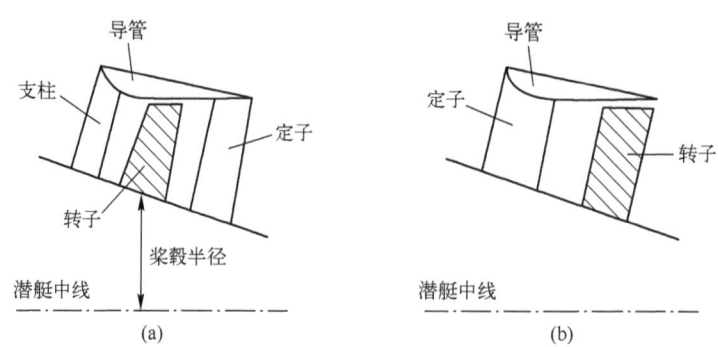

图 5.13 后置定子式和前置定子式泵喷推进器示意图(水流方向为从左至右)
(a) 后置定子式泵喷推进器；(b) 前置定子式泵喷推进器。

另外，前置定子式泵喷推进器的定子会产生阻力，这意味着转子的实际推力将大于泵喷推进器的全部推力，导致其空化性能降低。由于定子阻力的存在，前置定子式泵喷推进器的效率一般会比后置定子式泵喷推进器的效率低。虽然如此，两者的效率依然可能与螺旋桨的效率相媲美，甚至比螺旋桨效率更高。

后置定子式泵喷推进器的转子直接在附体(围壳与艉水平舵)产生的伴流中运行，将引起窄叶频率辐射噪声，对潜艇产生重大影响(Clarke(1988))。而对前置定子式泵喷推进器而言，来自附体的伴流在到达转子前就被定子过滤，因此推进器的噪声会有所降低(Clarke(1988))。此外，相比后置定子式泵喷推进器，前置定子式泵喷推进器定子上的水流速度更低。因此，在不用考虑空化问题的深度航行时，使用前置定子式泵喷推进器的潜艇会更安静。

泵喷推进器也可以有两个定子排，分别位于转子前方和后方。理论上，泵喷推进器可以有多个转子排和/或使用对旋转子消除旋流，与鱼雷和水面船舶使用的对旋螺旋桨原理相同。

泵喷推进器的转子和定子叶排通常有较多叶片。而且为了避免谐波，叶片数量很可能为质数。如有多个叶排，应避免每个叶排使用相同数量的叶片，这一点很重要。由于叶片数量对泵喷推进器的性能(尤其是声学性能)有重要影响，所以在役潜艇的叶片数量都是高度机密信息。

虽然泵喷推进器的直径更小，但它的重量相比对等螺旋桨更大，因为它包含更多部件，包括螺旋桨没有的导管和定子。

泵喷推进器的叶片一般都是单独制造并安装到桨毂上。这使泵喷推进器的桨毂比固定螺距螺旋桨的桨毂更复杂，直径也更大。所以，泵喷推进器在潜艇上的安装位置应该比螺旋桨更靠前，也就是在艇体直径较大的位置。而且，泵喷推进器比螺旋桨更重,如果安装位置太靠后会出现问题,这也是泵喷推进器比常规螺旋桨更靠前的另一个原因。

对于泵喷推进器而言,另一个重要参数是转子的叶梢速度。叶梢速度越快,叶梢涡流空化出现的可能性就越大,且此类空化会影响空化初生速度(CIS)。在给定推进器转速的情况下,推进器直径越大,转子叶梢速度就越快。

与对等螺旋桨相比,泵喷推进器所需的直径更小,这是因为导管形成的端壁使推进器转子叶梢具有更高的载荷。

推进器低转速会提高空化和声学性能,但是会要求更大的推进器直径。因此,推进器转速和直径的选择其实就是对空化和声学性能的权衡取舍。

根据设计的不同,推进器导管既可以使水流加速,也可以使其减速。图 5.14 展示了这两种截然相反的导管形状。加速导管的水流入口面积大于出口面积,减速导管则恰恰相反。

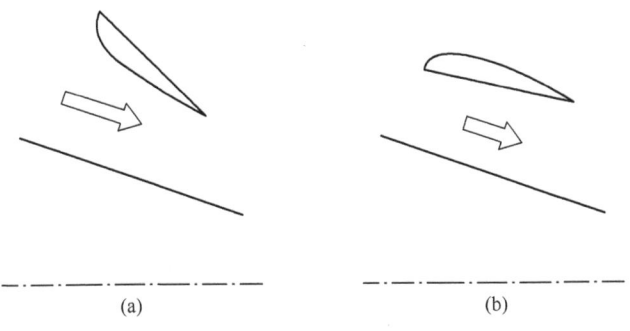

图 5.14 加速导管与减速导管示意图(水流方向为从左至右)
(a)加速导管;(b)减速导管。

加速导管可以产生正推力,以提高转子/导管组合效率。这一概念常用于低速运行时需要大推力的水面船舶,如进行拖曳作业的船舶。而另一方面,加速导管往往对推力小且速度高(螺旋桨负荷较小)的船舶没有什么益处。因为当叶片上的水流速度较快时,加速导管会导致压力下降,进而降低推进器空化性能。减速导管会降低叶片上的水流速度,提高压力,进而获得更好的空化性能。但是,减速导管会使阻力增大,因此需要叶片提供更大的推力,导致推进效率降低。

潜艇的最佳导管形状取决于推进器载荷系数 B_p,B_p 计算方法如下:

$$B_p = \frac{NP_S^{0.5}}{V_a^{2.5}} \tag{5.14}$$

式中:N 为推进器转速(r/min);P_S 为传递至轴的功率(即轴功率)(马力,1 马力 ≈

735.5W);V_a为推进器推进速度(kn,1kn≈1.85km/h)。

水面船舶的一个经验法则为:B_p值大于40时,导管对船舶有益(Carlton(2007))。潜艇的B_p值一般比40小,也就是说,从流体动力角度来看,导管对潜艇并不是有利因素。

泵喷推进器的定子叶片和转子叶片的展弦比要低于常规开敞式螺旋桨的展弦比。常规开敞式螺旋桨的桨叶拥有相同的侧斜度,而定子叶片和转子叶片则并非如此。如果设计合理,泵喷推进器后方不会产生旋流。旋流意味着动力损失,因此泵喷推进器的效率有可能高于开敞式螺旋桨效率。另外,在潜艇进行相关操作时,导管和前置定子的推进器典型载荷值会引起额外阻力。

McCormick 和 Eisenhuth(1963)在讨论中引用了敞水中后置定子式推进器设计的效率值为0.833。而对于在轴对称艇体后的伴流中运行的泵喷推进器来说,其效率值很可能更高。

泵喷推进器的倒车性能远不如常规开敞式螺旋桨。究其原因,部分是由于导管设计,特别是尖锐的后缘设计。对倒车推力性能要求高的水面船舶(如拖船)的导管拥有更圆润的后缘,这会降低正车工况的推进器效率(Carlton(2007))。

5.4 其他类型推进器的配置

5.4.1 对旋螺旋桨

对旋螺旋桨由两个同轴反转的螺旋桨组成。其中,后螺旋桨会回收前螺旋桨产生的部分旋转动能。因此,对转螺旋桨的推进效率要比单桨的推进效率高很多。1967—1989年,对旋螺旋桨在 USS 杰克号(Jack)上得到成功应用,实现了10%的推进效率提升(Dutton(1994))。

由于对旋螺旋桨的载荷分布在两个螺旋桨上,因此单个桨叶的载荷降低,减少了空化问题。此外,降低螺旋桨转速和/或缩小螺旋桨直径也可以提高空化性能。但是,目前对于对旋螺旋桨的抗空化声学性能的了解有限,而且这种螺旋桨也不是潜艇的常用配置,所以具体如何实现还不得而知。

另外,对旋螺旋桨一直以来都被应用于鱼雷(图5.15)。这部分是为了减弱单桨产生的横摇力矩。然而,现代鱼雷更倾向于使用泵喷推进器,对此5.3节已经做过讨论。

图 5.15 MK 44 型鱼雷上的对旋螺旋桨

5.4.2 双桨推进

双螺旋桨在一些情况下是更好的选择,它可以增强推进系统的冗余性。像俄罗斯德尔塔级和台风级核潜艇使用的就是双螺旋桨推进器。在总动力输出不变的情况下,由单轴动力装置转变为双轴动力装置会使潜艇的标称排水量增加 10%~20%(Kormilitsin 和 Khalizev(2001))。

与所有类型的推进器一样,螺旋桨的进流对其声学性能来说至关重要。因此,在轴对称艇体上使用双螺旋桨时,可以通过展平潜艇尾部来改善螺旋桨的进流,具体形状可参考图 5.16。

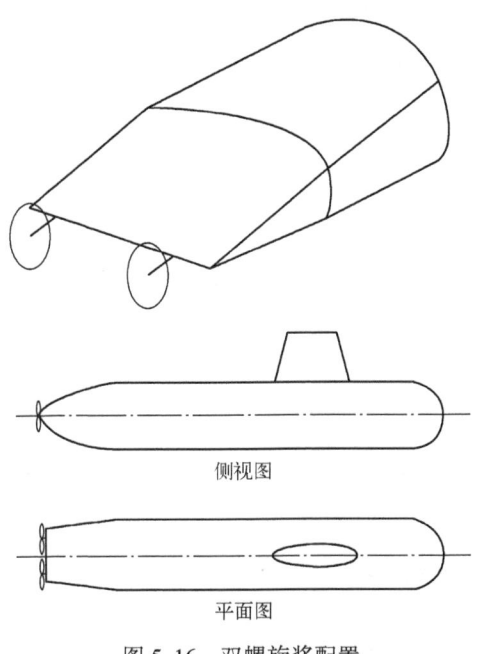

侧视图

平面图

图 5.16 双螺旋桨配置

5.4.3 吊舱式推进器

吊舱式推进器一般由一个内置电机的吊舱组成,适用于多种水面船舶。螺旋桨通常位于吊舱前方,且直接与电机相连。因此,吊舱式推进器的螺旋桨处于无扰动水流中(图 5.17)。

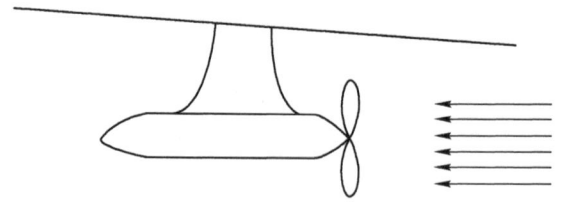

图 5.17 水面船舶的吊舱式推进器

未来可以改进这一推进系统,以将其应用于潜艇,特别是双螺旋桨配置的潜艇(图 5.18)。注意,吊舱可以使螺旋桨轴与局部水流方向平齐。此外,如果这些吊舱可以改变方位,它们就可以代替艉水平舵。然而,在将吊舱推进器应用到潜艇之前,需要考虑各种问题,如电磁特性和耐冲性等。

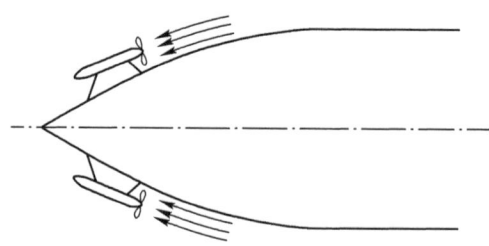

图 5.18 可能的吊舱式推进器设计平面图

5.4.4 轮缘驱动推进器

轮缘驱动推进器导管中的转子是使用永磁电机通过叶梢驱动,而非使用轴式装置驱动(图 5.19)。轮缘驱动推进器的无轴设计改善了叶片的进流,因此可以降低振动和水声噪声。此外,轮缘驱动推进器的转子外缘与导管间不存在空隙,与必须存在空隙的轴驱动设计相比,推进器的空化性能得到提升。转子叶片的内侧,即"叶梢"位置速度最低,因此产生的涡流强度更小。

因为轮缘驱动推进器的转子由外缘独立驱动,所以对旋转子不会面临轴驱动系统存在的机械问题(见 5.4.1 小节)。而且,各转子的转速也可以独立控制。由于转子由导管中的永磁电机驱动,所以可以用类似于吊舱式推进器的方

图 5.19　典型轮缘驱动推进器(水面船舶侧向推力器)

式对其进行配置,需要时也可以让其拥有完全改变方位的能力;或者,也可以让其替代轴对称艇体中轴上的单桨推进器。

5.5　推进器性能预测

5.5.1　物理模型试验

5.5.1.1　流体动力性能

与水面船舶一样,潜艇推进器的水动力性能可通过两类试验进行预测,即敞水推进器试验与艇后推进器试验。

敞水推进器试验通常在空化试验筒中进行。潜艇推进器必须完全避免空化产生,但考虑到潜艇推进器一般在大水头高压环境中运行,因此空化问题不足为虑,这点与水面船舶的情况不同。同理,由于空化问题不足为虑,所以无须考虑潜艇推进器在空化工况下的行为。

确定潜艇推进器-艇体相互作用的试验与水面船舶试验的方法类似。试验时,潜艇模型位于拖曳水池中,并通过双支杆结构呈倒悬状态(图 4.26)。注意,与水面船舶试验不同,Fr 在潜艇推进器-艇体相互作用试验中并不重要,因此试验时模型无须改变速度。

试验时,要改变推进器转速并测量在不同转速下的推进器转矩与推力以及艇体阻力。由此可获得全尺寸潜艇自航速度下的有效伴流和推力减额值。这种方法与水面船舶试验使用的方法类似。示例可参见 ITTC(2014)。进行这一过程前,需要了解试验使用的艇后推进器的敞水特性以及无推进潜艇的阻力等知识。

试验所需的全尺寸阻力值可以从模型试验的结果中获得。例如,通过 ITTC

阻力试验程序(ITTC(2011a)),但是必须谨记,该程序原本是针对水面船舶而开发的,所以其形状因子的获取方法在潜艇试验中并不适用(见4.9.1小节)。

如 ITTC(2011b) 所述,确定全尺寸潜艇阻力后便可获得表面摩擦修正力 F_D,该修正力应用到模型上后可以使推进器以全尺寸自航点运行。

之后的潜艇模型试验在有推进器推进的情况下开展,并测量推进器推力 T_M 和转矩 Q_M 以及模型在 X 轴方向上的受力状况。试验过程中,需要不断调整推进器转速,直到模型的轴向作用力与潜艇表面摩擦修正力 F_D 相等,此时模型以全尺寸自航点运行,可以通过式(5.15)获取推力减额分数 t,即

$$t = \frac{T_M + F_D - R_T}{T_M} \tag{5.15}$$

式中:R_T 为模型尺寸的总阻力。

可通过式(5.16)和式(5.17)将实测推力 T_M 和转矩 Q_M 无量纲化,即

$$K_{T_M} = \frac{T_M}{\rho D^4 n^2} \tag{5.16}$$

$$K_{Q_M} = \frac{Q_M}{\rho D^5 n^2} \tag{5.17}$$

然后,就可以通过"等推力"法或"等转矩"法进行分析。注意,ITTC 推荐使用等推力法。

1) 等推力法

在等推力法中,由式(5.16)获得的推力系数和在自航试验中测得的推力值被用来确定推进器推进系数 J_T,如式(5.18)及图 5.20 所示,即

$$J_T = \frac{V_a}{nD} \tag{5.18}$$

图 5.20 绘制了从自航试验中获得的推力系数值 K_{T_M} 和进速系数 J_T。从图中可以看到进速系数 J_T 与敞水推力系数 K_T 交汇的位置,以及该进速系数下的转矩系数 K_{Q_T} 和效率 η_T。下标"T"表示这些值是通过等推力法获得的。

之后可以从式(5.19)中获得泰勒伴流分数,即

$$w_T = 1 - \frac{J_T D_n}{V} \tag{5.19}$$

相对旋转效率 η_R 为艇后推进器效率 η_B 和敞水推进器效率 η_O 之比,如式(5.20)所示,即

$$\eta_R = \frac{\eta_B}{\eta_O} \tag{5.20}$$

推进系数 J_T 与艇后螺旋桨效率的关系如式(5.21)所示,与敞水推进器效率

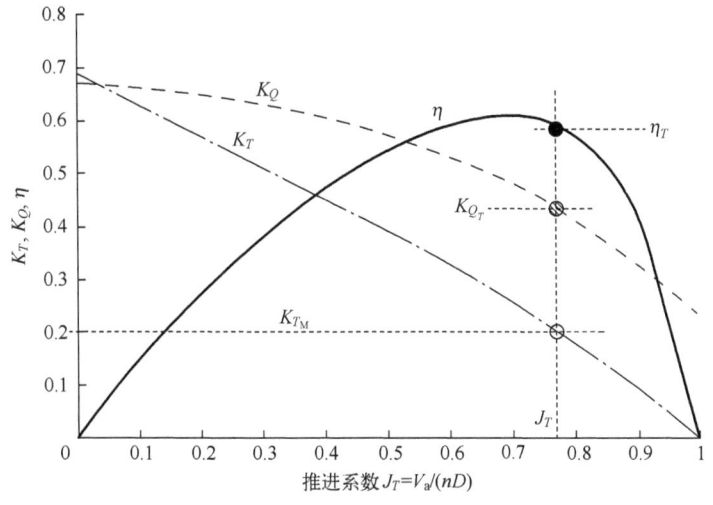

图 5.20 体现等推力法的敞水推进器曲线示意图

的关系如式(5.22)所示,即

$$\eta_B = \frac{J_T}{2\pi} \frac{K_{T_M}}{K_{Q_M}} \quad (5.21)$$

$$\eta_O = \frac{J_T}{2\pi} \frac{K_T}{K_Q} \quad (5.22)$$

从图 5.19 中可以看出,这种情况下从定义来说:$K_{T_M} = K_T$(等推力)且 $K_Q = K_{Q_T}$。因此,使用等推力法获得的相对旋转效率为

$$\eta_{RT} = \frac{K_{Q_T}}{K_{Q_M}} \quad (5.23)$$

式(5.23)为同一进速系数下的敞水推进器转矩系数与自航试验中测得的转矩系数之比。

2) 等转矩法

在等转矩法中,由式(5.17)获得的转矩系数和从自航试验中测得的转矩值被用来确定等效推进系数 J_Q,如式(5.24)和图 5.21 所示,即

$$J_Q = \frac{V_a}{nD} \quad (5.24)$$

图 5.21 中绘出了从自航试验中获得的转矩系数值 K_{Q_M}。从图中可以看到进速系数 J_Q 与敞水转矩系数 K_Q 交汇的位置,以及该进速系数下的推力系数值 K_{T_Q} 和效率 η_O。额外下标"Q"表示这些值是通过转矩法获得的。

泰勒伴流分数可以从式(5.25)中获得,即

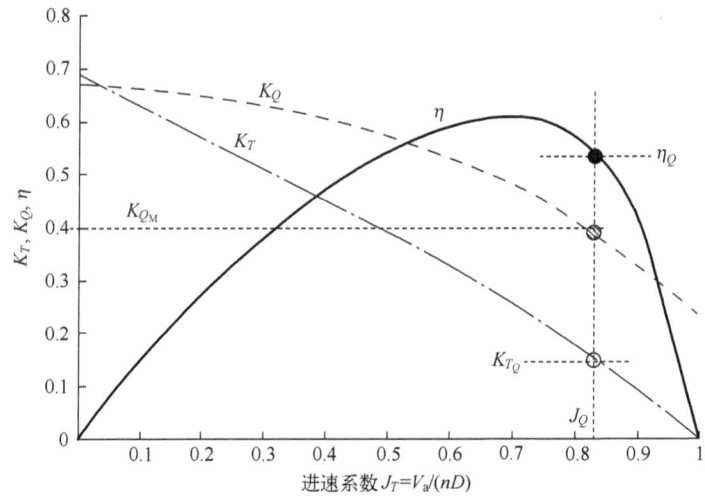

图 5.21 体现等转矩法的敞水推进器曲线示意图

$$w_Q = 1 - \frac{J_Q D n}{V} \tag{5.25}$$

在等推力法中,相对旋转效率为艇后推进器效率 η_B 和敞水推进器效率 η_O 之比。而在本例中,是基于等转矩法中确定的进速系数 J_Q 进行比较。因此,艇后推进器效率如式(5.26)所示,敞水推进器效率如式(5.27)所示,即

$$\eta_B = \frac{J_Q}{2\pi} \frac{K_{T_M}}{K_{Q_M}} \tag{5.26}$$

$$\eta_O = \frac{J_Q}{2\pi} \frac{K_T}{K_Q} \tag{5.27}$$

从图 5.21 中可以看出,在这种情况下从定义来说:$K_{Q_M} = K_Q$(等转矩),$K_T = K_{T_Q}$。因此,使用等转矩法获得的相对旋转效率为

$$\eta_{RQ} = \frac{K_{T_M}}{K_{T_Q}} \tag{5.28}$$

式(5.28)为同一进速系数下自航试验中测得的推力系数与敞水推力系数之比。

5.5.1.2 水声性能

如第 7 章所述,除了空化外,水声噪声也分为窄频(能量集中分布在一些离散频率范围内)或宽频(能量分布于各个频率范围)。当推进器叶片上有波动负载时,叶片在穿过不均匀伴流场时就会产生窄频噪声。所以,要开展物理模型试验来研究窄频噪声,就需要将装配全附体的艇后推进器作为试验对象。因为艇

体伴流与 Re 有关,所以应使用尽可能大的 Re。当这些试验在背景噪声非常小的安静水洞中进行时(如由法国 DGA 运营的水洞,图 5.22),可以测得模型尺度的噪声。试验时要注意消除潜水测音器的本底噪声。

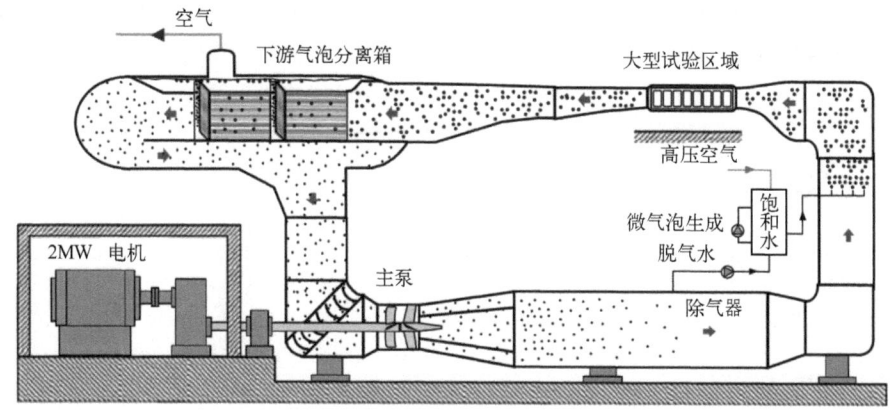

图 5.22　GTH 水声和空化试验筒(图片由 DGA Hydrodynamics 提供)

宽频噪声是由于推进器叶片上的湍流交互作用而产生的。确定宽频噪声的试验通常使用尺寸尽可能大的推进器模型,并在敞水无艇体的环境下进行,可以使用图 5.22 中展示的试验装置。

如第 7 章所述,推进器上的波动力会使潜艇内部产生共振,共振反过来会产生水声辐射噪声。要预测此类水声噪声需要测量三维波动力,并配合潜艇轴和相关结构的数值模型。为此,试验需要使用精密测力计在超高频率环境中进行测量。因为根据相似比例法则,模型尺寸的转速要高于全尺寸转速,因此测力计需能测出高次谐波的波动力。此外,泵喷推进器的叶片速度可能会因为定子和转子的数量而较快。

5.5.2　计算流体动力学

有很多 CFD 技术可以用于推进器设计,其中最简单的方法之一就是雷诺平均纳维-斯托克斯方程(RANS)。在 RANS 方程中,流体的运动被分成时间平均值和脉动分量。该方法通常会使用一个经验推导的湍流模型。目前(2018 年)已有多种商业 RANS 方程求解器,RANS 方程也被认为是进行流体运动模拟的常规方法。

利用 RANS 技术可以有效地确定推进器伴流,这一点对推进器设计而言十分重要。不仅如此,利用 RANS 技术还可以进行推进器水动力性能预测,不过现在(2018 年)的常规做法是至少在最终设计阶段进行模型试验以确认预测的准确性。因为利用 RANS 既可以预测伴流场特性,也可以预测推进器水动力性能,所以从理论上说它也可以用来预测推进器叶片上的波动力以及窄频水声性能。但是,目前(2018 年)一般认为该方法还不够精确,所以仍然需要模型试验的验证。

由于 RANS 需要对边界层水流进行简化,因此无法利用其确定宽频水声噪声。虽然当前业界正使用更加成熟的数值模拟方法做进一步研究,但是,如前所述,到目前为止(2018 年),预测宽频噪声的唯一可靠方法还是模型试验。

参考文献

Andersen P, Kappel JJ, Spangenberg E(2009) Aspects of propeller developments for a submarine. In: First International Symposium on Marine Propulsors, Trondheim, Norway, 2009.

Burcher R, Rydill L(1998) Concepts in submarine design. Cambridge University Press.

Carlton JS(2007) Marine propellers and propulsion. Elsevier. ISBN: 978-07506-8150-6.

Clarke GE(1988) The choice of propulsor design for an underwater weapon. In: UDT conference, London, Oct 26-28, 1988.

Dutton JL(1994) Contrarotating electric drive for attack submarines. Nav Eng J, Mar 1994.

ITTC(2011a) Resistance tests, international towing tank conference recommended procedures and guidelines, Procedure number: 7.5-02-02-01.

ITTC(2011b) Propulsion/bollard pull test, international towing tank conference recommended procedures and guidelines, Procedure number: 7.5-02-03-01.1.

ITTC(2014) 1978 ITTC performance prediction method, international towing tank conference recommended procedures and guidelines, Procedure number: 7.5-02-03-01.4.

Kormilitsin YN, Khalizev OA(2001) Theory of Submarine Design. Saint Petersburg State Maritime Technical University, Russia.

McCormick BW, Eisenhuth J(1963) Propellors and pumpjets for underwater propulsion. AIAA J 1(10): 2348-2354.

Seil GJ, Anderson B(2012) A comparison of submarine fin geometry on the performance of a generic submarine. In: Proceedings of pacific 2012 international maritime conference, Sydney, 2012.

SSPA(1993) Pumpjet propulsion. SSPA highlights magazine no. 2, 1993.

van der Ploeg A(2012) Objective functions for optimizing a ship's aft body. In: Proceedings of the 11th international conference on computer and IT applications in the maritime industries(COMPIT), Liège, Belgium, pp 494-507, Apr 2012.

van der Ploeg A(2015) RANS-based optimization of the aft part of ships including free surface effects. In: Proceedings of the international conference on computational methods in marine engineering, MARINE 2015, 15-17 June, Rome. pp 242-253.

van Lammeren WPA, van Manen JD, Oosterveld MWC(1969) The Wageningen B screw series. Society of naval architects and marine engineers—transactions, vol 77.

Vinton PM, Banks S, West M(2005) Astute propulsor technical innovation summary. In: Proceedings of warship 2005—naval submarines, Royal Institution of Naval Architects, London, 2005.

第6章 附体设计

摘要 潜艇一般包含3类附体,分别为围壳、艏操纵面和艉操纵面。附体会产生相当大的阻力,所以设计时需要谨慎对待。围壳有两种形式,即翼式围壳和混合式围壳。相比翼式围壳,混合式围壳的体积更大,与艇体连接也更为光滑。有攻角的围壳会产生高侧向力,进而引发横倾(尤其是急翻滚),并在艇体垂直平面产生作用力和力矩,增加了艇尾出现下沉的可能性。潜艇操纵过程中侧向力的大小取决于围壳与回转中心之间的距离。围壳的位置还会影响回转半径。艏操纵面可以安装在3个不同的位置,分别是中轴、眉板和围壳。本章将对不同安装位置的优劣进行讨论。艉操纵面包括固定和活动两种,固定的操纵面能够提升潜艇稳定性,活动的操纵面能够通过纵倾变化实现深度和航向的改变。艉操纵面构型包括十字形、X形、倒Y形以及星形。本章还将对不同构型的利弊进行讨论。

6.1 概述

一般情况下潜艇有以下3类附体。

(1)围壳——用来安置潜望镜、气管及其他桅杆,当潜艇在水面作业时作为指挥塔。

(2)艏操纵面——在不改变纵倾的条件下实现潜艇深度调整,在低速航行时控制潜艇深度。

(3)艉操纵面——通过改变纵倾实现潜艇深度调整,在水平平面上实现方向控制。

附体会产生相当大的阻力,因此设计时需要谨慎对待。因为在操纵潜艇时附体与水流方向之间通常存在夹角,而这将导致诱导阻力和相关涡流的产生。因此,需要确保附体根部的顺滑,尤其是在横截面逐渐减小的区域(见4.1节)。

此外,附体设计需要考虑流经的水流角度。这一点对于眉板水平舵而言尤为重要(见6.3.3小节)。在 X 形艉舵设计中也应对此加以考虑(见 6.4.3 小节)。

操纵面的大小取决于在潜望深度且有波浪的情况下,潜艇的深度控制需求。潜艇操纵面既可以是全动操纵面,也可以是半固定的操纵面。固定的操纵面通常是为了提高方向稳定性,因此这种结构在艏操纵面很少应用。对于半固定操纵面,活动部分的前缘可以直接连接到固定部分的后缘,也可以让两者之间存在间隙(图 6.1)。前者的优势在于,当潜艇直线前进、操纵面偏转为零时,出现的湍流较少。但是,由于活动部分的前缘铰接,因而需要更大的扭矩。如果活动部分与固定部分之间有间隙,那么当潜艇以大攻角操纵时,两个部分之间的间隙就可以让水流通过,这是十分有益的。此外,当活动部分与固定部分有一定距离时,所需的扭矩也会较小。

图 6.1　固定部分和活动部分之间有间隙的艉操纵面

除了操纵面外,有时需要在潜艇艇尾安装固定稳定翼来保证航向稳定性。对于 X 形构型来说,额外的艇尾固定稳定翼可以提高垂直平面的稳定性(图 6.2)。

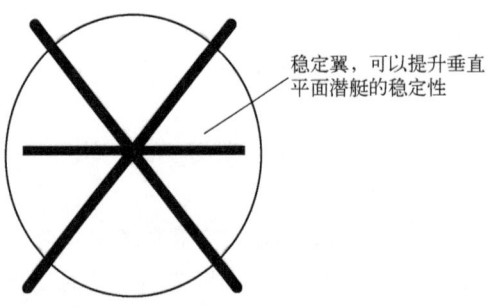

图 6.2　提升潜艇垂直平面稳定性的固定稳定翼

6.2 围　　壳

从水动力学角度出发,围壳或桥鳍并不是有利因素,因为它们会增加潜艇阻力,干扰推进器进流,对潜艇水平平面操纵产生不利影响(见 3.6 节)。围壳的位置越靠前,影响它的艇体边界层就越小,干扰阻力也会越小(Hoerner(1965))。此外,围壳越靠前,推进器的进流就越理想。但是如 3.6 节所述,围壳的位置也会影响潜艇的操纵特征。围壳的两种形式,即翼式围壳和混合式围壳(也称厢式围壳,图 6.3)。

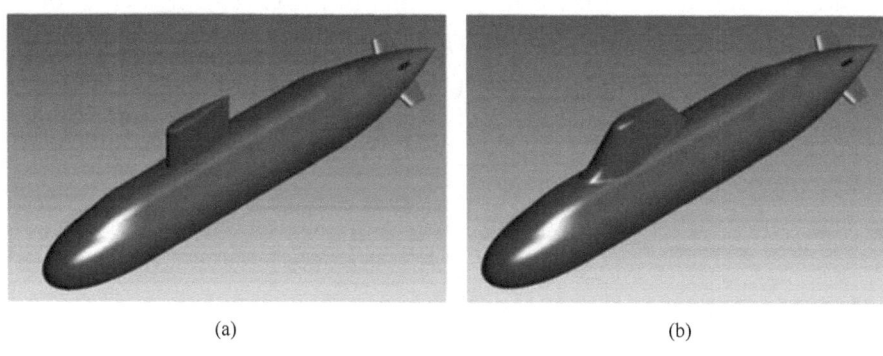

图 6.3　围壳类型(改编自 Seil 和 Anderson(2012))
(a) 翼式围壳;(b) 混合式围壳。

翼式围壳所采用的策略是尽可能缩小围壳尺寸。美国的大型核潜艇虽然艇体巨大,但是围壳相对很小。而最新的趋势是利用围壳来装载特殊武器以及大量桅杆,这意味着现代潜艇的围壳较之前要大些。

因为涡流的强度会干扰推进器的进流,对潜艇水平平面操纵造成不利影响,所以确保围壳与艇体之间光滑连接、降低涡流强度非常重要。使用前缘列板(图 6.4),能够有效降低马蹄形涡流的强度,具体内容参见 4.7 节。

此外,在设计时还需要注意围壳的梢部形状,以降低梢涡的强度。如果围壳与艏垂线的距离为艇身长度的 20%~30%,那么由于艇体与围壳之间的相互作用而增加的阻力就可以相应减小(Kormilitsin 和 Khalizev(2001))。

与翼式围壳相比,混合式围壳的体积更大,其与艇体之间的光滑过渡也降低了根涡强度。但是,体积的增加会导致阻力的增大,包括近水面作业时的兴波阻力。根据围壳中非水密舱的排水布置,潜艇的水面横向稳定性也会受到影响。

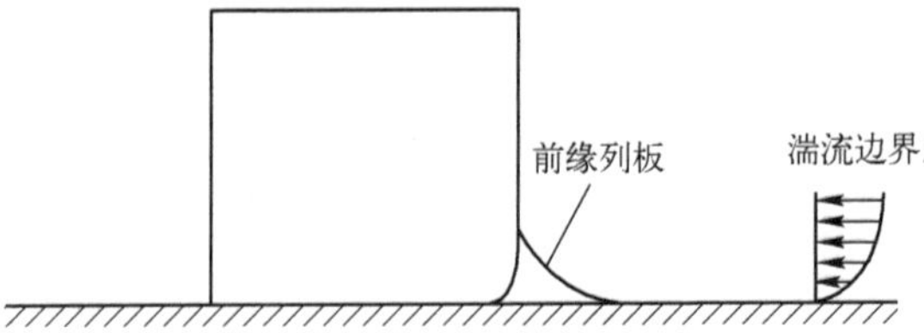

图 6.4 减弱马蹄形涡流的前缘列板

Seil 和 Anderson(2012)指出,混合式围壳设计能够降低总阻力,这是因为在围壳高度一致的情况下,虽然作用于围壳的阻力增加了,但是围壳与艇体的湿表面积却减少了(图 6.5)。他们还指出,对于推进器进流而言,虽然设计欠佳的混合式围壳伴流质量要远低于设计欠佳的翼式围壳伴流质量,但是设计良好的混合式围壳伴流质量与翼式围壳伴流质量不相上下。

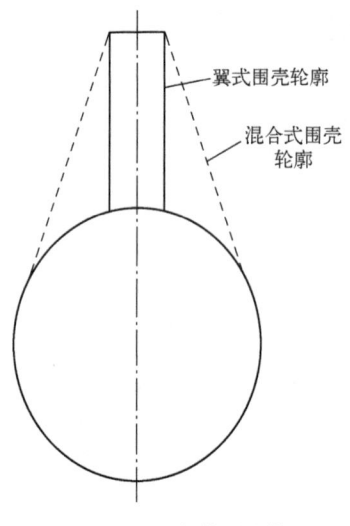

图 6.5 围壳截面比较

在 3.6 节中已经提到,如果围壳有攻角,那么潜艇水平平面操纵会受到不利影响。这主要体现在以下两个方面:

(1) 侧向力升高,导致潜艇在回转过程中出现横倾(尤其是急翻滚);
(2) 在艇体垂直平面产生作用力和力矩,增加了艇尾下沉的可能性。

为了降低急翻滚的风险,需要选择侧向力较低的围壳设计(侧向力为攻角的函数),如小型混合式围壳。为了降低垂直平面的作用力和力矩,应优先选择在有攻角时梢涡强度较低的围壳设计。如 Seil 和 Anderson(2013)所述,这种围壳设计能够降低从艇体脱落的涡流强度。可以看出,围壳的设计取决于多种因素,这些因素在设计早期阶段就需要加以考量。

在 3.6 节中曾提到,当潜艇在水平平面操纵时,如果回转中心在围壳上,就能减小围壳的局部攻角,进而减小侧向力。过去要求围壳的纵向位置处于控制室的上方以便放置潜望镜,但是现代潜艇的非贯穿桅杆使围壳的纵向位置不再受此限制。将围壳位置适当前置能够降低回转半径,而将围壳位置后置则会增加回转半径。

6.3 艏操纵面

6.3.1 概述

艏操纵面能够在不改变纵倾的情况下调整潜艇深度,这一点对于处在潜望深度的潜艇而言非常重要。在 3.7 节中曾提到,艏操纵面还可以在潜艇低速前进时提供垂直平面的控制。艏水平舵有效性的推荐值见 3.9 节。

如图 6.6 所示,艏操纵面可以安装在以下 3 个位置,即中轴、眉板和围壳。

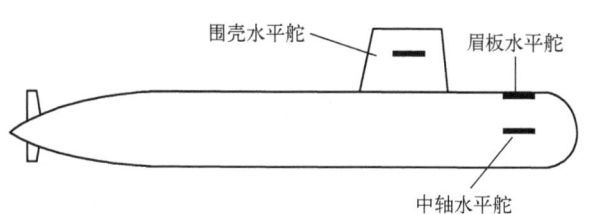

图 6.6　艏操纵面可能安装的位置

6.3.2 中轴水平舵

中轴水平舵位于无扰动的水流中,艇体为其提供了良好的支持,也提高了它们的有效展弦比(图 6.7)。但是,中轴水平舵的尾部涡流可能会影响艇体两侧的声呐阵列(侧翼阵列,图 6.8)。此外,中轴水平舵的涡流还可能被吸入推进器,增加推进器噪声。

由于在深水和高速场景下,潜艇无须使用中轴水平舵操纵,因此可以使用可伸缩的中轴水平舵,以降低阻力及相关噪声。

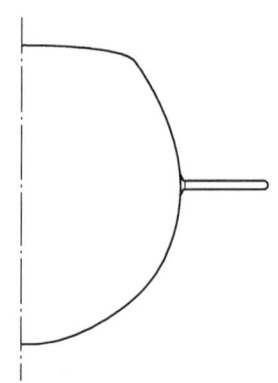

图 6.7　中轴水平舵横截面

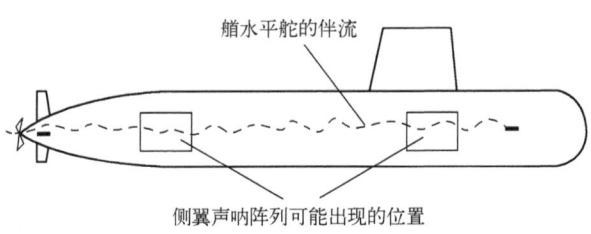

图 6.8　中轴水平舵的伴流

6.3.3　眉板水平舵

如图 6.9 所示,眉板水平舵位于由艇体引起的向上水流中。越靠近艇体,向上的水流强度越大。这意味着眉板水平舵的攻角是展向位置的函数,但水平舵展向弯曲的情况除外。

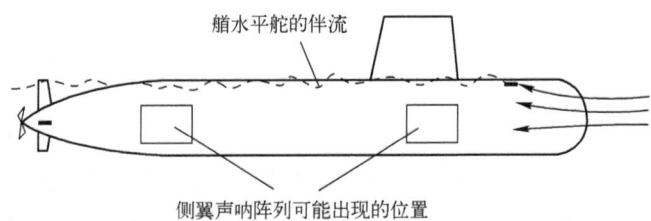

图 6.9　眉板水平舵及其伴流(图片标明了由艇体引起的向上水流)

鉴于此,眉板水平舵不可能出现攻角为零的情况。所以,诱导阻力和相关梢涡会始终存在。此外,设计眉板水平舵时还需要谨慎对待叶根圆角以及眉板水平舵与艇体之间的相互作用(图 6.10)。在很多情况下,当水平舵攻角不为零时,会有间隙存在,这将导致涡流和相关噪声的出现。一个解决方案就是根据眉板水平舵调整艇体,让水平舵根部和艇体连接区域平整连接(图6.11)。

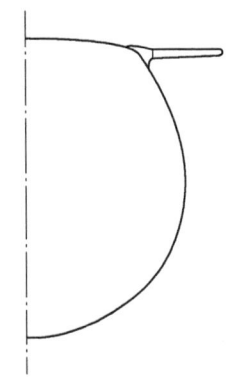

图6.10 眉板水平舵横截面

(a) (b)

图6.11 模型潜艇上的眉板水平舵

与中轴水平舵相比,眉板水平舵的梢涡不太可能会影响侧翼声呐阵列,也不太可能被吸入推进器(图6.9)。眉板水平舵既可以配置为可伸缩式,也可以为固定式。

6.3.4 围壳舵

围壳舵位于无扰动水流中。其产生的涡流不会影响侧翼声呐阵列,也不太可能被吸入推进器(图6.12)。艇体为围壳舵提供了良好的支持,也提高了它们的有效展弦比(图6.13)。围壳舵无须伸缩,因为它们完全包含在潜艇的整体尺寸内。

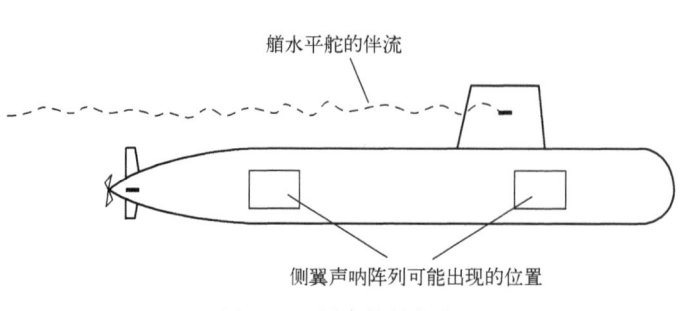

图 6.12 围壳舵的伴流

图 6.13 围壳水平舵横截面

一般来说,围壳舵靠近中性点(见 3.7 节)。这意味着仅依靠围壳水平舵就能在不改变纵倾的情况下改变潜艇的深度。在早期的手动控制系统中这点非常实用。但是现代控制技术可以很容易地利用两个间隔合理的水平舵给中性点施加净垂向力,这就降低了围壳舵靠近中性点的必要性。但是围壳舵靠近中性点有一个潜在的优点,即潜艇在潜望深度操纵时无须使用艉操纵面。

另外,与中轴水平舵和眉板水平舵的位置相比,围壳舵并不那么靠前,到临界点的力臂也相对较短,这降低了围壳水平舵在需要改变纵倾以实现深度变化过程中的有效性。

由于围壳舵的位置远高于艇体,在潜望深度作业时它也更加靠近水面,因此更容易受到风生浪的影响。在评估波浪条件下,潜艇在潜望深度作业的性能时,需要将这一点考虑在内。

此外,由于围壳以及相关器械的质量都位于潜艇上方,因此它们的重量可能会影响到潜艇的稳定性,尤其是潜艇出水时的稳定性。这部分内容在第 2 章中已经进行了讨论。

与安装在艇体上的水平舵相比,围壳舵在协助潜艇快速下潜方面表现较差。但是,现代潜艇通常在水下运行,不需要快速下潜。所以,这一性能对围壳舵而言并不重要。但当潜艇需要破冰时,围壳水平舵则增加了情况的复杂性。此时可将围壳水平舵转至垂直平面以实现破冰。但在一般情况下,最好避免给需要破冰的潜艇安装围壳水平舵。

6.4 艉操纵面

6.4.1 概述

潜艇艉操纵面包括固定操纵面和活动操纵面。活动操纵面包括水平舵和方向舵,用来改变潜艇纵倾,进而改变潜艇入水深度和使潜艇回转。同时,活动操纵面还用来控制潜艇回转时的深度变化。固定操纵面用来增强潜艇稳定性,特别是在需要时增强垂直平面的稳定性。艉水平舵和方向舵有效性的推荐值参考3.9节。

在单推进器轴对称艇体上,艉操纵面常位于推进器前方。这意味着艉操纵面并不会从推进器的加速流中受益,而是会引起推进器伴流畸变,增加推进器噪声。因此,在考虑艉操纵面对潜艇声学特征的影响时,需要兼顾考虑艉操纵面的数量及其与围壳伴流的相互作用。若推进器叶片数量等于伴流模式数量,则不可避免产生显著的水声噪声,这是因为推进器每个叶片会同时通过一个伴流。所以设计时应避免出现这种情况,也应避免选择伴流数量倍数的推进器叶片数。

理想情况是,艉操纵面靠前、离推进器越远越好。但是,由于越靠前尾锥的直径越大,并且要防止操纵面超出潜艇尺寸限制以避免靠舷时出现其他问题(图6.14),操纵面的可用展长就会减小。注意,出于保证垂直平面稳定性的需求,很多潜艇的艉水平舵往往会超出艇体范围,即超出图6.14中虚线框的范围。

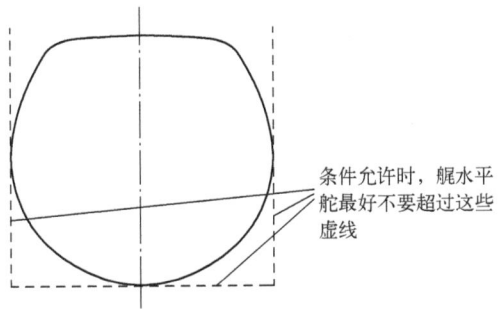

条件允许时,艉水平舵最好不要超过这些虚线

图6.14 定义理想艉水平舵尺寸的U形框

需要说明的是,由于潜艇在xz平面上具备对称性,因此垂直平面的操纵只需要艉操纵面提供一个垂向力。另外,由于潜艇在xy平面上不具备对称性,因此水平平面的操纵需要水平方向和垂直方向的力来保持恒定潜深(见3.6节)。所以,在考虑艉操纵面的尺寸和构型时,这一点也应考虑在内。若潜艇以最高速率回转时,如果可获得的垂向力无法维持潜艇深度,那么即使艉操纵面可以提供一个很大的水平力也毫无意义。

6.4.2 十字形艉操纵面构型

传统单轴推进器潜艇的艉操纵面构型为十字形构型(图6.15和图6.16)。在这种构型下,垂直操纵面(方向舵)控制水平平面的操纵,水平操纵面(艉水平舵)控制垂直平面的操纵。由于潜艇在 xz 平面是具备对称性,因此垂直平面的操纵仅需操作艉水平舵,而水平平面的操纵则需要一起操作方向舵和艉水平舵(及艏水平舵)来维持定深,这是因为潜艇在 xy 平面不对称(见3.6节)。

图 6.15 十字形艉(图片由 QinetiQ Limited 提供,2017 版权所有)

如 3.1 节所述,对于潜艇来说,垂直平面的高稳定性和水平平面的高操纵性(低稳定性)一般是比较理想的。而十字形艉可以兼顾这些特性。例如,可以为潜艇艉水平舵配置带襟翼的固定稳定翼,让方向舵成为全动舵(图 6.16(a))。注意,这种构型不是必需的,很多潜艇的方向舵和艉水平舵都配有带襟翼的半固定稳定翼(见附录)。

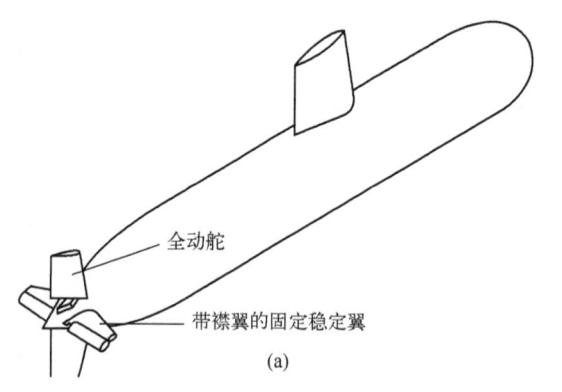 

图 6.16 十字形艉示意图
(a) 示意图;(b) 艇尾后视图。

由于将下舵延伸至潜艇龙骨以下并不可取,因此十字形艉的下舵通常比上舵小,展弦比也更小。这可能会增加潜艇在水面操纵的难度。虽然十字形艉较大的上舵可帮助降低潜艇下潜时急翻滚的风险,但是由于受围壳伴流的影响,上舵的有效性会降低。

理想的设计中艉水平舵不超过潜艇尺寸范围(图6.14),因此艉水平舵的展长会受到限制。然而,为了达到要求的垂直平面稳性指数 G_v 和表 3.9 中列出的艉水平舵有效性,艉水平舵的尺寸可能会超出潜艇尺寸范围。图 6.17 展示了根据表 3.9 调整后的艉水平舵尺寸。从图中可以看出,如果允许艉水平舵超出艇体边界,它们的展弦比会相对较大(图 6.17(a))。但是,如果将艉水平舵限制在艇体边界范围内,它们的展弦比会非常小(图 6.17(b))。

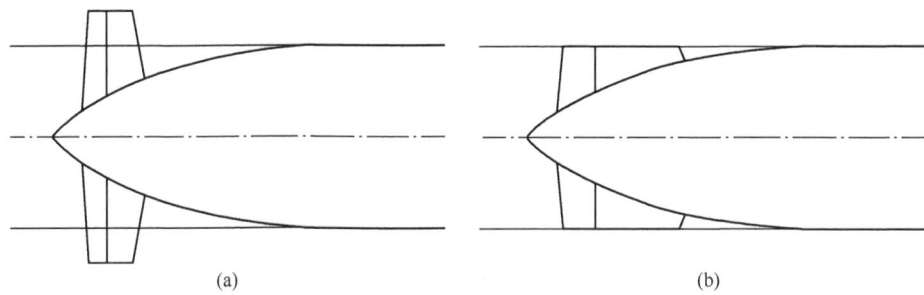

图 6.17　十字形艉不同艉水平舵构型平面图
(a) 艉水平舵的理想配置;(b) 满足艇体边界要求的艉水平舵配置。

十字形艉的艉水平舵还可以配装垂直端板(图 6.18)。这样做可以增加艉水平舵有效展弦比,进而增加艉部垂直平面面积,增强潜艇水平平面操纵的稳定性,提升艉水平舵效率。然而,这些附加端板增加了潜艇的湿表面积,进而增大了潜艇阻力(详见第 4 章),同时使艇尾更重、更复杂。

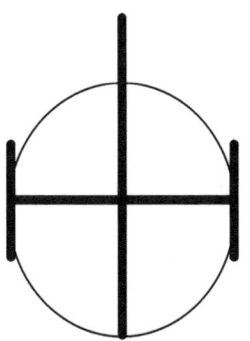

图 6.18　艉水平舵配装垂直端板的十字形艉

为了降低艇尾机械复杂度和重量,设计时通常会将两个艉水平舵相连、两个方向舵相连,但这样做会让十字形艉有一个明显劣势,即当一个艉水平舵卡舵时,无法通过操作另一个水平舵修复这一问题。读者可参考 3.10 节对安全操作范围的讨论。如果各操纵面可以独立操作,那么这一限制就会被减弱,但艇尾复杂度和重量就会大大增加。

6.4.3 X 形艉操纵面构型

除十字形构型外,艉操纵面还可以是 X 形构型(图 6.19 和图 6.20)。由于 X 形构型中 4 个操纵面完全一致,因此该构型很难满足实现良好操纵所需的垂直平面高稳定性、水平平面高操纵性的要求。相对于低速行驶的常规动力潜艇(SSK),垂直平面高度稳定性对高速行驶的攻击型核潜艇(SSN)更加重要。水动力学限制可以通过控制策略克服,但使用 X 形艉操纵面构型时的确需要考虑到这一点。

图 6.19　X 形艉操纵面(图片由 DST 集团提供)

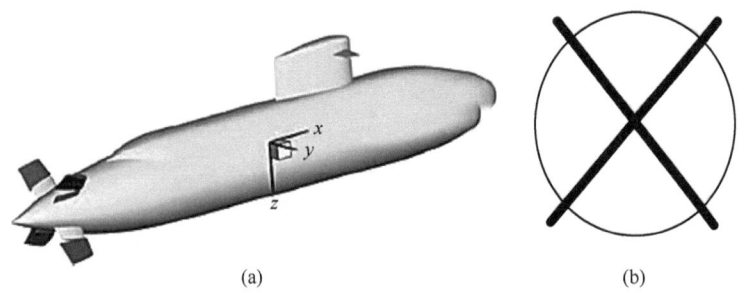

图 6.20　X 形艉操纵面示意图
(a) 示意图(图片由 DST Group 提供);(b) 艇尾后视图。

垂直平面和水平平面不同的稳定性要求或许可能通过以下方式满足:不要让各控制面彼此成 90°排列,和/或增加固定水平稳定翼(图 6.20)。

相比十字形艉,X形艉的一个优势在于,在图6.14虚线框限制区域内,各操纵面的展长更长。这意味着,展弦比相同时,X形艉操纵面的总面积要比十字形艉操纵面的总面积大得多。或者,在操纵面总面积相同时,X形艉操纵面展弦比要大于十字形艉操纵面展弦比。总之,相比十字形艉,X形艉能产生更大的控制力,使X形艉潜艇获得更好的水面操纵特性,特别是在十字形艉的下舵不能超过潜艇龙骨线的情况下尤其如此。

X形艉的各操纵面通常都是全动舵且完全互相独立。这就需要一个自动舵来控制潜艇,因为每种操纵都需要不同舵之间互相配合。从图6.21(a)中可以看出,当向左舷施加作用力来让潜艇向右转舵时,每个操纵面都需要配合操作。产生的垂直向上的力被垂直向下的力抵消。因此,为了产生一个有效的作用力,X形艉构型产生的总作用力要远远大于十字形艉构型产生的总作用力。从图6.21(b)中可以看出,当产生一个垂向力时也是如此(Renilson(2011))。因此,X形艉构型需要的总作用力更大,这将使涡流形成更加显著,进入推进器,增大噪声。同时还会增加诱导阻力,使X形艉构型的潜艇比同等十字形艉潜艇需要更大动力来维持给定航速。

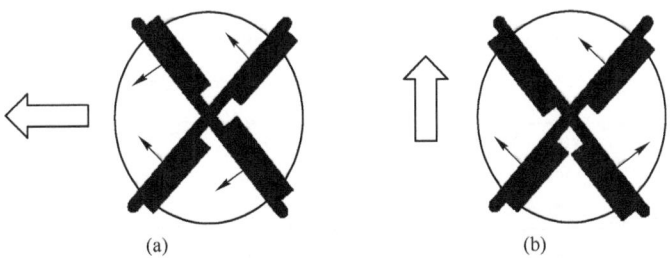

图6.21　X形艉构型的控制力(Renilson(2011))
(a)向右转舵时艉舵的运动情况;(b)艇尾上升时艉舵的运动情况。

然而,由于大多数潜艇在xy平面都不具备对称性,因此回转时通常需要一个垂向力来维持深度(见3.6节)。对于十字形艉来说,这意味着潜艇水平回转时,需要同时使用方向舵和艉水平舵。而对于X形艉来说,由于各独立操纵面已经提供了一个垂直力,因此根据不对称的程度,X形艉的总作用力可能并不会更大(图6.22)。对于某一特定操纵,十字形艉和X形艉总作用力的大小取决于潜艇自身的不对称程度。

由于潜艇回转时需要一个补偿不对称性的垂向力,所以可以从艉操纵面获得的垂向力的大小(而不是水平力的大小)决定了回转速度的有效限值。例如,在Crossland等(2011,2012)的研究中,采用的X形艉构型中,最大有效舵角约为25°,由于可获得的垂向力有限,所以不能采用更大的舵角。

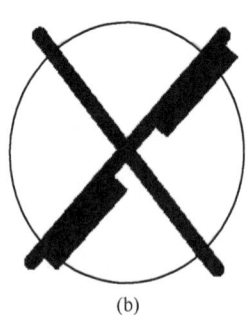

图 6.22 在 xy 平面不对称的十字形艉和 X 形艉潜艇回转时的控制力对比(Renilson(2011))
(a) 十字形艉配置;(b) X 形艉配置。

对于 X 形艉构型而言,水动力和力矩表达式(式(3.7)~式(3.12))需要考虑各独立舵产生的力和力矩。为此,X 形艉舵需要一套新的系数项,见表 6.1(改编自 Crossland 等(2011,2012))。在表 6.1(b)中,下标 X_i 代表 X 形艉舵的舵编号 i。

表 6.1 十字形艉和 X 形艉附体系数对比(摘自 Crossland 等(2011))

(a) 十字形艉构型	
方向舵	艉水平舵
$X'_{\delta_R \delta_R}$	$X'_{\delta_S \delta_S}$
Y'_{δ_R}	—
—	Z'_{δ_S}
K'_{δ_R}	—
—	M'_{δ_S}
N'_{δ_R}	—
(b) X 形艉构型	
$X'_{\delta X \delta X_i}$	
$Y'_{\delta X_i}$	
$Z'_{\delta X_i}$	
$K'_{\delta X_i}$	
$M'_{\delta X_i}$	
$N'_{\delta X_i}$	

遵循式(3.7)~式(3.12)中使用的方法,忽略舵之间的相互作用,并使用下标 1~4 来表示各操纵面,即可得式(6.1)~式(6.6),即

$$X = \frac{1}{2}\rho L^2 [X'_{\delta_1\delta_1}u^2\delta_1^2 + X'_{\delta_2\delta_2}u^2\delta_2^2 + X'_{\delta_3\delta_3}u^2\delta_3^2 + X'_{\delta_4\delta_4}u^2\delta_4^2 + \\ (X'_{\delta_1\delta_1\eta}u^2\delta_1^2 + X'_{\delta_2\delta_2\eta}u^2\delta_2^2 + X'_{\delta_3\delta_3\eta}u^2\delta_3^2 + \\ X'_{\delta_4\delta_4\eta}u^2\delta_4^2)(\eta-1)] \tag{6.1}$$

$$Y = \frac{1}{2}\rho L^3 (Y'_{|r|\delta_1}u|r|\delta_1 + Y'_{|r|\delta_2}u|r|\delta_2 + Y'_{|r|\delta_3}u|r|\delta_3 + Y'_{|r|\delta_4}u|r|\delta_4 + \\ Y'_{|q|\delta_1}u|q|\delta_1 + Y'_{|q|\delta_2}u|q|\delta_2 + Y'_{|q|\delta_3}u|q|\delta_3 + Y'_{|q|\delta_4}u|q|\delta_4) + \\ \frac{1}{2}\rho L^2 [Y'_{\delta_1}u^2\delta_1 + Y'_{\delta_2}u^2\delta_2 + Y'_{\delta_3}u^2\delta_3 + Y'_{\delta_4}u^2\delta_4 + \\ (Y'_{\delta_1\eta}u^2\delta_1 + Y'_{\delta_2\eta}u^2\delta_2 + Y'_{\delta_3\eta}u^2\delta_3 + Y'_{\delta_4\eta}u^2\delta_4)(\eta-1)] \tag{6.2}$$

$$Z = \frac{1}{2}\rho L^3 (Z'_{|r|\delta_1}u|r|\delta_1 + Z'_{|r|\delta_2}u|r|\delta_2 + Z'_{|r|\delta_3}u|r|\delta_3 + Z'_{|r|\delta_4}u|r|\delta_4 + \\ Z'_{|q|\delta_1}u|q|\delta_1 + Z'_{|q|\delta_2}u|q|\delta_2 + Z'_{|q|\delta_3}u|q|\delta_3 + Z'_{|q|\delta_4}u|q|\delta_4) + \\ \frac{1}{2}\rho L^2 [Z'_{\delta_1}u^2\delta_1 + Z'_{\delta_2}u^2\delta_2 + Z'_{\delta_3}u^2\delta_3 + Z'_{\delta_4}u^2\delta_4 + \\ (Z'_{\delta_1\eta}u^2\delta_1 + Z'_{\delta_2\eta}u^2\delta_2 + Z'_{\delta_3\eta}u^2\delta_3 + Z'_{\delta_4\eta}u^2\delta_4)(\eta-1)] \tag{6.3}$$

$$K = \frac{1}{2}\rho L^3 [K'_{\delta_1}u^2\delta_1 + K'_{\delta_2}u^2\delta_2 + K'_{\delta_3}u^2\delta_3 + K'_{\delta_4}u^2\delta_4 + \\ (K'_{\delta_1\eta}u^2\delta_1 + K'_{\delta_2\eta}u^2\delta_2 + K'_{\delta_3}\eta u^2\delta_3 + K'_{\delta_4}\eta u^2\delta_4)(\eta-1)] \tag{6.4}$$

$$M = \frac{1}{2}\rho L^4 (M'_{|r|\delta_1}u|r|\delta_1 + M'_{|r|\delta_2}u|r|\delta_2 + M'_{|r|\delta_3}u|r|\delta_3 + M'_{|r|\delta_4}u|r|\delta_4 + \\ M'_{|q|\delta_1}u|q|\delta_1 + M'_{|q|\delta_2}u|q|\delta_2 + M'_{|q|\delta_3}u|q|\delta_3 + M'_{|q|\delta_4}u|q|\delta_4) + \\ \frac{1}{2}\rho L^3 [M'_{\delta_1}u^2\delta_1 + M'_{\delta_2}u^2\delta_2 + M'_{\delta_3}u^2\delta_3 + M'_{\delta_4}u^2\delta_4 + \\ (M'_{\delta_1\eta}u^2\delta_1 + M'_{\delta_2\eta}u^2\delta_2 + M'_{\delta_3\eta}u^2\delta_3 + M'_{\delta_4\eta}u^2\delta_4)(\eta-1)] \tag{6.5}$$

$$N = \frac{1}{2}\rho L^4 (N'_{|r|\delta_1}u|r|\delta_1 + N'_{|r|\delta_2}u|r|\delta_2 + N'_{|r|\delta_3}u|r|\delta_3 + N'_{|r|\delta_4}u|r|\delta_4 + \\ N'_{|q|\delta_1}u|q|\delta_1 + N'_{|q|\delta_2}u|q|\delta_2 + N'_{|q|\delta_3}u|q|\delta_3 + N'_{|q|\delta_4}u|q|\delta_4) + \\ \frac{1}{2}\rho L^3 [N'_{\delta_1}u^2\delta_1 + N'_{\delta_2}u^2\delta_2 + N'_{\delta_3}u^2\delta_3 + N'_{\delta_4}u^2\delta_4 + \\ (N'_{\delta_1\eta}u^2\delta_1 + N'_{\delta_2\eta}u^2\delta_2 + N'_{\delta_3\eta}u^2\delta_3 + N'_{\delta_4\eta}u^2\delta_4)(\eta-1)] \tag{6.6}$$

现在,需要获得各艉操纵面的系数值。不能假设各系数值相同,需要获得各操纵面偏转的力和力矩系数值并代入式(6.1)~式(6.6),不过对艉舵间潜在的相互作用进行有限研究也是可取的做法,特别是当潜艇在与水流成一定攻角作业的情况下尤其如此(Pook 等(2017))。

注意,X 形艉的两个下舵比两个上舵的有效性高,这是因为上舵受到围壳产生涡流的影响和/或外艇壳的存在的影响。此外,当舵角较小时,舵之间的相互干扰可以忽略不计,但当舵角大于 15°时,这种相互干扰就会变得很明显(Crossland 等(2012))。X 形艉的另一个问题在于,艉舵的进流会受艇尾不对称性、围壳与外艇壳的影响。这意味着若不仔细校准,当舵角为零时,它们会受到小攻角进流的影响(Pook 等(2017))。虽然十字形艉的艉水平舵也会出现这一问题,但并没有 X 形艉那么严重。当然,由于对称性,十字形艉的方向舵并不存在这一问题。

在 X 形艉构型中,单个操纵面在适中角度发生卡舵的话,应该可以通过其他 3 个操纵面予以妥善解决。然而,若发生大舵角卡舵问题,可能还需要潜艇减速以控制艏向和纵摇变化(Crossland 等(2012))。这需要一个不同的方法来满足安全操作范围要求,如 3.10 节所述。

6.4.4 其他操纵面构型

除了十字形艉和 X 形艉外,艉操纵面构型还可以是倒 Y 形艉(图 6.23)。

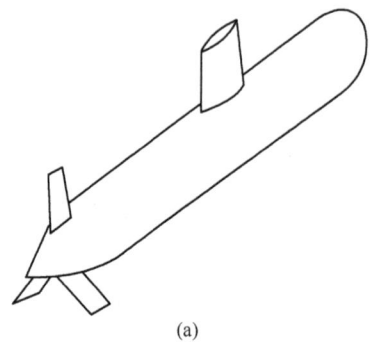 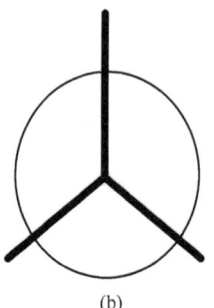

图 6.23 倒 Y 形艉

(a)示意图;(b)艇尾后视图。

当潜艇位于水中时,通过倒 Y 形艉构型,水平平面的操纵可以通过上方向舵实现,两个下舵用来实现垂直平面操纵。但是,当潜艇在水面上时,水平平面操纵需要使用两个下舵。

倒 Y 形艉的方向舵没有展长限制,且方向舵的位置可以减小急翻滚,但其有效性会受围壳伴流的影响。通过调整方向舵和下舵的尺寸可以实现垂直平面的高稳定性和水平平面的高操纵性。两个下舵也可以是加装带襟翼的半固定稳定翼,而不是全动舵。这样做会增强垂直平面稳定性,就像图 6.15 和图 6.16 中展示的十字形艉的艉水平舵一样。对于倒 Y 形艉,可以调整下舵与水平线的角度,使其满足垂直平面和水平平面对操纵性和稳定性的要求。

倒 Y 形艉构型会产生 3 个推进器伴流,这可能会增加推进器噪声。X 形艉构型中存在的难以使上操纵面与水流平齐的问题不会出现在倒 Y 形艉构型中,这是因为不对称性使倒 Y 形艉上舵的进流为纯轴向进流。此外,艉操纵面还可以有另一种构型,即星形构型(图 6.24)。

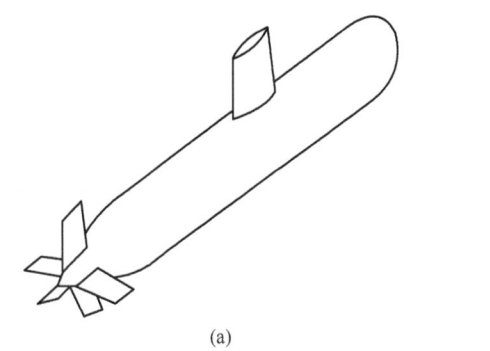

图 6.24 星形艉
(a) 示意图;(b) 艇尾后视图。

对于星形艉构型来说,潜艇在水中的水平平面操纵可以通过上垂直舵实现,垂直平面操纵通过两个下舵实现,与倒 Y 形艉构型相同。其他两个舵固定,这是出于垂直平面比水平平面需要具备更高稳定性的设计要求。可以通过设定这些舵的角度来满足这一要求。

在星形艉构型中有 5 个影响推进器的重要伴流区块,此时有 5 个叶片的推进器会产生巨大的水声噪声。另外,对拥有 5 个以上叶片的推进器来说,5 个伴流区块或许对其更有益,而不是常规十字形艉构型下的 4 个伴流区块。

如图 6.25 所示,还可以为星形艉加装一个下舵,使其具有 6 个艉舵。

图 6.25 加装额外下方向舵的星形艉构型

参考文献

Crossland P, Kimber NI, Thompson N (2012) Understanding the manoeuvring performance of an X-plane submarine in deep water and near the free surface. In: Pacific 2012: international maritime conference, Sydney, Jan 2012.

Crossland P, Marchant P, Thompson N (2011) Evaluating the manoeuvring performance of an X-plane submarine. In: Proceedings of warship 2011: naval submarines and UUVs, Royal Institution of Naval Architects, Bath, 29-30 June 2011.

Hoerner SF (1965) Fluid-dynamic drag.

Kormilitsin YN, Khalizev OA (2001) Theory of submarine design. Saint Petersburg State Maritime Technical University, Russia.

Pook DA, Seil G, Nguyen M, Ranmuthugala, D, Renilson MR (2017) The effect of aft control surface deflection at angles of drift and angles of attack. In: Proceedings of warship 2017: naval submarines and UUVs, Royal Institution of Naval Architects, Bath, UK.

Renilson MR (2011) Submarine manoeuvring and appendage design—what is the best option for a large SSK? In: Proceedings of the Submarine Institute of Australia Technology conference 2011, Science Technology and Engineering, Adelaide, 8-10 Nov 2011.

Seil GJ, Anderson B (2012) A comparison of submarine fin geometry on the performance of a generic submarine. In: Proceedings of Pacific 2012 international maritime conference, Sydney, 2012.

Seil GJ, Anderson B (2013) The influence of submarine fin design on heave force and pitching moment in steady drift. In: Pacific 2013: international maritime conference, Sydney, Oct 2013.

第 7 章
水声学性能

摘要 推进器是水动力噪声最主要的来源。从水声学角度来看,低推进器转速和低叶梢速度能提升潜艇水声学性能。直接由推进器产生的水声噪声可以分为以下3类,即空化噪声、窄频(或单音)噪声及宽频噪声。本章将简单对这3类噪声进行讨论。此外,如果出现空化,那么空化噪声将超过其他噪声,成为最主要的噪声来源。空化初生速度是出现空化的最低运动速度。此外,本章还将简要描述以下4类作业工况下潜艇的噪声状况,即低速超静音作业、巡航速度正常作业、高速作业、近水面通气管状态潜航作业。

7.1 概　　述

水声噪声的产生与运动速度有关,在潜艇与水流接触的部分中,推进器或转子叶片通常运动最快,因此推进器是最主要的水声噪声来源。一般认为,低推进器转速(r/min)和小推进器直径(以降低转子叶梢速度)是具备水声学性能优势的配置。这一领域信息为高度机密,可获得的相关公开信息十分有限。直接由推进器产生的水声噪声可以分为:空化噪声、窄频(或单音)噪声、宽频噪声三类。

当水压下降到空化压力以下时就会出现空化现象。空泡的破裂会产生巨大噪声。空化噪声一旦出现,就会超过其他所有噪声,成为最主要的噪声源。空化初生速度(CIS)是出现空化的最低运动速度。潜艇的CIS取决于下潜深度:下潜越深,CIS越大。潜艇推进器通常通过设计来避免空化现象的发生。由于深潜潜艇的推进器上方存在额外水压,因此空化现象出现的可能性较低。但是,当潜艇在近水面和/或"非设计"工况作业时(如操纵时)可能会出现空化问题。

一般而言,推进器空化裕度取决于5类空化现象,即吸力面空化、吸力面叶梢涡空化、压力面空化、压力面叶梢涡空化、桨毂涡流空化(Anderson 等(2009))。

为避免以上空化机制的出现,在设计潜艇推进器时会采用一些策略,如保证足够大的桨叶面积、采用更厚的桨叶以及降低叶片、叶梢和桨毂的载荷。此外,如果可行,还需降低叶梢速度,并将泵喷推进器转子叶梢和导管间的空隙减至最小。

窄频噪声(能量集中分布在一些离散频率范围内)源于叶片通过频率及其产生的谐波。当叶片通过艇体和推进器前方的附体产生的不均匀伴流时,就会出现窄频噪声。因此,艇体和推进器前方的附体设计对推进器产生的窄频噪声有重要影响。如第 5 章所述,通常将转子叶片数量设计为质数以减少谐波,进而减少窄频噪声。

宽频噪声(能量分布于各频率范围)是直接由湍流作用引起的噪声。由于现有的数值模拟技术只能对相关过程进行近似模拟,无法实现真实再现,因此无法对宽频噪声进行预测。由于宽频噪声直接由叶片边界层的湍流波动引发,因此与窄频噪声相比,宽频噪声与流动的湍流有更为直接的联系。

除了由推进器直接产生的噪声外,推进器上的波动力会引起潜艇内部共振,并产生水声辐射噪声。低频噪声比高频噪声传播距离更远。因此,低频噪声对潜艇探测的重要性远超高频噪声。

潜艇低速航行时几乎不会出现水声噪声,也不太可能出现空化,此时机械噪声为主要噪声源。潜艇中速航行时,窄频噪声和宽频噪声都会变得明显。潜艇高速航行时,特别是近水面航行时,可能会出现空化噪声。空化噪声一旦出现,就会盖过其他噪声,成为最主要的噪声源。

因此,很明显,各类噪声的相对强度取决于潜艇的航速和作业深度。然而,这方面的详细信息为高度机密,一般无法从公开资料中获得。可以确定以下 4 种潜艇作业工况下的噪声状况:

(1) 低速超静音作业;
(2) 巡航速度正常作业;
(3) 高速作业;
(4) 近水面通气管状态潜航作业。

由于关键噪声来源取决于潜艇的作业工况,所以特定潜艇的降噪方法也由潜艇的作业工况决定。例如,SSK 潜艇的速度一般不超过 15kn,因此无须使用高速作业潜艇的降噪措施。同样地,SSN 潜艇不需要近水面潜航,因此也无须使用近水面潜航潜艇的降噪措施。

1) 低速超静音作业

在超静音模式下,潜艇的航速约低于 4kn,此时流体动力噪声最小,机械噪声通常为最强的噪声源(Miasnikov(1995))。

2) 巡航速度正常作业

当潜艇航速在 8~15kn 之间时,流体动力噪声成为最主要的噪声源。设计合理的深潜潜艇一般不会出现空化问题。因此,潜艇在这一工况下的最主要噪声为推进器产生的窄频噪声和宽频噪声。

3) 高速作业

由于水动力噪声与潜艇航速的 6 次方成正比,当航速超过 15kn 时,推进器产生的水动力噪声会非常明显。此时潜艇的噪声要远远高于航速低于 15kn 的潜艇噪声,推进器产生的水动力噪声为最主要的噪声源。

潜艇高速航行时,推进器的波动力会冲击艇体结构模态,可能引发剧烈的水声辐射噪声。"手风琴振动模式"就是此类情况的一个例子,该模式下艇尾与艇首产生振动。当潜艇航速低于 15kn 时,这种情况出现的概率明显降低。对于深潜潜艇而言,若航速在 20~25kn 范围内,空化现象出现的可能性较低。但超过这个速度,空化噪声会成为最主要的噪声源(Miasnikov(1995))。此外,当潜艇航速超过 15kn 时,艇体上的水动力噪声可能会增加艇载声呐操作的难度。

4) 近水面潜航作业

当潜艇近水面作业时,由于水面的存在,会产生明显的水声辐射噪声。此时以下因素可能会引起空化现象:静水压降低;水面的存在导致阻力增大,此外桅杆阻力导致所需推力增加;为控制近水面潜艇水平舵的空化(特别是在波浪中)。

此外,SSK 潜艇通气管状态潜航时会产生巨大机械噪声。在该工况下水动力噪声不太可能成为主要噪声。

参考文献

Andersen P, Kappel JJ, Spangenberg E(2009) Aspects of propeller developments for a submarine. In: First international symposium on marine propulsors, Trondheim, Norway.

Miasnikov EV(1995) The future of Russia's strategic nuclear forces, discussions and arguments. Centre for Arms Control, Energy and Environmental Studies, Moscow Institute of Physics and Technology.

附 录

现代潜艇系列主要参数（SSN：攻击型核潜艇；SSBN：弹道导弹核潜艇；SSGN：巡航导弹核潜艇；SSK：常规动力潜艇）

级别/型号	艇体			围壳				艏水平舵			艉控剖面	推进器	水下功率/kW	速度/kn	备注
	长度/m 直径/m	L/D	排水量/t	布局	类型	l/L H/L	Loc/L	类型	Loc/L						
阿库拉级Ⅰ型 SSN	110.3 13.6	8.1	12770	短平行中体	混合式	0.23 0.03	0.10	高中线全动舵	0.38	十字形：带方向舵的垂直稳定翼和带补翼的艉水平舵	螺旋桨	32000	33	阿库拉级Ⅱ型和Ⅲ型：艇长为113.3m
阿尔法级 SSN	81.4 9.5	8.6	3200	短平行中体 无外艇壳	混合式	0.20 0.04	0.16	高中线全动舵	0.44	十字形：带方向舵的垂直稳定翼和带补翼的艉水平舵	螺旋桨	30000	41	

续表

级别/型号	艇体 长度/m 直径/m	艇体 L/D	艇体 排水量/t	艇体 布局	尾壳 类型	尾壳 I/L H/L	尾壳 Loc/L	艏水平舵 类型	艏水平舵 Loc/L	舵轮剖面	推进器	水下功率/kW	速度/kn	备注
歼敌者级 SSBN	112.0 / 11.0	10.2	6000	大外艇壳	翼式	0.11 / 0.03	0.21	围壳舵	0.25	十字形:带方向舵的垂直稳定翼和带补翼的舵水平舵	螺旋桨	83000	24	缺少详细信息
机敏级 SSN	97.0 / 11.3	8.6	7600	平行中体外艇壳	大型翼式	0.17 / 0.06	0.13	眉板全动舵	0.35	十字形:全动方向舵和带补翼的舵水平舵	泵喷式	205000	30	
梭鱼级 SSN	99.4 / 8.8	11.3	5300	平行中体极小外艇壳	翼式	0.12 / 0.07	0.09	中线全动可伸缩舵	0.39	X形:同隔式固定和活动操纵面	泵喷式	50000	25+	
北风之神级 SSBN	170 / 13.5	12.6	24000	平行中体大外艇壳	翼式	0.14 / 0.03	0.09	中线舵	0.41	十字形:带补翼的垂直稳定翼和舵水平舵	泵喷式	约37000	30	改进型北风之神级SSBN配有全动方向舵,舵水平舵两端加装端板
科林斯级 SSK	77.4 / 7.8	9.9	3400	平行中体外艇壳	翼式	0.17 / 0.08	0.12	围壳全动舵	0.16	X形:全动舵	螺旋桨	5400	20	
哥伦比亚级 SSBN	171.0 / 13.0	13.2	20810	平行中体外艇壳	翼式	0.06 / 0.04	0.33	围壳舵	0.35	X形:固定和活动式补翼	泵喷式	n/a	n/a	
无畏级 SSBN	153.6 / 13.7	11.2	17500	平行中体小外艇壳	翼式	0.11 / 0.04	1.23	中线舵	不详	X形	泵喷式	n/a	n/a	
哥特兰级 A19型 SSK	60.4 / 6.2	9.7	1600	平行中体外艇壳	翼式	0.14 / 0.08	0.18	围壳舵	0.20	X形:全动舵	螺旋桨	1300	20	

续表

级别/型号	艇体 长度/m 直径/m	艇体 L/D	艇体 排水量/t	艇体 布局	围壳 类型	围壳 I/L H/L	围壳 Loc/L	艏水平舵 类型	艏水平舵 Loc/L	艉舵剖面	推进器	水下功率/kW	速度/kn	备注
晋级 SSBN	135 12.5	10.8	11000	平行中体 大外艇壳	翼式	0.11 0.05	0.29	围壳舵	0.32	十字形：带补翼和的垂直稳定翼和艉水平舵	螺旋桨	n/a	25	094型
虎鲨级 SSK	67.5 6.2	10.9	1775	平行中体 小外艇壳	翼式	0.14 0.08	0.14	围壳舵	0.18	十字形：带补翼和的垂直稳定翼和艉水平舵	螺旋桨	2900	20	以鲉鱼级为基础
基洛级 SSK	72.6 9.9	7.3	3950	平行中体 外艇壳	翼式	0.19 0.07	0.11	眉板全动可伸缩舵	0.25	十字形：带补翼的下方向舵和艉水平方向（无上方向舵）	螺旋桨	5500	20	有一些艇长稍有差异的变体；其中之一的推进器为泵喷式
拉达级 SSK	72.0 7.1	10.1	2700	平行中体 外艇壳	翼式	0.17 0.07	0.12	围壳全动舵	0.16	十字形：带补翼的方向舵和艉水平舵	螺旋桨	5576	21	
洛杉矶级 SSN	110.3 10	11	6000	平行中体	翼式	0.07 0.05	0.20	围壳全动舵	0.22	十字形：全动方向舵和带补翼的艉水平舵	螺旋桨	26000	30+	一些洛杉矶级SSN舵水平舵配有端板。后线改进型的洛杉矶级SSN具备中线水平舵和两个额外的艉稳定翼
俄亥俄级 SSBN/SSGN	170 13.0	13.1	18750	平行中体 外艇壳	翼式	0.06 0.03	0.29	围壳全动舵	0.29	十字形：全动方向舵和带端板的艉水平舵	螺旋桨	45000	25	

续表

级别/型号	长度/m 直径/m	L/D	艇体 排水量/t	布局	围壳 类型	I/L H/L	Loc/L	艏水平舵 类型	Loc/L	艉控制面	推进器	水下功率/kW	速度/kn	备注
红宝石级 SSN	73.6 7.6	9.7	2600	短平行中体无外艇壳	翼式	0.14 0.08	0.22	围壳全动舵	0.28	十字形:带方向舵的垂直稳定翼和带补翼的艉水平舵;固定部分有空隙	螺旋桨	48000	25+	
鲉鱼级 SSK	61.7 6.2	10.0	1565	平行中体小外艇壳	翼式	0.14 0.08	0.17	围壳全动舵	0.22	十字形:带方向舵的垂直稳定翼和带补翼的艉水平舵	螺旋桨	2900	20	有一些艇长稍有差异的变体
海狼级 SSN	108 12	9.0	9200	平行中体无外艇壳	翼式	0.09 0.05	0.25	高中线全动舵	0.35	十字形:全动方向舵和带补翼的艉水平舵,以及另外两个角度固定的操纵面	泵喷式	34000	35	
商级 SSN	110.0 1.0	10.0	7000	平行中体	翼式	0.12 0.06	0.23	围壳全动舵	0.27	十字形:带方向舵的垂直稳定翼和带补翼的艉水平舵	螺旋桨	n/a	30	又称为"093A/093G 型"SSN;093 型比 093G 型艇身短。信息为基于 093G 型的近似值
西舒玛级 SSK	67.5 6.2	10.9	1775	平行中体围壳	翼式	0.15 0.07	0	极低中线舵	0.40	十字形:全动舵与带方向舵的下方和艉水平舵	螺旋桨	4500	22.5	印度有 209－1500 型 SSK 变体

续表

级别/型号	艇体 长度/m 直径/m	艇体 L/D	艇体 排水量/t	艇体 布局	围壳 类型	围壳 l/L H/L	围壳 Loc/L	艏水平舵 类型	艏水平舵 Loc/L	艉控制面	推进器	水下功率/kW	速度/kn	备注
辛杜库什级 SSK	72.6 / 9.9	7.3	3950	平行中体外艇壳	翼式	0.19 / 0.07	0.11	眉板全动可伸缩舵	0.25	十字形:带补翼的下方向舵和舵水平舵(无上方向舵)	螺旋桨	4400	17	基洛级SSK的印度变体
宋级 SSK	74.9 / 8.4	8.9	2250	平行中体	翼式	0.14 / 0.09	0.22	围壳舵	0.26	十字形:带垂直稳定翼和带补翼的舵水平舵	螺旋桨	n/a	22	
苍龙级 SSK	84.0 / 9.1	9.2	4200	平行中体外艇壳	翼式	0.12 / 0.07	0.14	围壳全动舵	0.18	X形:全动舵	螺旋桨	6000	20	
特拉法尔级 SSN	85.4 / 9.8	8.7	5300	平行中体外艇壳	翼式	0.10 / 0.06	0.14	中线全动可伸缩舵	0.39	十字形:全动舵和带补翼的舵水平舵	除首舰外,其余均为泵喷式	11000	30+	
凯旋级 SSBN	138 / 12.5	11.0	14335	平行中体外艇壳	翼式	0.10 / 0.05	0.22	围壳舵	0.24	十字形:全动方向舵和带大型端板的舵水平舵	泵喷式	15000	25	
209型 SSK	64.4 / 6.5	9.9	1810	平行中体大外艇壳	翼式	0.15 / 0.07	0	极低中线舵	0.40	十字形:全动舵及带补翼的下方向舵和舵水平舵	螺旋桨	4500	22	变体有:1100/1200/1300/1400/1500型;信息适用1500型

续表

级别/型号	长度/m 直径/m	L/D	艇体 排水量/t	艇体 布局	围壳 类型	围壳 I/L H/L	围壳 Loc/L	艏水平舵 类型	艏水平舵 Loc/L	艉控制面	推进器	水下功率/kW	速度/kn	备注
212型SSK	56.0 6.8	8.2	1830	平行中体 大外艇壳	大型翼式/混合式	0.17 0.07	0.09	围壳全动舵	0.10	X形:全动舵	螺旋桨	1700	20	
214型SSK	65.0 6.3	10.3	1860	平行中体 大型上部外艇壳和小型下部外艇壳	大型翼式/混合式	0.20 0.07	0.03	眉板全动舵	0.28	十字形:全动舵,带稳定翼上方向舵和方向舵下方的艉水平舵	螺旋桨	2850	20	所有操纵面均位于艇体边界内
216型SSK	90.0 8.1	11.1	4000	平行中体 外艇壳	大型翼式	0.16 0.05	0.10	围壳全动舵	0.14	X形:全动舵	螺旋桨	n/a	20+	只有概念
218SG型SSK	70.0 6.3	11.1	约2000	平行中体 大型上部外艇壳和小型下部外艇壳	翼式	0.15 0.06	0.13	眉板全动舵	0.33	X形:全动舵,加装额外小型补翼和水平舵	螺旋桨	n/a	n/a	
台风级SSBN	175 23/12[①]	—	48000	非环形	翼式	0.17 0.05	0.05	超高中线全动舵	0.42	十字形:带补翼的垂直舵翼和顺螺旋桨方向装有小型补翼的艉水平舵	两幅带整流罩的螺旋桨	74000	27	①围壳位于艇后方,导体中部,弹翼前的非环形双层艇体配置
前卫级SSBN	149.9 112.8	11.7	15900	平行中体 外艇壳	翼式	0.07 0.04	0.27	眉板全动舵	0.37	十字形:全动方向舵和带补翼的艉水平舵	泵喷式	20500	25+	

续表

级别/型号	长度/m 直径/m	L/D	排水量/t	艇体布局	围壳类型	围壳 I/L H/L	围壳 Loc/L	艏水平舵类型	艏水平舵 Loc/L	艉操纵面	推进器	水下功率/kW	速度/kn	备注
维多利亚级 SSK	70.3 7.2	9.8	2455	平行中体 小外艇壳外龙骨	翼式	0.16 0.08	0.08	中线全动舵	0.36	十字形:全动方向舵和带补翼的艉水平舵	螺旋桨	5000	20	
弗吉尼亚级 SSN	115.0 10.0	11.5	7900	平行中体 无外艇壳	翼式	0.05 0.05	0.29	高中线全动舵	0.38	十字形:全动方向舵和带补翼以及两个额外的角度固定的操纵面;下方的舵超出龙骨线	泵喷式	60000	25+	
海象级 SSK	67.7 8.4	8.1	2650	水滴型艇体 小外艇壳	翼式	0.18 0.09	0.17	围壳前缘全动舵	0.25	X形:带假舵的全动舵	螺旋桨	4000	20	
夏级 SSBN	120 10	12	8000	平行中体 大外艇壳	翼式	0.15 0.05	0.26	围壳	0.30	十字形:带补翼的垂直稳定翼和的艉水平舵	螺旋桨	58000	22	092型
亚森级 SSN	139.5 约13	约10.7	13800	平行中体	大型翼式/混合式	0.16 0.03	0.24	超高中线(接近眉板)可伸缩舵	0.35	十字形:带补翼的方向舵和艉水平舵	螺旋桨	n/a	35	
旗鱼级 SSK	66.9 8.4	8.0	2640	水滴型艇体 小外艇壳	翼式	0.15 0.09	0.17	围壳前缘全动舵	0.22	十字形:全动方向舵和带补翼的艉水平舵;下方舵超出龙骨线	螺旋桨	3800	20	又称"葛兰尼级";速度28kn;静音

注:以上所有信息皆来自公共资源,不能保证准确性。n/a 表示该信息无法求得。

内 容 简 介

本书吸收了原著者在过去几十年的实际潜艇设计和操作过程中所取得的经验,与理论知识相结合,展示了该领域前沿研究成果。本书系统梳理了潜艇在水下行驶所需的水动力学知识,详细分析了潜艇建模、不同行驶状态下的水静力学和水动力学现象,并逐步深入探究,建立了完整的潜艇水动力学体系。本书涵盖了潜艇的水静力学、操纵、阻力与推进等内容,简要论述了在船舶水动力学中涉及的概念,具体阐述了如何将这些概念与潜艇相结合,是一本专门深入探究潜艇水动力学的专著。

本书可供流体力学、船舶设计等专业的工程技术人员、学者阅读、参考,相信他们通过阅读本书,能够对与潜艇水动力学有关的知识和技术有一个清楚的认识。